国家社会科学一般项目(15BJY046)

我国城镇家庭能源的绿色消费态度行为缺口及修复策略研究

王建国　王建明　杜伟强◎著

Research on the Attitude Behavior Gap of Green Consumption in
Chinese Household Energy Consumption as well as Its Repairing Strategies

经济管理出版社

ECONOMY & MANAGEMENT PUBLISHING HOUSE

图书在版编目（CIP）数据

我国城镇家庭能源的绿色消费态度行为缺口及修复策略研究/ 王建国，王建明，杜伟强著 . —北京：经济管理出版社，2019.5
ISBN 978-7-5096-6497-1

Ⅰ. ①我… Ⅱ. ①王… ②王… ③杜… Ⅲ. ①城镇—家庭消费—能源消费—研究—中国 Ⅳ. ①F426.2

中国版本图书馆 CIP 数据核字（2019）第 058284 号

组稿编辑：张莉琼
责任编辑：张 艳　张莉琼
责任印制：黄章平
责任校对：陈 颖

出版发行：经济管理出版社
　　　　　（北京市海淀区北蜂窝 8 号中雅大厦 A 座 11 层　100038）
网　　址：www.E-mp.com.cn
电　　话：（010）51915602
印　　刷：北京玺诚印务有限公司
经　　销：新华书店
开　　本：720mm×1000mm/16
印　　张：14.75
字　　数：250 千字
版　　次：2019 年 6 月第 1 版　2019 年 6 月第 1 次印刷
书　　号：ISBN 978-7-5096-6497-1
定　　价：69.00 元

·版权所有　翻印必究·
凡购本社图书，如有印装错误，由本社读者服务部负责调换。
联系地址：北京阜外月坛北小街 2 号
电话：（010）68022974　　邮编：100836

内容提要

中共十九大报告明确提出创建绿色家庭、绿色社区和绿色出行等行动，倡导绿色生活方式，首次将"美丽"纳入我国现代化目标。然而，巨量的能源消费导致了环境质量严重恶化。2015 年，我国家庭生活能源消费总量达到 50099 万吨标准煤，占能源消费总量的 11%，是仅次于工业用能的第二大能源消耗部门。目前，我国家庭能源消费呈现了总量大、增速快的特点，并且我国城镇家庭能源消费的实际情况和零排放的政策雄心存在巨大缺口。因此，修复我国家庭能源绿色消费态度行为缺口是实现美丽中国建设目标亟待解决的研究课题。为了解决我国城镇家庭能源绿色消费中的"说易行难"问题，本书对我国城镇家庭能源的绿色消费态度行为缺口及修复策略进行了深入研究。具体内容包括以下几个方面：

首先，在对我国家庭能源绿色消费进行一般分析的基础上，针对其影响因素进行了理论分析和实证研究。其中一项实证研究是以合肥、淮南、蚌埠、池州等城市的 736 名家庭用户为样本，以绿色家用电器和新能源汽车为研究对象，研究发现：社会认同感、自我效能感、绿色指数、生活方式等都对家庭能源绿色消费态度和行为意图存在显著的正向影响。另一项实证研究是以 1200 名私家车主为样本，重点探索了个体因素对新能源汽车消费行为的影响，研究结果显示：传统取向对消费者的购买意向具有负向的直接影响；未来取向、关注成功的程度均对消费者的购买意向具有正向的间接影响，绿色消费价值观在其中起中介作用；外倾性对消费者的购买意向具有正向的直接影响。

其次，在对绿色消费态度行为缺口进行理论分析的基础上，采用行为推理理论对我国家庭能源绿色消费态度行为缺口成因机理进行实证研究。为了挖掘我国城镇家庭能源的绿色消费态度行为缺口的成因，本书选取杭州、徐州、合肥和淮南等城市的家庭用户为访谈对象，运用扎根理论研究发现，家庭能源绿色消费的影响因素包括家庭特征、结构性条件和情境因素，家庭用户以此为基础形成采纳与拒绝节能行为的理由，而采纳理由会通过态度的中介作用间接正向地影响绿色消费行为，拒绝理由则由于心理捷径直接负向地影响绿色消费行为，两者的不协调共存导致我国家庭能源的绿色消费态度行为缺口。针对新能源汽车消费中的态度行为不一致问题，本书通过网络共收回325份有效问卷，分析绿色消费态度行为缺口形成机理，发现态度对绿色消费行为意向影响显著，价值观对绿色消费行为意向影响不显著，情境因素在行为合理性、态度和绿色消费行为意向的关系中起调节作用，采纳绿色消费的理由促成积极的绿色消费态度，拒绝绿色消费的理由导致绿色消费行为拒绝，两者不协调共存导致了绿色消费态度行为缺口。

最后，在对家庭能源绿色消费态度行为缺口修复相关干预理论进行分析的基础上，深入分析了我国家庭能源绿色消费态度行为缺口的修复策略，并进一步基于外部干预视角提出了我国家庭能源绿色消费态度行为缺口的若干刚性和柔性修复策略。其中，刚性策略主要包括：①通过刚性策略改善我国既有建筑总体的能源效率，创建绿色交通系统；②引入按成本计价的集中供暖系统，从整体上改善家庭采暖的能源效率；③大力提倡利用清洁能源、再生能源和低碳技术创新降低家庭能源消费的环境污染；④依托生态社区推进生活方式绿色化改革。柔性策略主要包括：①提升居民对节能行为的认知水平，普及家庭能源绿色消费的基本知识和行为指南；②倡导乐于助人也就是助人为乐，推动积极情感与绿色消费行为之间的正向循环关系；③推动个体由"为己利他"向"真正的环保主义者"转变；④通过树立环境保护人人有责的道德规范，推动家庭能源绿色消费变革。

本书的创新之处主要体现在以下三个方面：①为探索生态启蒙运动对绿色消费的驱动作用提供了理论依据。行为推理理论中绿色价值观是公众自觉践行绿色消费行为的前提，个体态度一般被看作预测或改变绿色行为的手段，群体态度则会聚合成公众舆论，为生态启蒙提供社会基础。②基于行为推理理论将消费者采纳绿色消费的理由和拒绝绿色消费的理由有机整合在一个理论模型下，构建我国城镇家庭能源绿色消费的影响机制模型，对态度行为缺口产生机理进行实证研究。这不仅有利于破解绿色消费态度行为缺口之谜，而且拓展了传统的绿色消费行为理论。③在实证研究的基础上提出的"刚柔相济""以柔为主""以刚为辅"的政策建议，不仅有助于创建我国城镇家庭能源绿色消费态度行为缺口的修复策略体系，而且有利于推动公共治理领域管理方式变革，也是习近平总书记"法安天下，德润人心"思想的贯彻落实和具体应用。

本书分工情况：王建明负责书稿的结构框架和逻辑脉络，王建国负责撰写，其中杜伟强撰写了本书的"3.3个体因素对家庭能源绿色消费影响的实证研究"。

目 录

1 绪论 ·· 001
   1.1 研究背景 ·· 001
      1.1.1 现实背景 ·· 001
      1.1.2 理论背景 ·· 002
   1.2 研究目的与意义 ·· 003
      1.2.1 研究目的 ·· 003
      1.2.2 研究意义 ·· 004
   1.3 研究内容与思路 ·· 006
   1.4 研究方法与创新 ·· 008
      1.4.1 研究方法 ·· 008
      1.4.2 研究创新 ·· 009

2 我国城镇家庭能源绿色消费的一般分析 ································· 011
   2.1 绿色消费的相关理论分析 ·· 011
      2.1.1 绿色消费的内涵、特征和维度 ································· 011
      2.1.2 绿色消费行为过程 ··· 015
      2.1.3 绿色消费的影响因素 ·· 018
      2.1.4 绿色消费的心理机制 ·· 029
      2.1.5 其他研究主题 ··· 030
   2.2 我国家庭能源绿色消费的概述 ··· 037
      2.2.1 家庭能源绿色消费的内涵与外延 ····························· 037
      2.2.2 家庭能源绿色消费的研究视角 ································ 039
   2.3 我国家庭能源绿色消费的宏观结构分析 ···························· 041

    2.3.1 我国家庭能源消费总体分析 …………………………… 041
    2.3.2 我国家庭能源消费结构分析 …………………………… 042
    2.3.3 我国家庭能源消费测算与分析 ………………………… 044
    2.3.4 我国家庭能源消费驱动因素分析 ……………………… 049
    2.3.5 我国家庭能源消费的宏观结构特征 …………………… 052
  2.4 本章小结 ……………………………………………………… 052
    2.4.1 绿色消费相关理论的研究小结 ………………………… 053
    2.4.2 我国家庭能源绿色消费理论分析的研究小结 ………… 054
    2.4.3 我国家庭能源绿色消费宏观结构分析的研究小结 …… 055

3 我国城镇家庭能源绿色消费的影响因素分析 …………………… 057

  3.1 家庭能源绿色消费影响因素的理论分析 …………………… 057
    3.1.1 人口统计特征 …………………………………………… 057
    3.1.2 心理因素 ………………………………………………… 059
    3.1.3 理论模型 ………………………………………………… 060
  3.2 我国城镇家庭绿色消费影响因素的探索性分析 …………… 065
    3.2.1 研究背景 ………………………………………………… 065
    3.2.2 文献回顾与研究假设 …………………………………… 065
    3.2.3 实证分析 ………………………………………………… 069
    3.2.4 研究结论 ………………………………………………… 071
  3.3 个体因素对家庭能源绿色消费影响的实证研究 …………… 073
    3.3.1 研究背景 ………………………………………………… 073
    3.3.2 理论框架与研究假设 …………………………………… 075
    3.3.3 实证分析 ………………………………………………… 081
    3.3.4 研究结论 ………………………………………………… 086
  3.4 本章小结 ……………………………………………………… 087
    3.4.1 家庭能源绿色消费的影响因素分析 …………………… 088
    3.4.2 我国城镇家庭绿色消费态度行为缺口影响因素的
          探索性研究 ……………………………………………… 088
    3.4.3 个体因素对绿色消费态度行为缺口影响的实证研究 … 089

4 我国城镇家庭能源的绿色消费态度行为缺口分析 091

4.1 绿色消费态度行为缺口的内涵界定 091
4.1.1 利他型绿色消费态度行为缺口 092
4.1.2 利己型绿色消费态度行为缺口 092
4.1.3 炫耀型绿色消费态度行为缺口 093
4.1.4 政治型绿色消费态度行为缺口 093

4.2 绿色消费态度行为缺口的类型维度 095
4.2.1 强态度、弱行为 095
4.2.2 弱态度、强行为 095

4.3 绿色消费态度行为缺口的综合测量 096
4.3.1 绿色消费态度测量 096
4.3.2 绿色消费行为测量 096
4.3.3 绿色消费态度行为缺口的综合测量 097

4.4 本章小结 097

5 我国城镇家庭能源绿色消费态度行为缺口的成因机理研究 099

5.1 绿色消费态度行为缺口成因机理的理论研究 099
5.1.1 绿色消费态度行为缺口成因的理论研究 099
5.1.2 绿色消费态度行为缺口机理的理论研究 103

5.2 我国城镇家庭能源绿色消费态度行为缺口成因的质性研究 109
5.2.1 文献回顾 109
5.2.2 研究设计 111
5.2.3 资料分析 113
5.2.4 研究结论 117

5.3 我国城镇家庭能源绿色消费态度行为缺口机理的实证研究 118
5.3.1 研究背景 118
5.3.2 文献回顾 119
5.3.3 概念模型及研究假设 120
5.3.4 实证分析 122
5.3.5 研究结论 126

5.4 本章小结 127
 5.4.1 绿色消费态度行为缺口成因机理理论研究小结 127
 5.4.2 我国城镇家庭能源绿色消费态度行为缺口成因质性研究的小结 129
 5.4.3 我国家庭能源绿色消费态度行为缺口形成机理实证研究的小结 130

6 我国城镇家庭能源绿色消费态度行为缺口的修复策略研究 133

6.1 家庭能源绿色消费态度行为缺口的修复理论研究 133
 6.1.1 家庭能源绿色消费的相关干预理论分析 133
 6.1.2 家庭能源绿色消费干预策略的类型维度 137

6.2 家庭能源绿色消费态度行为缺口的修复策略研究 144
 6.2.1 基于研究方法的绿色消费态度行为缺口修复策略 144
 6.2.2 绿色消费中强态度、弱行为缺口的修复策略 146
 6.2.3 绿色消费中弱态度、强行为缺口的修复策略 148

6.3 外部干预对绿色消费态度行为缺口的修复效应研究 150
 6.3.1 刚柔并济的绿色消费态度行为缺口修复策略分析 150
 6.3.2 刚性策略对绿色消费态度行为缺口的修复效应研究 153
 6.3.3 柔性策略对绿色消费态度行为缺口的修复效应研究 158

6.4 本章小结 169
 6.4.1 家庭能源绿色消费态度行为缺口修复理论和修复策略的研究小结 170
 6.4.2 外部干预对绿色消费态度行为缺口修复效应的研究小结 170

7 结论建议与研究展望 173

7.1 研究结论 173
 7.1.1 探明了造成我国家庭能源绿色消费态度行为缺口的原因 174
 7.1.2 揭示了我国家庭能源绿色消费态度行为缺口的形成

　　　　机理 …………………………………………………………… 174
　　7.1.3 提出了我国家庭能源绿色消费态度行为缺口的修复
　　　　策略 …………………………………………………………… 175
7.2 绿色消费态度行为缺口修复的关键政策建议 ……………………… 175
　　7.2.1 推进我国家庭能源绿色消费改革的刚性策略 ………… 176
　　7.2.2 推进我国家庭能源绿色消费改革的柔性策略 ………… 179
7.3 绿色消费态度行为缺口的研究展望 ………………………………… 182
　　7.3.1 深入探究内隐态度对我国家庭能源绿色消费的影响
　　　　机制 …………………………………………………………… 182
　　7.3.2 消费文化变迁对我国家庭能源绿色消费的影响机制
　　　　研究 …………………………………………………………… 183
　　7.3.3 对绿色消费行为的个体行为决策和群体行为塑造进行
　　　　整合研究 ……………………………………………………… 184
　　7.3.4 情感对我国家庭能源绿色消费的影响效应研究 ……… 185
　　7.3.5 柔性策略对我国家庭能源绿色消费影响效应的
　　　　实证研究 ……………………………………………………… 186

参考文献 ……………………………………………………………………… 187

表目录

表 2-1　绿色消费体系的主要维度 ································· 014
表 3-1　样本基本特征的描述性统计分析 ························· 069
表 3-2　变量信度验证结果 ····································· 069
表 3-3　主成分因子分析 ······································· 070
表 3-4　研究模型的适配度分析 ································· 070
表 3-5　研究假设检验 ··· 071
表 3-6　被调查者的基本特征 ··································· 081
表 3-7　自变量、中介变量与因变量的测量题项 ··················· 082
表 3-8　变量的均值、标准差、Cronbach's α 系数及变量间的
　　　　相关系数 ··· 084
表 3-9　模型的拟合指数 ······································· 084
表 3-10　自变量影响的直接效应与间接效应 ······················ 086
表 4-1　基于动机和情境视角的绿色消费态度行为缺口类型 ········· 092
表 4-2　基于强度差异的绿色消费态度行为缺口类型 ··············· 094
表 5-1　访谈提纲 ··· 112
表 5-2　受访者的描述性统计分析 ······························· 112
表 5-3　开放式登录概念化与范畴化结果 ························· 114
表 5-4　轴心式登录形成的主范畴 ······························· 116
表 5-5　主范畴的典型关系结构 ································· 116
表 5-6　绿色消费相关的测量量表 ······························· 123
表 5-7　因子分析的结果 ······································· 124
表 5-8　模型的拟合指数 ······································· 125
表 6-1　基于测量水平不一致造成的态度和行为缺口 ··············· 146
表 6-2　不同柔性干预策略对绿色消费的作用机理 ················· 168
表 6-3　柔性组合干预策略 ····································· 168

图目录

图 1-1　本书的研究技术路线图 …………………………………… 007
图 2-1　绿色消费的内涵和外延 …………………………………… 012
图 3-1　心理因素对我国城镇家庭绿色消费影响的概念模型 …… 068
图 3-2　个体因素对绿色消费影响的假设模型 …………………… 080
图 3-3　个性因素对绿色消费意向影响的路径系数图 …………… 085
图 5-1　基于扎根理论对绿色消费态度行为缺口成因的梳理过程 … 113
图 5-2　基于行为推理理论的绿色消费影响机制模型 …………… 120
图 5-3　基于行为推理理论的绿色消费影响因素间的路径系数 … 126
图 6-1　绿色消费障碍因素类型—修复策略匹配图 ……………… 151
图 6-2　绿色消费态度行为缺口类型—修复策略匹配图 ………… 152

绪 论

1.1 研究背景

1.1.1 现实背景

20世纪70年代，能源危机引起学者关注如何节约化石能源的消耗问题。目前，全球变暖和生物多样性威胁等是绿色消费引起广泛关注的主要动因。巨量的能源消费是导致环境质量恶化的首要原因。国家统计局发布的数据显示，2015年中国能源消费总量达42.4亿吨标准煤，占世界总能源消费量的1/5以上，是世界第一大能源消费国。同年，中国石油、天然气的对外依存度分别达到60.6%、33.7%，并且呈现上升趋势。更严峻的现实是，2002~2012年中国能源消费增量占世界总增量的58%（陆娅楠，2014）。巨量的能源消费不仅加剧了中国能源短缺和能源安全危机（许勤华，2014），也加重了生态承载负担，导致了环境质量恶化（林伯强等，2015），引发了国际社会日益增强的能源消费绿色化压力（樊纲等，2010）。

解决经济发展与环境污染脱钩是中国走绿色能源发展之路的客观要求，也是实现我国单位国内生产总值二氧化碳排放比2005年下降60%~65%新目标的必然选择。然而，以往学界与业界主要关注了生产领域的绿色消费问题，相对忽视了对家庭能源绿色消费问题的研究。从国外发展经验来看，随着工业化、城镇化、科技发展，工业用能将会显著下降，而家庭生活能源消费量与比重将会逐步提升。比如，Greening等（2001）对1970~1993年间10个经济合作与发展组织国家的能源消费研究结果显示，工业部门的碳排放下降了

30%~70%，交通部门的碳排放下降了 1.4%~14.5%，而家庭部门的碳排放却上升了 20%~64%。

家庭用户是温室气体排放的重要主体，乃至全球气候变暖的根源。2003 年，美国居民生活能源消费导致的二氧化碳排放总量达到 12.1 亿吨，占能源消耗排放总量的 21%。此外，自从 1990 年电力引致的年排放量上升了 2.4%，燃气引致的年排放量上升了 0.9%（US Department of Energy，2005）。西欧国家也具有类似的情况。经济合作与发展组织指出家庭能源消费占能源总量的 15%~20%。欧美家庭能源消费量由高到低依次是：房屋采暖、热水、冷藏/冻、照明、炊事和空调。2015 年，我国家庭生活能源消费总量达到 50099 万吨标准煤，占能源消费总量的 11%，是仅次于工业用能的第二大能源消耗部门。目前，家庭能源绿色消费尚未成为我国居民自觉行为，家庭节能的社会氛围还未形成。我国城镇居民虽然对家庭能源绿色持有积极态度，但却很少付诸行动。我国家庭能源的绿色消费态度行为缺口仍然较大。这一缺口是各实践部门推动我国城镇家庭能源绿色消费革命亟待解决的难题。

1.1.2 理论背景

近年来，家庭能源绿色消费一直是应用社会心理学和环境心理学关注的焦点。Abrahamse 等（2007）指出家庭直接能源消费（电力、天然气、汽油等）和间接能源消费（食品、衣服、住房等）在能源消费总量中已经占重要地位，家庭已经成为能源消费的主要群体和碳排放的主要来源。在欧盟，家庭能源消费在 20 世纪 90 年代就已经超过产业能源消费，且家庭能源消费的总量和比重也呈现出持续增长的趋势（许勤华，2014）。事实上，削减家庭能源消费已经成为欧盟减缓气候变化政策一个核心目标（Schaffrin 等，2015）。在中国，一些学者估计，目前居民消费导致的直接和间接能源消费可能占能耗总量的 50%~60%（芈凌云，2011）。随着工业化向纵深方向推进，西方发达国家经历了家庭能源消费快速增长的发展历程，我国终端能源消费结构也必然会出现类似的变化。具体而言，我国家庭生活能源消费（包括交通用能）将逐渐替代工业用能成为最为主要的能源消耗主体。更深层的现实是，高耗能生活方式对家庭能源消费的"锁定效应"正逐步显现（高然等，2015）。可见，家庭能源消费行为变革对推动能源消费绿色化的作用越来越不容小觑。从人口结构看，我国城镇常住人口 81347 万人，占总人口比重为 58.52%（国家统计局，2017），他们是家庭生活能源消费主体和高耗能工业品的终端消费者，其人均能源消费量是农村居民的 1.5 倍，可见，城镇居民现有的生活方式蕴含着十分巨大的节能减排潜力。绿色消费态度行为不一致之谜已存在 40 多年，但鲜见国内外学者对绿色消费态度行为缺口相关研究进行系统回顾（王建国等，2017）。为了从理论上解开这一谜团，本书以家庭能源消费活动为研究对象深入剖析绿色消费态度行为缺口问题，这将有助于推动我国家庭能源绿色消费革命，增强能源消费的需求侧管理，控制家庭能源的消费量。

1.2 研究目的与意义

1.2.1 研究目的

绿色发展一直以来是我国政府力推的一项重要国策。能源效率提升是推动绿色发展的关键举措。目前，我国家庭能源消费量是仅次于工业用能的第二大能源消耗部门，推动家庭能源的绿色消费，将有助于缓解我国能源供应压力和提升环境保护水平。然而，长期以来学界和业界的注意力主要集中于如何提升工业部门的能源效率，相对忽略了如何解决家庭能源消费的绿色化问题。家庭能源消费不仅直接影响环境乃至企业的生产活动，而且能够间接影响政府相关政策制定。目前，家庭能源绿色消费尚未成为民众自觉行为，家庭节能的社会氛围还未形成。我国城镇家庭虽然对日常生活节能持有积极态度，但高耗能现象依然普遍存在。目前，我国家庭能源的绿色消费态度行为缺口仍然较大。因此，如何修复态度行为缺口是推进我国家庭能源消费绿色化亟待解决的研究课题。

要引导城镇家庭能源消费向绿色化转变，需要知道其行为实施的内在心理动因有哪些，这些因素是如何作用于行为的，为此，需要对我国城镇家庭能源的绿色消费模型进行研究。这不仅有利于推动家庭能源的绿色消费，而且有助于缓解我国能源供应压力和提升环境保护水平。问题的关键在于家庭能源消费持续上升，而城镇家庭消费增长是人均碳排放居高不下最主要的促成因素。一方面，技术进步（节能电器）、经济增长（家庭收入增加）、人口因素（人口增长）、制度因素（政府政策）和文化发展（女性社会地位提升）

等宏观因素促成了这一结果；另一方面，这些宏观因素进而塑造动机（偏好、态度等）、能力和机会等微观因素。如果研究目标是通过构建我国城镇家庭能源绿色消费行为模型来寻求环境问题的解决之道，那么宏观因素和微观因素都必须纳入考虑。

政府相关部门对推动家庭能源绿色消费行为非常重视（戴彦德等，2015），也出台了诸多引导政策。比如，宣传教育、公益广告、户外横幅、能效标识等。尽管这些信息政策在一定程度上影响了受众的知识、态度、意识和价值观念，却未能显著地、实质性修复家庭能源绿色消费态度行为缺口。从干预政策的类型来看，目前法律法规等刚性策略主要用于干预产业能源消费领域，较少用于家庭能源消费领域。加之，法律的强制性往往导致社会支持感不足，因此本书提出"刚柔相济""以柔为主""以刚为辅"的政策建议修复我国城镇家庭能源的绿色消费态度行为缺口。

所谓柔性策略是指在现有使用条件不变的情况下通过舆论引导等柔性策略影响消费者的认知、动机、情感和社会规范等心理因素，进而改变消费者的行为，消减能源使用量，具有某种程度的自愿性。然而，并非所有的柔性策略都具有良好的干预效果。比如，传统信息政策的需求侧响应并不完全奏效（Frederiks等，2015）。可能的原因在于，传统信息政策大多属于一般化或大众化信息，而不是定制化或个性化信息（Abrahamse等，2007）。因此，利用定制化信息以及特定的情感激发型干预策略、动机驱动型干预策略、规范激活型干预策略和柔性组合干预策略对家庭能源绿色消费行为进行引导和干预，才能有效地推动家庭能源绿色消费行为变革。

1.2.2 研究意义

中共十九大报告明确指出继续贯彻绿色发展理念，坚持人与自然和谐共生，倡导简约适度、绿色低碳的生活方式，开展创建绿色家庭、绿色社区和绿色出行等行动，推动绿色发展，建设美丽中国。从国外发展经验来看，随着工业化、城镇化、科技发展，工业用能将会显著下降，而家庭生活能源消费量与比重将会逐步提升。目前，我国终端能源消费结构已经出现类似的变化。家庭能源绿色消费应该成为节能战略重点关注的方向。然而，从现实情况看，我国城镇家庭对日常生活节能的积极态度并未转化为实际的日常生活节能行为。因此，本书以我国城镇家庭能源的绿色消费态度行为缺口及修复策略为主题具有重要的理论意义、现实意义。

1.2.2.1 理论意义

（1）本书为探索生态启蒙运动对绿色消费的驱动作用提供了理论依据。行为推理理论中绿色价值观是公众自觉践行绿色消费行为的前提，个体绿色消费态度一般被看作预测或改变绿色消费行为的手段，群体绿色消费态度则会聚合成公众舆论，为生态启蒙提供社会基础。

（2）本书基于行为推理理论将消费者采纳绿色消费的理由和拒绝绿色消费的理由有机整合在一个理论模型下，构建我国城镇家庭能源绿色消费的影响机制模型，对态度行为缺口产生机理进行实证研究。这不仅有利于破解绿色消费态度行为缺口之谜，而且拓展了传统的绿色消费行为理论。

（3）本书在实证研究的基础上，从法律、经济、认知、动机、情感和社会规范等角度提出的"刚柔相济""以柔为主""以刚为辅"的政策建议有助于创建我国城镇家庭能源绿色消费态度行为缺口的修复策略体系。

1.2.2.2 现实意义

（1）本书有利于推动我国家庭能源绿色消费态度向行为的转化。具体而言，政府和企业通过三个途径修复绿色消费态度行为缺口：①向家庭用户强化采纳绿色能源的理由；②弱化拒绝绿色能源的理由；③持续强化绿色能源观念，最终实现通过家庭能源绿色消费驱动环境保护的目标。

（2）绿色消费有助于提升个体的积极情感，具有"赠人玫瑰，手有余香"的效果。因此，倡导乐于助人也就是助人为乐，推动积极情感与绿色消费行为之间的正向循环关系，不仅是修复我国家庭能源绿色消费态度行为缺口的重要途径，而且对于提高国民幸福指数都具有重要的现实意义。

（3）本书将为推进绿色发展和生态文明建设奠定坚实的社会基础。我国家庭能源绿色消费不仅能为生态文明建设奠定坚实的社会基础，从家庭能源消费视角践行"绿水青山就是金山银山"的绿色发展理念，而且还能为实现"生产方式绿色化"提供需求侧激励。研究我国家庭能源绿色消费的社会心理因素与柔性干预策略，能够找到影响我国家庭能源消费绿色化的关键因素，进而加速中国消费者生活方式绿色化转型进程，更加有效地实现中国生态文明建设的宏伟目标。

（4）本书有助于推动公共管理和政府治理领域的管理方式变革。本书提出的"以柔导行""以柔促绿"不仅有利于走出我国家庭能源消费绿色化的"知易行难"困境（即绿色消费态度行为缺口），而且"以柔导行""以柔治国"可以推动其他公共治理领域的管理方式变革，为很多政府机构、公共部门或非营利组织影响公众行为、推动家庭能源消费变革提供了一条重要管理路径，也是习近平总书记"法安天下，德润人心"思想的贯彻落实和具体应用。此外，中国若能实现经济增长与环境污染脱钩，世界上其他发展中国家将会遵循中国路径，实现全球温室气体排放目标。因此，深入研究我国城镇家庭的绿色消费模型具有重要的理论和现实意义。

1.3 研究内容与思路

本书共分为7章，每章的主要内容如下：

第1章是研究的现实背景、理论背景、研究目的与意义、主要研究内容与思路、研究方法与创新。本章首先分析了当前我国家庭能源消费持续上升，高耗能生活方式对家庭能源消费的"锁定效应"逐渐显现。在此基础上提出本书的研究意义、主要内容与思路、研究方法和创新。

第2章是我国家庭能源绿色消费的一般分析。本章首先分析了绿色消费的相关理论，其次对我国家庭能源绿色消费进行了概述，在此基础上对我国家庭能源绿色消费的宏观结构进行了定量分析。

第3章主要分析了我国家庭能源绿色消费的影响因素。本章首先对家庭能源绿色消费进行了理论分析，其次实证研究了社会认同感、自我效能感、绿色指数、生活方式等对我国城镇家庭能源绿色消费的影响，最后重点研究了传统取向、未来取向、关注成功的程度、外倾性等个性因素对家庭能源绿色消费的影响。

第4章主要就我国家庭能源绿色消费态度行为缺口进行了分析。本章首先对绿色消费态度行为缺口的内涵进行了科学界定，其次介绍了绿色消费态度行为缺口的类型维度，最后分析了如何对绿色消费态度行为缺口进行综合测量。

第5章主要就我国家庭能源绿色消费态度行为缺口成因机理进行了研究。本章首先对绿色消费态度行为缺口的成因机理进行了理论研究，其次运用扎根理论中的开放式登录、轴心式登录、选择式登录技术探析了我国城镇家庭能源的绿色消费态度行为缺口的成因，最后针对绿色消费态度行为不一致的问题，基于行为推理理论对我国家庭能源绿色消费态度行为缺口的影响机理进行了实证研究。

第 6 章是我国家庭能源绿色消费态度行为缺口的修复策略研究。本章首先回顾了家庭能源绿色消费态度行为缺口的修复理论和修复策略，其次，基于前文的实证研究从刚性策略和柔性策略两个视角讨论了外部干预对我国家庭能源绿色消费态度行为缺口的修复策略，尤其重点讨论了如何利用柔性策略对绿色消费态度行为缺口予以修复。

第 7 章是结论建议与展望。本章首先总结了本书的研究结论，其次提出了修复我国城镇家庭能源绿色消费态度行为缺口的关键政策建议，最后对绿色消费态度行为缺口的未来研究方向进行了展望。

围绕研究内容，本书的研究技术路线如图 1-1 所示。

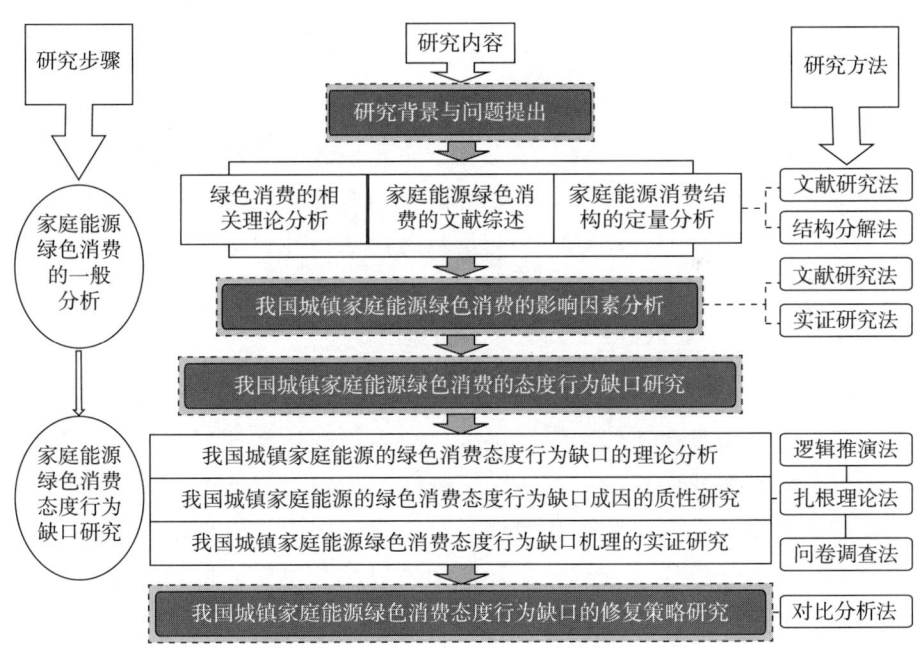

图 1-1　本书的研究技术路线图

1.4 研究方法与创新

1.4.1 研究方法

1.4.1.1 文献研究法

本书借助文献研究法，广泛查阅国内外研究文献、统计资料及研究报告，系统梳理绿色消费、家庭能源绿色消费、绿色消费态度行为缺口和行为推理理论等研究领域的前沿研究成果，及我国家庭能源绿色消费现状与干预策略概况，为各变量界定、维度划分和测量，及作用关系模型构建和假设提出理论和现实依据。

1.4.1.2 结构分解法

结构分解法通过将模型中因变量的变化分解为相关自变量变化值的和或积形式，以计算各自变量对因变量变化的贡献值，对于检验终端能耗及二氧化碳排放影响因子十分有用。指数分解法与结构分解法都经常被用来研究造成能源消费趋势潜在的经济原因。与指数分解法相比，结构分解法能够同时说明供给侧和需求侧原因，以及通过供应链区分直接和间接效应。因此，本书采用结构分解法测算我国家庭能源的间接消费。

1.4.1.3 扎根理论法

采用扎根理论分析方法。采用个人一对一深度访谈和焦点小组访谈相结合的质性调查技术获得我国城镇居民家庭能源消费决策的第一手观测和访谈资料。通过分析、整理、归纳和概括文本资料，运用扎根理论中的开放式登录、轴心式登录、选择式登录技术提炼初始概念和范畴，挖掘概念和范畴之间的联系。通过理论饱和度检验后，提炼我国城镇家庭能源的绿色消费的采纳理由和拒绝理由。

1.4.1.4 问卷调查法

本书针对我国城镇家庭能源的绿色消费态度行为缺口问题进行了多次问卷调研。调查问卷的问项主要参考以往成熟的量表，并根据研究需要进行修正、完善或进一步开发。通过线上/线下等多种方式发放调查问卷与数据收集，依次获得了我国城镇家庭能源绿色消费相关影响因素的样本数据，为后续的探索性因子分析、验证性因子分析、信效度分析、概念模型假设检验、中介效应及调节效应检验做了数据上的准备。

1.4.1.5 统计分析法

本书使用方差分析、调节/中介分析、因子分析（探索性和验证性）、回归分析、路径分析和结构方程模型等统计分析方法开展实证研究。在统计软件应用上，本书主要使用SPSS、AMOS18.0软件进行上述统计分析。

1.4.2 研究创新

本书的创新点主要体现在以下三个方面：

（1）本书为探索生态启蒙运动对绿色消费的驱动作用提供了理论依据。行为推理理论中绿色价值观是公众自觉践行绿色消费行为的前提，个体绿色消费态度一般被看作预测或改变绿色消费行为的手段，群体绿色消费态度则会聚合成公众舆论，为生态启蒙提供社会基础。

（2）本书基于行为推理理论将消费者采纳绿色消费的理由和拒绝绿色消费的理由有机整合在一个理论模型下，构建我国城镇家庭能源绿色消费的影响机制模型，对态度行为缺口产生机理进行实证研究。这不仅有利于破解绿色消费态度行为缺口之谜，而且拓展了传统的绿色消费行为理论。

（3）本书在实证研究的基础上提出的"刚柔相济""以柔为主""以刚为辅"的政策建议不仅有助于创建我国城镇家庭能源绿色消费态度行为缺口的修复策略体系，而且有利于推动公共治理领域管理方式变革，也是习近平总书记"法安天下，德润人心"思想的贯彻落实和具体应用。

2

我国城镇家庭能源绿色消费的一般分析

2.1 绿色消费的相关理论分析

2.1.1 绿色消费的内涵、特征和维度

2.1.1.1 绿色消费源起

道德消费和节俭的概念古已有之,但对绿色消费清晰的界定首次出现在 20 世纪 70 年代的美国,作为社会营销扩展到环保问题。最早研究绿色消费的学者及其理论有 Fisk (1974) 的责任消费理论,Kinnear (1976) 的生态营销概念和 Kardash (1976) 的生态型消费者概念。最初,研究仅聚焦于汽车、石油和化工等能源使用和污染问题。后来,循环利用、节能减排以及消费者对广告和标签信息的反应成为绿色消费研究的焦点。在 20 世纪 80 年代,埃克森·瓦尔迪兹号漏油事件及其导致的环境恶化后果重新点燃了公众的环保意识。绿色消费者指南和抵制含氯氟烃的喷雾器等表明了消费者生态意识的觉醒。绿色消费开始被作为传统商业拓展和进一步研究的领域。学术研究主题也从早期对绿色消费轮廓和态度行为联结的研究逐渐发展到探究动机、心理和制度等更多对绿色消费的影响因素。这些研究包括以下方面不足:一是未能对绿色消费态度进行科学测量。比如,以往研究较少考虑到调查研究中消费者的社会赞许偏好,这种消费者取悦研究人员的倾向导致态度不再是预测行为的可靠指标。二是认为绿色消费要么被采纳,要么被拒绝等,而事实上,消费者对不同绿色产品的融入程度存在差异。三是绿色态度和行为关系的错

位问题，即有些学者研究普通绿色态度与具体绿色行为的关系，或者研究具体绿色态度与普通绿色行为的关系。

2.1.1.2 绿色消费内涵与外延

本书将绿色消费做如下界定：绿色消费是家庭用户在日常生活消费过程中购买购置绿色产品，节约资源消耗与合理处置废弃物的消费行为模式，具体表现为选购能源效率高的产品和服务，消减消费量和降低消费对环境的破坏，减少浪费，循环再生等（王建明，2013）。绿色消费的内涵与外延如图2-1所示。

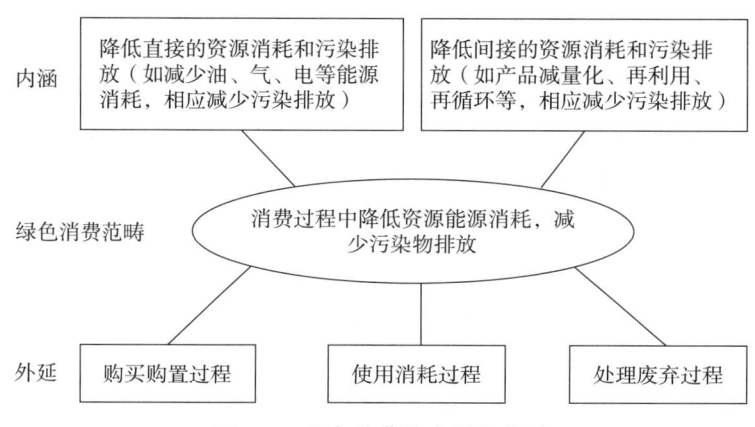

图 2-1　绿色消费的内涵和外延

根据国际社会目前形成的共识，绿色消费的特征可以概括为五个R：节约资源，减少污染（Reduce）；绿色消费，环保选购（Reevaluate）；重复使用，多次利用（Reuse）；分类回收，循环再生（Recycle）；保护自然，万物共存（Rescue）（吴芸，2015）。

2.1.1.3 绿色消费类型

有关绿色消费的研究可以分为几类情况。其中一种比较粗略的分类是扎根于营销的研究和扎根于工业生态学或生态经济学的研究。前者主要研究消费者动机、行为意向、行为的相关或因果关系；后者主要研究这些行为的效果，比如，探究购买本地产品和废物回收利用如何影响环境就是后者的例证。虽然，绿色消费意味着在购买选择、产品使用和处置、家庭管理、消费者个人/集体行动中体现某种程度的环保动机。但某些绿色消费是得不偿失的，因此其收益已经受到质疑。比如，购买本地产品环保与否取决于其生产方法、土壤类型、能源投入以及运输距离等因素。值得注意的是某些行为虽然未受环保动机驱动，但客观上对环境影响很少。比如，采纳购买素食的动机也许是宗教信仰、关心个人健康或经济节约，但这些行为也是环保的，尤其有利于缓解大气污染。在现实生活中，动机和绿色消费的背离是存在的，但这一重要现象甚少受到学者关注。

另一个细分维度是研究如何减少消费量，或研究低碳技术、绿色产品和品牌选择。政策制定者、企业家和学者更加关注如何实现消费选择的差异化，而相对忽略了前者。现有的公共政策目标、文化价值观和企业策略强调经济增长优先、消费主权和不羁的物质财物获取，这与降低消费量是相背离的，导致了研究焦点过于强调一些节能减废行为，而进行这些行为的居民不需要大幅度改变高碳的行为习惯和生活方式。由于消费选择的差异化未触及社会主流范式和工业化社会背景下的消费主义生活方式，因此这仅是从表面上解决目前的能源环境挑战。其中，社会主流范式是指决定人们生活质量及其与自然关系的核心价值观，以及政治、经济、技术体系。

有些学者为了平衡生态破坏和减少消费带来的环境挑战，提出了非物质化议程。该学派主张通过技术创新和优化资源配置减少材料和能源输入，并维持同等消费利得。他们更加侧重供给侧改革，尤其是在减少农业能源密集度和产品包装材料消耗方面。从某种程度上而言，这是一种开发能源节约型产品/服务的替代方案。Waggoner等（2002）指出非物质化策略不仅会减少物质资料消费，而且会提升供给侧所提供产品的环保水平。因此，推动全球消费进入一个可持续发展状态依赖于消费行为各个侧面的改变，比如，减少某些方面消费的意向，选择环境友好型产品/服务，降低某些消费行为的物质/能源消耗和辨识并支持生态效率型制造商等。

绿色消费研究范畴持续发展丰富，表明生态意识在全球范围内的觉醒。早期研究与实践主要聚焦于欧美和日本等成熟工业化国家的消费者，较少关注发展中国家的消费者。虽然也有些涉及多国消费者的研究，但他们大多由商业性市场研究公司主导。比如，2008年英国广播公司对美国、英国、中国、印度、日本、丹麦、俄国和巴西等22个国家的18453名消费者进行的全球气候变化调查，结果表明消费者的环保意识比2007年有了显著提升。在气候变化关心和是否清晰记得购买过绿色产品问题的回答上，中国消费者持肯定答复的占76%，全球平均值为54%，而德国、丹麦和挪威仅为67%~68%。可见，绿色消费的对比性学术研究通常以几个国家的消费者为样本。由于文化差异，各国消费者的环保意识和行为也各不相同。但值得注意的是，目前各国消费者的环保价值观、环保意识和环保兴趣日益高涨。

2.1.1.4 绿色消费的维度

绿色消费行为体系体现在"时间、空间、关系"三个基本维度、全过程、全领域、全方位、全要素、全社会、全周期、全时间、全自然、全人类九个具体维度。从行为过程来说，按照消费行为所发生的过程阶段，绿色消费体现在购买购置环节（绿色购买、减量购买等）、使用消费环节（削减用量和使用绿色产品等）、处理废弃环节（循环再生和资源化等）三个环节。从行为领域来说，绿色消费不但包括减少直接领域的资源消耗和环境污染（如减少汽油、天然气、电力等能源的消耗，相应减少污染物排放），还包括减少间接领域的资源消耗和环境污染（如在产品购买消费过程中实现减量化、再利用、再循环，相应减少污染物排放），具体包括衣、食、住、行、游等各领域。从行为层次来说，绿色消费体现在生存型消费、享受型消费、发展型消费等各层次。从行为要素来说，绿色消费要考虑水、空气、土壤等各类资源和环境要素的节约和保护，而不能单独考虑某一类资源和环境要素，忽视其他要素。从行为主体来说，绿色消费涉及全社会各类主体，包括个体、家庭、企业、组织、政府等各类消费者主体，而不仅仅是家庭用户。从行为周期来说，绿色消费体现在从摇篮到坟墓（从原料到废弃）的全部生命周期，而不仅仅体现在某一个环节。从行为时间来说，绿色消费是长期动态的完整时间覆盖，而不是短期静态的时点覆盖。从关系维度来说，绿色消费是人与自然、人类之间长期相互影响、进化。绿色消费行为体系的主要维度，如表2-1所示。

表2-1 绿色消费体系的主要维度

基本维度	具体维度	具体维度	具体含义
空间维度	行为过程	全过程	购买购置环节、使用消费环节、处理废弃环节
	行为领域	全领域	衣、食、住、行、游等直接和间接领域
	行为层次	全层次	生存型消费、享受型消费、发展型消费
	行为要素	全要素	考虑水、空气、土壤等各类资源和环境要素
	行为主体	全社会	个体、家庭、企业、组织、政府等
时间维度	行为周期	全周期	从摇篮到坟墓（从原料到废弃）
	行为时间	全时间	长期动态的完整时间覆盖
关系维度	人与自然	全自然	人类与自然相互影响、进化造就自然环境
	人类之间	全人类	人类之间相互影响、进化造就社会环境

资料来源：根据相关文献整理。

2.1.2 绿色消费行为过程

消费是受自然、环境、个体心理、地理、文化、法律、政治和社会基础设施影响的一个经济、物理和社会过程。绿色消费是人文科学与自然科学的交叉学科。绿色营销理论主要源于经济学和市场营销学，因此，以往研究的主导范式是针对具体购买行为的理性决策过程。未来研究需要将绿色消费看作一个受社会、文化和物理环境影响的整体过程。社会学和人类学研究也指出消费研究有待于适当整合可持续理论和经济理论。

2.1.2.1 需求确认

衣、食、住、行、安全和繁衍等是人类固有的基本需要。Shove（2003）指出在消费社会背景下，这些基本需要已升级为追求舒适、清洁和便利的高级需要。此外，人类还有接纳、地位、休闲、爱和自我实现等社会情感需要。初级需要也会进化为次级需要。具体产品需求是消费者个性、生活方式及社会环境的反映。换言之，人们消费选择的组合构成了其生活方式。营销者通过提供具体产品迎合消费者的这些欲望。现有文献甚少区分需要和欲望。必需品消费一方面包含基本的客观需要，另一方面也是相对主观的，与个人经验、期望、环境紧密相关。需求进化使得很多以往的奢侈品转化为如今的必需品。正所谓"旧时王谢堂前燕，飞入寻常百姓家"。然而，有迹象表明消费又出现了新趋势，进入了新周期。比如，2009年，皮尤研究中心发现自从2006年以来，美国居民已大量削减了有线电视、空调、洗碗机和微波炉等必需品消费。2018年埃森哲的《中国消费者洞察报告》指出随着中国居民可支配收入的攀升和数字化带来的消费推动力，中国正迎来以"两线买"、购物社交化、体验至上、健身消费和拥抱价值经济等为特征的全新消费时代。可见，从纵向发展的视角看，相对于传统时代来说，新时代的绿色消费需求也必然发生了演变。

从横向发展的视角看，在全球资源难以维续未来发展，贫困、营养不良和水资源短缺背景下，可持续发展必须优先关注如何实现贫困国家消费者的基本需要而非满足富裕国家消费者的欲望。这需要更清晰、细致地洞悉需要和欲望的异同。从现有文献看，绿色消费主要研究后工业化国家中个体的消费水平、选择和行为或工业化家庭中新兴中产阶层的消费行为。而对其他群体绿色消费的研究甚少。这是发展经济学的主要构面，但目前学者们正对消费生产系统进行更加深入的研究。从全球来看，每天生活成本仅有几美元的消费者占总人口的72%，市场容量达5万亿美元。比如，2018年，拼多多创办三年上市就是因为关注并且满足了这部分人的需要。但传统绿色消费和普通消费研究甚少关注他们。最后，可持续发展进程必须研究富裕经济体中消费者的不可持续消费。目前，中国已进入工业化后期，伴随经济增长方式转型，也涌现出农民工、新兴中产阶级和精英人士等新消费群体，他们的消费方式呈现出许多新特点。尤其是对我国城镇新兴中产阶级的消费升级过程进行科学引导是当前亟待解决的重要课题。

2.1.2.2 信息搜集

虽然我们有时习惯性或冲动性消费某些产品，但是绿色消费一般被认为是理性购买行为，因此绿色消费者不仅通常会从家庭成员、朋友和商业来源进行信息搜集，而且会通过绿色消费者或网站等特色信息源获得所购产品的环境绩效。比如，McDonald 等（2009）研究了各种各样的绿色产品购买类型，发现绿色消费者购前通常会搜集所购产品的环保信息，但信息搜集行为和来源因购买类型不同而各异。此外，基于绿色消费视角的另一个关键信息性命题是生态素养，即消费者对环境问题的理解程度以及关联其生活、产品消费与环境问题的能力。

2.1.2.3 备选方案评估

备选方案评估对于消费者行为而言至关重要。绿色消费市场研究特别强调洞悉行为，进而影响消费者在众多竞争产品/品牌中进行选择的重要性。从广义角度来看，绿色消费行为还包括：削减消费量或寻找满足欲望的替代方式，比如，以无形服务代替有形产品或从亲朋好友处借用代替购买。虽然，非正式经济现象已被广泛研究，但对非购买性、自力更生的非正式消费活动及其与以购买为基础的消费活动的联系关注甚少。备选方案及其评估标准是绿色消费者研究的重要研究课题。备选的绿色产品通常在生产方式和产品属性方面与众不同，比如，有机食品或可持续性木制品。此外，信任水平是消费者否购买绿色产品的重要影响因素。绿色产品市场成长的挑战之一是消费者更易于信任熟悉的产品和品牌而非环保导向的替代品。

2.1.2.4 购买

绿色消费研究重点通常聚焦于购买态度（或意向）、购买行为以及二者之间的缺口。此外，不同购买方式对环境影响各异。在线音乐下载与光盘复制音乐对环境影响程度显然不同。在后工业化国家，零售业已被大量位于市郊的零售商主导，购物本身是一项影响社会环境的重要活动。比如，2006年英国人均购物出行219次，其中91次是平均距离9公里的短程自驾。2018年埃森哲的《中国消费者洞察报告》显示，消费者对于网购还是逛店的倾向性选择已难分伯仲，爱网购也爱逛店，已经形成"两线买"的新消费特点。值得一提的是，线上/线下购物的环境影响必然存在显著差异。

2.1.2.5 使用

尽管产品使用效果对重复购买具有决定性影响，但传统上购后消费行为在学界甚少受到营销和经济学者关注。产品使用引发的环境影响是整个绿色消费过程的重要环节。尤其对于高耗能家用电器而言，产品使用阶段比生产和处置阶段对环境影响更大。低能耗建筑的环保绩效取决于用户与能源管理系统的交互效果。汽车或供暖系统是否适当地被维修，电力设施是否处于待机状态，汽车行驶速度以及损坏的产品是否被修复使用都最终对环境影响不同。再以购买音乐为例，在线音乐下载与光盘复制音乐的环境影响程度也依赖于所购音乐数量和所用设备的能源效率。鉴于使用时间是影响环保效果的重要因素，延长产品寿命、节约型或减速型消费正悄然成为新的研究主题。尽管产品使用意义重大，但与产品评估、选择和购买相比较，学者们对产品使用的研究还远远不够。这在一定程度上反映了耐用品使用寿命较长而导致其环境影响的复杂性。可见，洞悉消费阶段的环境影响需要采用时间序列数据和民族志方法。这比目前问卷调研等主流的绿色消费研究方法更耗时、复杂和昂贵。

2.1.2.6 处置

产品在使用后通常被直接地或间接地通过慈善组织等丢弃（垃圾堆、重新使用、循环或再生产系统）、储存、再售、交易或租借。产品使用后的处置较少受到关注，已有研究主要聚焦于研究再循环态度、行为和动机。延伸生产者责任应要求汽车和电子产品等企业回收再利用和处置废弃产品，由此衍生与消费者支持逆向物流意愿和能力的研究方向，而伴随逆向物流过程的消费者重复使用、回收或有责任的处置行为较少受到关注。值得注意的是，与汽车和电器等耐用品相类似，食物等快速消费品的使用和处置同样对环境影响显著。比如，食物冷冻时间和温度，使用微波炉还是传统炊具烹饪，是否生成垃圾以及如何进行垃圾处理等对环境影响不同。同时，注意政府、企业和个人对生活垃圾分类的协同管理,避免重复工作。比如,若垃圾回收站对居民已分类的生活垃圾进行二次分类就会造成社会资源的浪费。

2.1.3 绿色消费的影响因素

2.1.3.1 人口统计特征

20世纪70年代,能源环境危机开启了早期绿色消费行为研究。早期学界假设具体行为结果能够反映消费者对绿色产品价格和质量等的态度,这些偏好能够体现在消费者的人口统计变量上(吴波,2014)。因此,1970~1995年,绿色消费的主流研究是鉴定绿色消费者并运用各种各样的标准细分绿色消费市场。学者通常应用性别、年龄、教育水平、职业、家庭收入和家庭结构等社会人口统计特征研究消费者对经济刺激的反应差异。

很多研究发现性别和绿色消费行为存在显著的相关性。比如,Straughan等(1999)、何志毅等(2004)、徐颖等(2016)研究发现女性比男性的绿色消费意识更强,更可能践行绿色消费行为。但黎建新等(2007)却研究发现,性别和绿色消费之间不存在相关性。关于年龄因素,王凤(2008)研究认为环保意识较强的公众是年轻或低于中等年龄的人。但是,也有一些学者研究发现,年龄与绿色消费行为之间并不存在特别显著的相关性(黎建新,2007)。学者们一般认同受教育程度和绿色消费行为的正相关关系,即受教育程度越高者其亲环境行为倾向也越强,大多数实证研究也证实了这一结论(黎建新,2007;王凤,2008)。但也有一些研究发现二者之间没有显著相关关系,甚至呈负相关关系。家庭收入与个体绿色消费行为密切相关。发达国家的高碳排放人群或环境污染严重的发展中国家的消费者通常环保诉求更高。比如,Lenzen等(2003)发现澳大利亚人均支出为2.5万澳元的家庭消费碳排放量是人均支出为1万澳元家庭消费碳排放量的两倍。有关威尔士地区生态足迹的研究也发现了相似的结论。可见,随着收入水平提高,家庭消费碳排放的绝对量也会相应地提高。

我们推断可能还存在更强健的影响绿色消费行为的因素,导致人口统计特征与绿色行为仅存在弱相关关系而非强相关关系,甚至还存在很多相互矛盾的研究结论。比如,学者们通常认为绿色消费行为群体特征包括:年轻、女性、高学历、富有和自由主义等(Gilg等,2005),但其他学者却发现除年长特征不同,其他特征都一样的消费者群体更愿意践行绿色消费行为(Olli等,2001;Sanne,2005)。因此,有些学者提出仅采用人口统计特征来推测消费者的绿色消费行为缺乏准确性。比如，Diamantopoulos 等（2003）研究发现人口统计特征对绿色消费行为的影响作用相当有限，且存在国别差异。欧阳斌等（2015）研究发现，受教育水平程度与政治身份对我国家庭能源绿色消费行为影响不显著，收入水平对家庭能源绿色消费行为存在正向的显著影响。崔维军等（2015）对公众减排行为的分析结果表明，性别和学历对绿色消费行为的影响显著，其中女性较男性更愿意采取绿色消费行为，受教育程度越高，绿色消费行为努力程度越高。聂伟（2016）基于CGSS2010数据的研究发现，在中国较年长者、收入较低者、受教育水平较高者、东部城市居民的减排行为相对更积极。赵万里等（2017）研究发现城镇家庭中利用闲暇时间充电的个体更可能进行绿色消费行为，而非农经历、受教育程度却对绿色消费行为影响不显著。

综上所述，人口统计特征有利于对绿色市场进行细分，但不能解释绿色消费形成的根本原因。单纯研究人口统计特征变量与绿色消费行为的关系，不同研究往往得出相互矛盾的结论。可见，人口统计特征差异仅仅是表象或影响绿色消费行为的次要因素，还存在更显著的影响绿色消费的因素。故而必须从其他角度来进一步分析其他要素对绿色消费行为所产生的潜在影响。

2.1.3.2　心理因素

鉴于人口统计特征对绿色消费行为欠缺足够的解释力，很多学者转向对消费者心理因素的研究。从现有文献看，心理因素是最受学者关注的绿色消费行为影响变量。其中，绿色态度、环保知识、态度、信念、价值观、责任、控制和个人效能、情感等心理研究变量在很多研究中被反复提及。

（1）环保知识。环保知识通常被假定是影响绿色消费的重要因素，但环保知识对后续行为影响的强度和方向仍未达成一致结论。比如，有些学者发现自我报告和客观测量获得的环保知识都对绿色消费有积极作用。但是，Davies 等（2002）发现有关再循环活动的知识不影响对便利回收项目的参与，Pedersen（2006）也发现提供更多的环保信息并不一定导致非绿色消费行为的改变。其他研究已经表明增加环保知识对后续行为影响甚微，可能还会导致消费者的困惑和不知所措。学者们尚未对文献中环保信息作用的不一致进行深入探索。一种可能的解释是环保信息会使消费者意识到现存生产消费系统的不可持续本质和绿色产品的不足之处。区分环境问题和环保知识很重要。一些学者声称行为转变需要将环保信息与消费者生活行为相结合。比如，Hobson（2003）发现若新信息引发消费者新的思考时，行为改变最可能发生。

国内学者也得出了类似结论。比如，聂伟（2016）研究发现，环保认知（减排知识、环境污染认知、气候变化原因和危害认知、环保科技观）和环保责任感（环境问题关注度、环保责任意识、环保倾向）会显著提升公众的绿色消费行为，传播沟通（媒体接触、环保社团参与）会促进公众实施更多绿色消费行为。但这些影响因素存在显著的城乡差异，与城市家庭相比，农村家庭的绿色消费行为更多受到环保责任感的驱动，而环保认知、传播沟通的影响并不显著。王玉君等（2016）研究发现环境污染程度感知、经济发展水平和个人环保知识都会正向影响个体绿色消费行为。其中，经济发展水平调节环境污染感知对个人绿色消费行为影响效应。王晓楠等（2017）分析发现环境风险感知越强、环保信念、社会信任感、政治参与度都与环保行为意向正相关。洪大用等（2015）通过对环保问题研究发现，不同年龄的公众对环境关心程度存在较大差异。相对而言，青年人环保意识更强，而年长者环境知识更丰富。在生态红线为背景下，盛光华等（2016）进一步研究发现环境关心对个体绿色消费意向具有正向影响效应。陈晓红等（2016）对个体"两型行为"（即资源节约行为和环保友好行为）的影响因素进行了分析，并基于态度—意向—行为理论框架的研究发现，公众对"两型社会"建设的付出意向以及对"两型社会"建设现状的满意度直接影响他们的两型行为，并且在各种影响因素与两型行为之间起着中介作用。那些环境风险感知高、健康意识强、意见领袖，并且自尊心强的个体更可能践行两型行为。

（2）态度、信念和价值观。态度、信念和价值观等影响绿色消费的前置因素也得到了学者们的充分关注。比如，以往研究证实环保态度是衡量消费者是否愿意购买有机食品，支付绿色电力溢价和致力于电子垃圾回收的稳健的预测因子。有些学者认为绿色态度能够正向地影响消费者的绿色行为（贺爱忠等，2011），但也有学者提出相反观点，认为绿色消费态度对后续行为预测力较低（Bamberg，2003），甚至二者无显著相关关系。但是，也有学者进一步研究发现针对某项行为的具体态度比普通态度更具预测力（Bamberg，2003；Tanner 等，2004）。还有些学者研究发现，具有环保态度的消费者未必会对绿色产品具有较高的支付意向（宗计川等，2014）。欧阳斌等（2015）以我国各省际居民为样本，研究发现环保意识、环保知识和环境现状都对环保行为具有显著的正向影响效应。崔维军等（2015）的分析结果表明，公众对气候变化原因认知与危害程度认知都会显著影响其绿色消费行为。依据由强到弱，他将影响公众绿色消费行为的因素依次分为，环境问题关注度、原因认知、气候变化危害认知和公共物品保护意识。

态度行为缺口也是绿色消费行为研究的重点问题之一。比如，张砚等（2017）发现63.5%的消费者的绿色购买意向未能转化为实际的绿色产品购买行为。陈凯等（2014）指出由于社会赞许偏好，问卷调查只能获取消费者的显性态度而非隐性态度。而且除了态度之外，还有其他心理因素和情境因素影响后续行为，这就导致了绿色消费中态度行为之间的缺口。

绿色消费的研究主题之一就是探究现有的价值观模型与绿色消费的关系。这些研究通常认为史华兹量表中的利他而非利己，开放而非保守的价值观更可能激发绿色消费。最近，学者已试图探究更具体的环保价值观和信念对行为的影响。虽然大部分学者认同价值观对绿色消费的作用，但也有学者持怀疑态度。Barr（2007）发现产品重复使用和废物最小化意向及行为与环保价值观密切相关，但对于回收利用而言，社会规范的作用更加显著。类似地，一家市场研究公司发现表达了强烈环保价值观的英国消费者更倾向于重复利用和节约用水，但并不一定会购买有机食品或避免家用电器待机。实际上，环保价值观较淡的群体更倾向于使用低能耗的灯泡。从广义角度看，环保价值观反映了具体的文化传统。因此，一些学者试图评判不同国家和文化族群的环保价值观差异。比如，Harris（2006）指出除非环境直接影响到了他们自己、家庭和生活方式，中国消费者通常不愿意改变其既定的消费习惯。

尽管研究环保价值观的文献比较丰富，但由于使用过度宽泛的测量量表和未清晰区别亲社会/亲环境价值观与利他主义而受到诟病。实际上，以人道主义价值观为基础的动物爱好者与道德型消费者差异很大。在某些情况下，社会发展和环境保护是对立的。比如，为解决贫困问题而进行环境资源开发。在很多落后地区，甚至广大发展中国家促进经济发展比环境保护更亟待解决。基于价值观的一项研究新议程是新环保范式，即探究如何建立反映可持续发展原则的价值观、远景和政治、经济、技术体系。Kilbourne等（2005）强调在工业化国家潜在的社会主导范式是消费导向的，所以，提高消费者的环保知识和态度未必会导致行为改变。他们提倡更多研究如何通过集体价值观演进促进深层次的绿色消费，以及如何生成信息并激发消费者改变社会主导范式的意识。期望是深受社会主导范式影响而甚少被关注的一个心理变量。消费者满意度深受期望影响。我们有关生活标准、投资回报、非季节性产品可得性以及廉价机票的期望都对经济的可持续发展产生重要影响。

（3）责任、控制和个人效能。环保责任和个人消费行为对解决环保问题的感知也较少受到关注。学者们忽视环境破坏的消费者个人责任反映了消费者至上的商业文化。在这种商业逻辑下，企业鼓励消费者进行任何合法（但不一定道德）的行为。消费者如何对环保责任进行分类，以及他们是否相信自己行为的影响力都会显著影响后续行为。Zaccaï（2008）发现即使愿意为绿色产品支付溢价，消费者仍然不确定自己行为的影响力，而希望获得公共权威机构的认可和回应。很多文献中存在一个假设：随着时间延续，环境知识将增加，环境价值观得以强化，进而更愿意担当环保责任。然而，Wray-Lake等（2010）发现过了30年，美国青少年的环保关切没有增强，他们逐渐将环境保护看作政府、企业和公众的责任。

（4）情感。虽然，绿色消费研究强调知识和经济合理性等客观因素，而在实践中直觉和情感因素对行为塑造影响更大，即"晓之以理，不如动之以情"。虽然恐惧、气愤、愧疚、耻辱、骄傲等情绪反应会显著影响绿色消费行为，但除了广告之外的绿色消费研究甚少考虑情感因素的作用。因此，情感因素对绿色消费行为的影响有待进一步挖掘。王建明等（2016）研究发现隐含情感、复合情感和特定情感等对绿色行为具有重要驱动作用。余真真等（2017）指出，情感的作用越来越受到关注。情感融入度对绿色消费行为影响显著，且消极情感与积极情感对绿色消费行为的影响效应不同。亢楠楠等（2017）还研究发现主观幸福感对居民绿色消费行为具有显著的影响效应。其中，环境关心水平提升被看作幸福感影响居民绿色消费行为的主要作用机制。

综上可见，心理因素是最受学者关注的影响绿色消费行为的因素，具体包括绿色相关的认知、情感、知识、感知效力、价值观、个人能力、社会地位意识、世界主义和环保保护主义、敌对情绪、焦虑、自尊、娱乐、向往、支配、感觉、理解、避免伤害和容忍、社会化和责任、控制范围等（贺爱忠等，2011；王建明，2016；陈晓红等，2016）。然而，学者们就很多心理变量对绿色消费行为的影响效应尚未达成一致意见。绿色消费相关的态度、价值观、情感、行为意向等吸引了大量学者的注意力。长期以来，绿色消费的态度行为缺口一直是研究者们无法填平的鸿沟（和占琼等，2015；陈晓红等，2016；张砚等，2017）。

2.1.3.3 绿色消费者身份和个性

环境心理学研究显示消费者的自我认同感能够影响其绿色消费的性质和程度。比如，你是否将自己看作一个循环使用者预示着你是否会循环使用产品，而且那些将自己看作绿色消费者的个体更倾向于购买有机食物。在某些情况下，消费者认同某个具体的生活方式（比如，乐活族），他们的绿色消费就是该生活方式的具体反映。Autio 等（2009）探索发现了青年绿色消费者的三个构面：①拒绝个人英雄主义，反对绿色消费主义的概念，提倡群体行为改变；②环保英雄信奉绿色消费的积极方面；③无政府主义者，因为绿色消费是盛行的消费主义文化的对立面。另一个研究绿色消费的心理变量是个性，即消费者是否倾向于进行绿色消费。比如，Fraj 等（2006）发现外向性、和蔼可亲性和善良等个性都与绿色消费正相关。

2.1.3.4 生活方式和习惯

绿色消费研究主要集中于个人产品或个人类型的消费行为。从可持续发展进程看，群体性消费者行为对环境影响更大。大量绿色消费的组合构成了健康和可持续的生活方式，进而成为细分绿色产品市场的工具。绿色消费研究经常采用理性行为模型和理论。但许多行为并非理性权衡的结果。习惯化的行为是不需要理性思考的，而是在潜意识中完成的，比如家务活动、生活必需品的购买和通勤等日常活动通常都是习惯所致，没有理性思考介入。在日常生活中这种无意识的习惯性行为大量存在。并且仅当一些外界因素影响到这些习惯时，个体才会进行理性思考和权衡。此外，很多情绪类反应是自发形成的，也不需要理性思考。因此，学者们开始关注日常习惯、集体无意识和社会惯例等因素对消费行为的影响。

Barr 等（2007）将绿色消费分为三类：购买决策（购买、处置和重复使用），习惯（居民节能节水）和回收利用，并发现他们与生活方式、人口统计特征和价值观有关。处置和重复使用被纳入购买决策的原因是二者都属于高融入度行为。Knussen 等（2004）发现居民行为选择不仅介于感性和理性之间，很多日常活动是二者交融的结果。很多研究将绿色消费看作某个时间点静态意向或行为。从环境影响角度看，绿色产品选择、绿色消费、勤俭持家或致力于循环利用等绿色消费是一个持续过程。Tucker 等（2003）研究了居民初次和再次进行生活垃圾处理的因素不同，发现绿色消费行为对绿色消费态度具有反向作用，这也印证了消费者行为学中的行为学习理论。

2.1.3.5 社会文化因素

目前，多数研究相对忽视了社会文化因素对绿色消费行为的影响效应。虽然，目前少量研究关注了传统文化价值观、社会价值取向、环境社会规范、面子意识、集体主义/个人主义和刻板印象等社会文化因素的作用，但是，其中大部分研究是以西方社会为文化背景的（Grønhøj，2006）。所以，研究结论的普适性有待进一步验证。研究中国消费者心理与行为还需关注我们自身文化的核心元素。中国文化情境的独特性造成中国人独特的社会心理和行为特征，也从根本上决定了中外管理政策之间的差异。

（1）传统文化价值观。传统文化价值观对绿色消费行为的影响越来越受到理论界的关注。比如，王建明（2016）指出中国传统文化价值观主要融合了儒家、道家、佛教等诸多思想。其中，儒家思想倡导积极进取的价值观；佛教倡导乐于奉献的价值观；道家则颂扬敬畏自然的价值观。现有的实证研究已经发现自然中心主义价值观对人们绿色消费行为具有积极影响效应。比如，Chan（2001）通过大量调查北京和广州的居民，研究发现人与自然导向价值观对其绿色消费态度存在显著的正向影响。张梦霞（2005）对道家思想进行了深入研究，建立了以道家文化价值观为基础的绿色产品购买行为模型，且进一步研究发现道家文化价值观有助于提升消费者的生态意识，促进节能行为。汪兴东等（2012）调查研究发现佛教思想和道家思想会影响城市消费者的绿色消费行为，绿色态度在天人合一价值观与绿色消费行为之间起中介作用。劳可夫等（2015）对研究证实儒家思想对居民绿色消费行为具有一定的影响效应，其研究结论为绿色营销的市场细分、市场选择和市场定位提供了理论依据。王建明（2016）研究证实在中国传统文化情境下道家价值观对环境情感和绿色消费行为具有不容小觑的基础性作用。

（2）绿色价值观。Stern 等（1999）提出的价值观—信念—规范（Value-Belief-Norm，VBN）理论不仅明确了 Schwartz 构建的个人价值观体系中与绿色消费行为紧密相关生态的（Bio-spheric）、利他的（Altruistic）和利己的（Egoistic）三种绿色价值观的类型，而且深入剖析了它们与行为信念和规范的因果关系及其对行为的影响。比如，后续研究发现，利己的与利他的绿色消费态度都对个人的绿色支付意向具有显著影响。学者关于价值观对绿色消费行为的影响尚未达成一致结论。比如，有些探讨了价值观与能源节约行为的关系，研究发现消费者的某些价值观虽然与能源节约行为相关，但是相关度却非常微弱。与之类似，Thøgersen 等（2006）也发现部分价值观会影响绿色消费行为，但是影响强度并不是很高。吴波等（2016）通过实验研究发现当绿色消费和享乐消费是竞争关系时，对于认为环保价值观重要的个体来说，无论参与环保活动是出于内在动机还是外在动机都会增强其环保自我担当，促进其绿色消费行为。

(3) 集体主义文化。集体主义文化作为社会文化的一种潜在根基性假设，反映了集体导向、他人导向和个人自身利益的超越（王建明，2016）。相较于个人主义者而言，集体主义者更倾向于选择绿色消费行为。比如，Chan（2001）通过大量调查北京和广州的居民，研究发现集体主义价值观对绿色消费态度存在显著的正向影响，二者进一步通过绿色消费意向的中介影响绿色消费行为。杨智等（2010）的研究发现集体目标优先、群体一致性和感知和谐的重要性共同构成了个体的集体主义价值观，它们是消费者评估是否选择绿色消费行为的重要参考。陈凯等（2014）指出，个体越具有集体主义价值观倾向、关注社会福利倾向和注重自身的环保责任，就越倾向于践行绿色消费行为。汪兴东等（2012）实证研究也发现集体主义价值观正向影响绿色消费行为。Onwezen 等（2014）通过对多国居民绿色消费行为的对比研究发现，集体主义对个体绿色消费行为的形成有显著影响。Muralidharan 等（2017）的研究结果发现，集体主义的绿色广告诉求对印度居民更有效，而个人主义的绿色广告诉求对美国居民更有效。与集体主义价值观密切联系的一个概念是群体一致性。个体保持群体一致则获得奖励，若与群体不一致，则会受到惩罚。与群体一致性相类似的一个概念是群体压力，是指个体意向与社会规范存在冲突会对个体形成的压迫性心理感知。比如，于伟（2009）研究发现群体压力会影响个体的环保意识，并进一步激发绿色消费行为。王建明（2011）通过质性方法研究发现群体一致性压力会显著地调节环保意识与环保行为的关系。基于计划行为理论，陈凯等（2015）将绿色消费态度行为缺口分为：态度—意向缺口和意向—行为缺口两种类型，并发现群体压力会影响态度—意向缺口。

(4) 面子意识或面子文化。王建明（2016）指出面子是中国文化中最具有本土特色的概念。毋庸置疑，中国人的消费行为必将受到面子观念的影响（Jap，2010），中国人的面子消费与国外的炫耀性消费有异曲同工之妙，他们都是期望通过消费行为获取社会赞誉。目前，盲目追求面子导致的过度消费逐渐成为我国绿色发展中的突出问题。比如，我国农村妇女基于面子需要往往喜欢购买具有社会外显型的产品或服务。姜彩芬（2009）通过对我国农村社会各阶层的调查发现，很多人的消费行为受到面子观念影响，表现为：人情消费、攀比消费、炫耀性消费和奢侈性消费等多种过度消费的形态。中山大学施卓敏教授的研究团队针对面子意识对生态消费行为的影响进行了深入的研究。比如，施卓敏等（2012）通过实验研究发现相较于低面子需要个体而言，高面子需要个体更偏爱奢侈品，而且"脸需要"与"面需要"对奢侈品购买意向的影响存在差异。施卓敏等（2017）将绿色消费者分为：持有道德型面子观的个体和持有社会型面子观的个体，前者更偏爱绿色产品，后者更偏爱奢侈品。且面子观念会扭转利己型个体的非绿色消费行为，但并不会显著地影响利他型个体的绿色消费行为（施卓敏等，2014）。王建明（2013）通过质性方法也研究发现面子意识会显著地调节环保意识与环保行为的关系。相较于群体一致性，面子意识的调节作用更广泛。因此，面子意识是中国消费者行为研究无法回避的问题。

（5）环境社会规范。社会规范对绿色消费具有重要影响，这是很多消费行为理论模型的基础。社会规范包括描述性规范和指令性规范两种。虽然它们都会显著影响绿色消费，但学者们更倾向于研究描述性规范的作用。比如，Barr（2007）发现回收利用之所以被广泛接受是因为居民将其作为一种日常规范，而削减消费量则通常被认为是受价值观驱动的自愿行为。Goldstein 等（2008）研究发现，规范诉求（比如，大多数顾客重复使用了他们的毛巾）比简单描述环保收益能更有效地驱动绿色消费行为。有趣的是，越具体的规范性信息（比如，这个房间大多数顾客重复使用了他们的毛巾）对消费者的影响越大，这也许是这种描述方式更有利于消费者想象当下行为所处的情境。一个普遍研究的焦点是绿色消费者为绿色产品支付溢价的意向。这类研究假设绿色产品比普通产品生产成本更高，因此价格更加昂贵。

综上可见，以往的绿色消费研究主要聚焦于消费者本性和个体行动。其局限性在于忽视了我们生活方式所处的社会、政治和历史背景。基于社会视角的消费者行为研究主张消费是一个受文化习俗、共享意义、惯例、文化表征和缄默规则影响的社会过程。我们大部分消费不仅展示自我，而且反映我们作为家庭、群体和社会普通一员具有的社会关系和义务。研究证明他人行为也会影响个人的自我形象感知，消费者面临绿色消费等两难情景时表现尤为明显。对于绿色消费者而言，绿色产品承载的意义和符号更加重要。购买、使用和处置行为是向社会传递信号和追求社会认同的过程。政客和名人钟爱新能源汽车（比如，丰田的普锐斯），未必证明他们是真正的环保主义者，可能仅仅是为了展示其环保身份而已。

2.1.3.6 具体消费情境因素

经济学、人口统计资料，消费价值观和心理因素都有助于深入理解绿色消费。然而，文献研究都发现绿色消费者是极端异质的。由于受到众多因素影响，学者们对绿色消费成因的解释不尽相同。其中，有些学者认为心理因素和个人因素是消费者是否选择绿色产品的决定性因素。另一种相反的观点认为情景因素才是影响绿色消费的关键因素，因为环保价值观（内因）在具体情景（外因）下并非必然导致绿色消费行为。比如，有研究发现大部分消费者在度假时不能维持其绿色消费。情景学派的另一个分支认为个体绿色消费差异取决于不同人生阶段和生活事件。比如，搬进一所新房子，消费者会面临选择更加绿色行为的人生契机。

（1）空间维度。地理空间包含人口统计特征和情境因素，空间差异对绿色消费具有显著影响。具体消费类型的环保影响因各国住宅类型、农业系统和特定能源组合的不同而各异。从局部来看，研究显示城乡居民因产品、服务和垃圾处理系统不同会导致绿色消费差异。同样地，伴随他们的生活方式和消费模型也受到其地理位置的影响。比如，美国和西欧郊区居民的个人出行高度依赖价格实惠的燃料。Tanner 等（2004）研究发现人居环境（住宅面积和城乡位置）、时间压力和绿色产品在本地零售商处的可得性比社会经济因素更显著地影响绿色消费。

（2）媒体。媒体是公众获取环保信息乃至形成环保意识的信息源，因此对绿色消费至关重要。媒体是塑造可持续消费文化的主要工具。即便如此，媒体对绿色消费影响的研究甚少。媒体新工具、新技术的出现，社会网络理论发展为政策制定者、实践家和学者提供了新机遇。

（3）其他情境因素。时间、地点等情景因素对消费过程和类型都有影响。这在一定程度上反映了人们生活社区的性质和基础设施。个人旅行或垃圾处理决策将受到当地交通和废物处理公共建设的影响。对于单一家庭而言，这些决策也取决于其是否具有自行车的存储空间或用来堆积杂物的花园。同样地，家庭的物质性基础设施将会影响个体采暖和照明的能源选择和消费。情景因素也包括消费者赖以满足其需要的消费系统。Spaargaren 等（2000）将绿色消费看作理想生活方式诉求和现实社会供应系统折中的结果。Burgess（2003）指出，情境因素对绿色消费存在显著影响，而且不以消费者、政策制定者和企业的意志而转移。

2.1.3.7 研究小结

（1）对于可能影响绿色消费行为的人口统计特征，不同学者的研究结论不尽相同。一些学者研究发现性别、年龄、收入水平、受教育程度、居住区域、社会阶层等人口统计特征可以用来预测绿色消费行为意向。但也有学者研究认为人口统计特征和绿色消费行为之间不存在相关性，或者说人口因素仅仅是影响绿色消费行为的次要因素。多数研究都证实人口统计特征对绿色消费行为的解释力远远低于心理因素和认知因素（Pickett 等，2008；Roberts，1999；王建明，2016）。

（2）对于可能影响绿色消费行为的心理因素，不同学者的研究结论也未达成一致。对绿色消费行为存在潜在影响的心理因素包括绿色消费相关的态度、知识、情感、感知消费者效能、个体责任意识等。这些具体心理因素对绿色消费行为的影响效应，目前也尚未形成一致意见。可能的原因是以往很多研究仅从某个侧面考察各独立变量对绿色消费行为的直接影响，相对忽视了它们对绿色消费行为的间接影响和中介效应。许多文献也未考虑变量之间的交互影响效应以及特定变量的调节效应。

（3）目前，多数研究相对忽视了社会文化因素对绿色消费行为的影响效应。虽然，少量研究关注了传统文化价值观、社会价值取向、环境社会规范、面子意识、集体主义/个人主义和刻板印象等社会文化因素的作用。但是，其中大部分研究是以西方社会为文化背景的（Grønhøj，2006）。所以，研究结论的普适性有待进一步验证。研究中国消费者心理与行为还需关注我们自身文化的核心元素。中国文化情境的独特性造成中国人独特的社会心理和行为特征，也从根本上决定了中外管理政策之间的差异。

（4）一些研究者已开始关注中国社会文化情境的影响，但这方面的研究偏少。一些学者从中国的传统文化价值观（如儒家、道家、佛教价值观）、面子意识和集体主义价值观等角度进行了探索，研究发现中国文化对绿色消费行为存在根本性的显著影响。但是，对特定文化要素的研究还不够细致深入。比如，大多数学者将面子意识视为一个整体概念，只有少数研究对面子意识进行了维度化分类（施卓敏等，2017）。

（5）从研究方法看，定量化研究占据了主导地位，质化研究方法较少使用。目前大多数文献都是采用大样本问卷调查，并利用统计分析方法进行量化研究。仅有少数学者利用质化方法对绿色消费行为进行了研究。比如，杨智等（2009）、王建明（2011）利用质化研究方法对绿色消费行为的影响因素进行了探索性研究。整合使用质化研究和量化研究两种方法进行研究的文献则更加少见。此外，神经营销、眼动实验、大数据等新兴方法的使用更加罕见。

2.1.4 绿色消费的心理机制

有关绿色消费的心理机制研究模型众多，本书主要探讨了计划行为理论、ABC 理论和价值观—信念—规范理论。

2.1.4.1 计划行为理论

计划行为理论（Theory of Planned Behavior，TPB）是消费者行为研究领域的经典理论，最初被称为受限意向行为理论，1985 年被提出 1991 年逐渐完善（Ajzen，1991）。TPB 理论认为个人行为受到三项内在因素的影响：个人对行为的态度，即个人对其某项行为所持有支持或反对的看法或评价、喜欢或不喜欢；主观规范是个体对实施某项行为所感受到的外部社会压力；感知到的行为控制程度（Perceived behavioral control，PBC）是指个体对其所实施行为可能遇到的各种障碍的感知，换言之就是个体对其所实施行为可行性或难易程度的认知。这些影响行为控制感知的障碍因素包括经济条件、便利性、时间限制等。TPB 假设个体对某项行为态度越积极、所感受到外部规范压力越大、感知行为控制越多，则行为意向越强。该模型被广泛应用于社会学、心理学和管理学等领域，很多营销学方面的学者也普遍采用该理论研究个体的绿色消费行为，是绿色消费行为研究领域最为基础和被采用最多的理论模型。

2.1.4.2 ABC 理论

Guagnano 等（1995）在研究居民垃圾回收利用行为时提出 ABC 理论（Attitude Behavior Context）。该理论指出垃圾回收利用行为（Behavior）是个人对回收利用所持的态度（Attitude）和外部条件（Context）相互作用的结果。当且仅当外部条件与态度相加大于零时，回收利用行为才可能发生。这些外部结构性因素是指垃圾回收利用的便利性、社区垃圾回收箱的设置以及其他相关信息等条件。ABC 理论主张只有在外部条件对后续行为影响很弱时，态度与后续行为才具有一致性。然而，当个体行为受到经济、法规、社会规范等外部结构性条件约束时，态度对绿色消费行为的影响就微乎其微了。因此，该理论为外部因素造成的绿色消费态度行为缺口提供了理论依据。

2.1.4.3 价值观—信念—规范理论

Stern 等（1999）在对以往绿色消费行为研究总结的基础上，通过对价值观、信念和规范之间的相互作用来阐明绿色消费行为的形成过程，提出了价值观—信念—规范理论（Value-Belief-Norm Theory，VBN）。该理论主张人类应该与自然和谐共生。鉴于人们不断增长的欲望与地球有限承载力之间的矛盾，人类应该敬畏自然，适度开发自然资源。反对人类主宰自然，人定胜天的"社会主流范式"。倡导新生态范式（New Ecological Paradigm，NEP），即一种人们对生态和绿色的普遍关注和信念（Dunlap等，1976）。VBN不仅明确了Schwartz构建的个人价值观体系中与绿色消费行为紧密相关生态的、利他的和利己的三种绿色价值观的类型，而且深入剖析了它们与行为信念和规范的因果关系及对行为的影响。

2.1.5 其他研究主题

2.1.5.1 绿色消费态度行为缺口

西交利物浦大学的李平教授曾指出"悖论研究"或"矛盾现象研究"是目前国内外研究热点。态度行为缺口是绿色消费研究中的一个悖论。在现实生活中，环保知识、价值观、态度和行为意向等前因变量很少能转换成实际的绿色消费行为。态度行为不一致最常见的解释是学者们高估了态度、行为意向和环保行为的社会接受度。从研究方法看，问卷调研中自我报告方法会导致被调查对象的社会赞许偏好。且个人态度/意向表达的实际付出很少，而实际行为则需要付出货币成本和精力成本等，态度行为鸿沟由此产生。Davies等（2002）通过观察便利回收参与度发现84%的未参与者仍声称他们回收利用了他们部分乃至全部生活垃圾。有些学者认为习惯、资金约束、生活方式等消费者自身因素导致了态度行为缺口，另外一些学者则认为品牌忠诚、不确定性、环境与经济发展权衡导致了缺口。Ottman等（2006）指出绿色产品的高价格、环保效果不明显以及绿色产品销售渠道缺乏是推动绿色消费的主要障碍因素。Gupta等（2009）研究能源节约行为时，发现了强烈的参考群体作用，参考群体信任缺乏、较低群体成员参与度预期、感知效能不足都是导致绿色消费态度行为缺口的原因。

2.1.5.2 驱动绿色消费行为

绿色消费行为研究的最终目标是理解如何驱动、影响和治理它，进而实现商业或公共政策目标。Jackson（2005）主张通过教育提升公众的环保知识、通过关键产品的技术进步和经济激励和结构性条件改善促进绿色行为。学者们以往就如何驱动绿色消费行为积累了丰富的研究成果，其中某些促进绿色消费的措施对于政府和企业发展绿色消费对策具有重要意义。

(1) 绿色标签。企业的营销努力,尤其是绿色标签及认证是促进绿色消费的关键因素。大部分生态标签通过提供产品成分、生产方法或生产过程的能源效率来影响消费选择,也有影响消费过程其他方面的标签策略,比如,使用寿命标签向消费者提供产品潜在的使用期限。标签可以弥补环保知识不足、生产消费的信息不对称以及防止媒体负面报道,比如,企业漂绿行为等对消费者信任的侵蚀。标签通常包含视觉提示和文本信息。然而,有研究发现在某些情况下,生态标签会刺激额外消费,这就对冲了绿色消费选择的环保收益。Rex 等 (2007) 指出因为缺乏与营销和消费者行为研究主流的融合,生态标签研究前景堪忧。因此,将生态标签融入绿色品牌战略研究是未来研究方向之一。

(2) 定制化信息政策。目前,我国已经进入新的发展时代,这一新时代意味着移动互联、大数据技术、社交媒体、共享经济等网络技术和商业模式的迅猛发展。与时代携行,家庭能源消费行为日益个性化、独特性、差异化 (zhou 等,2016)。大众化、公共化、集中化的信息干预策略越来越不能适应时代的要求。所谓定制化信息是指仅向消费者提供有限的可持续选择,是一个较新的研究主题。虽然这与消费者主权相背离,却有利于解决信息过载或消费者选择不确定性问题。定制化信息效果依赖于消费者信任。尽管定制化信息政策干预被看作绿色消费的潜在实现路径之一,但备选方法的实际可接受性和限制仍需通过进一步研究确定。

(3) 社会营销。社会营销是指应用商业营销过程和工具把握行为改变并实现社会或环保目标。传统绿色消费研究强调购买和聚焦于商业营销。然而,减少某种类型的消费及其环境影响是许多政策制定者的重要社会目标。因此,绿色消费成为社会营销新兴的研究方向。社会营销涉及应用商业营销原理和技术来影响目标受众,通过其行为改变迎合社会目标。其中,健康是社会营销的主流研究领域,它也正在迅速成为环保领域的研究主题,比如,回收利用、绿色消费和可持续生活方式等。社会营销着力于研究如何克服绿色消费障碍,而传统研究大多聚焦于绿色消费的促进因素,甚少考虑心理、物理、社会、经济和结构等因素如何阻碍绿色消费。

(4) 群体行动和行为主义。从研究对象和研究内容看,传统上多数文献偏向单独关注个体行为,少数文献则单独关注群体行为,但主要是从狭义角度关注游行、罢工等消极性"群体行动""集体行为"或"集群行为",相对忽视了广义视角下消费者对非绿色产品的联合抵制和对绿色产品联合购买等积极性"群体行为",整合考虑个体行为和群体行为规律的研究更是相对少见。事实上,群体可以成为"减压器"和"减震器",有助于阻止社会裂解为原子化、相互割裂、彼此孤立的个体,可以成为绿色消费行为培育的公共空间。

基于集体和社区为基础的解决方案更有利于实现可持续方法满足人类的需求和欲望。比如,购后处置中的垃圾处理就依赖于集体解决方案。尽管群体行动未得到充分重视,但以社区为单位的更加绿色的能源、食物和交通正在出现并成为可持续社区运动的重要内容。以上证据显示以社区为基础促进绿色消费(比如,生态小组项目)特别有效。充分理解社区环境下群体规范和过程有利于未来发展其他更加有效的社区生态活动。促使行为改变的方法之一是以社区为基础的社会营销,强调群体行动,这一方法已广泛应用于汽车共享、节水和节能促进项目。消费者行为主义是群体行动和共有价值观结合的产物,以往研究主要聚焦于抗议和抵制。但行为主义也包括联合购买等积极反应。这些消费者行动通常受媒体和组织活动影响,因此可以利用在线社交媒介组织这些活动并加速其国际化。

(5)生态社区。生态社区成员秉承自愿的极简主义,拥有绿色生活方式。这些社区共享环保价值观,有些情况是基于共同的宗教信仰。他们倾向于逐步形成一套影响其成员消费行为的规范。这些社区致力于降低物质资料消耗,通过道德选择促进责任消费,比如减少肉类消费。他们减少某些产品消费,减少浪费,追求能效水平较高的产品,比如通过社区大批量购买降低包装和运输的环境影响,购买二手产品,通过维修延迟产品使用寿命。

(6)整合生产消费。绿色消费研究通常打破生产和消费的边界。比如,为了展示自力更生的愿望,生态社区也会自己生产一些食物和其他物品。这类似于堆肥,通常被列为废弃行为,但也是有益的土壤调节剂。就近食物消费也是社区活动的重要内容。寿命终止产品回收系统也是对传统线性市场结构和产业价值链的挑战。产品回收重新使用、重新生产或回收利用意味着消费者向生产者再提供价值,尤其像汽车这样的高价值产品。这一生产消费系统闭环的发展打破了传统消费者和生产者的边界,结果使二者变成了可持续价值的共创者。Lebel 等(2008)提出将合作设计作为可持续发展的关键机制。Heiskanen 等(2010)在芬兰的低能耗房屋开发中也发现了这一价值共创过程。他们发现用户参与创新过程,开发商和用户的良好沟通,知识共享有助于创新及其采纳。

2.1.5.3 成本收益权衡

经济学研究强调价格信号的作用和消费者理性选择，而其背后的逻辑是利己主义和感知的成本收益比较。经济激励包括直接的物质奖酬，对具体行为的处罚和对具体产品或服务的补贴。比如，惩罚单一司机使用合乘车辆专用车道；政府鼓励报废举措。研究证明这些激励措施是有效的，比如，Bartelings 等（1999）评估了一项瑞典的基于重量的废弃物收费系统，发现回收利用行为显著增加，废弃物明显减少。然而，这些激励措施的有效性依赖于消费者是否意识到其经济意义。从现实情况来看，物质奖酬并不总能预期地改变消费者的行为。虽然以往研究已经证实感知的成本收益是影响绿色消费最显著的因素，但行为改变依然面临大量的障碍，理性选择模型很难解释激励为何失效。近年来，有些学者提出有些亲社会行为（比如，绿色消费行为）并非理性行为，这为消费者选择价格偏高、质量较差的绿色产品提供了可能的合理性解释。

2.1.5.4 行为触发及其溢出效应

心理学研究证明同类行为相互连通。由于溢出效应，消费者致力于一种绿色消费会触发其进行其他绿色消费的倾向。比如，合理的垃圾处理是进行其他绿色行为的起点。Biswas 等（2000）发现回收利用行为和环保产品购买显著正相关。个体同类行为一致性程度很高。比如，购买有机食品、节能出行和回收利用密切相关，且这些行为都受环保意识和价值观驱动。学者们提出理由来解释同类行为相互连通。单一行为只是构建绿色消费者身份的起点，而这一行为将会触发消费者的环保意识和社会责任进而进行更多的绿色行动。另一种相反的观点认同负面溢出效应，即消费者开始一项绿色行为会抑制后续类似行为。比如，回弹效应就是很好的例证，消费者购买能源效率较高的电器，反而会延长其使用时间，进而增加了能源消耗量。

2.1.5.5 复杂与整合

虽然学者们通常采用计划行为理论等建模方法研究绿色消费，但其局限性是倾向于在模型中囊括少量变量并把异质的绿色消费类同化。后来，学者们尝试从经济学、心理学和社会学等视角提炼行为影响因子并构建更加综合的模型。比如，Jackson 建议扩展 Bagozzi 等（2002）提出的消费者行为综合模型进行绿色消费研究。然而，复杂性导致整体实证检验困难。多数研究仅选取了这一综合模型的一部分进行建模和实证研究,但这既不能揭示不同类型影响因子的相对重要性,也不能呈现综合的作用机制模型。

Barr(2007)整合价值观、心理因素和情境因素构建了一个产品处置行为模型,实证研究发现环保价值观显著影响废物最少化和重复使用,但对回收利用作用甚微。以上三种产品处置行为都受到以下情境变量的影响:服务提供、社会人口统计变量、行为经验、干预策略、环保知识、废物知识、政策知识、回收利用地点和方式等;绿色消费同时受到以下心理变量影响:环保问题知觉、行为后果信念、热心和责任感、主观规范和内在动机等。他认为以上因素对绿色消费具有普遍影响,因此有利于政府和企业更好开发绿色产品、服务和策略以推动绿色消费。鉴于消费者的异质性、消费对象差异和消费情境不同共同决定了绿色消费是一个复杂过程。即使深绿型消费者也有可能进行高耗能行为。比如,McDonald等(2006)发现尽管许多居民进行了多种绿色消费,但仍会使用私家车或长距离飞行度假。实际上,影响消费决策的因素具有异质性、多变性和复杂性,因此导致了绿色消费"言行不一"的悖论。

2.1.5.6 个人消费的环境影响

消费的环境影响体现在从生产到消费整个系统的可持续性以及从摇篮到坟墓的整个产品生命周期过程。虽然绿色消费通常针对个体行为进行研究,但这些决策会共同影响环境和生产者选择和策略制定。问题的本质是如何界定绿色产品。以汽车为例,其环境影响体现在其技术规格,生产过程,行驶距离、速度和平滑性,维修难易度,使用寿命和废弃零配件的处置。个人、家庭和国家针对某些具体产品消费都属于消费影响环境的研究范畴。环境科学、生态经济和法律领域的学者们试图通过修复的货币成本、资源使用的物理量或所产生的废气污染物和环境资源负担来评估消费的环境影响。

(1)生态足迹分析。消费影响评估依赖于所涉及的消费类型、权重及其分配。Spangenberg等(2002)指出现有研究主要存在以下问题:①消费决策被简化至受单一动机驱动的倾向;②只针对单一对象进行研究的倾向。MacGillivray等(2004)在其消费支出和环境影响报告中回顾和比较了全球七种主要研究方法。其中,最受垂青的是生态足迹分析。"生态足迹"通常也被称作"生态占用",是指在现有技术条件不变的情况下,既定人口所需具有生物生产力的土地(Biological Productive Land)和水域的数量,借此来提供所需资源和降解所产生的废弃物。换言之,生态足迹是通过生产性土地(或水域)的面积来说明某类消费活动对生态环境负面影响的一种可操作方法。它是一种研究可持续发展的工具,是一种测量某一给定人群消费影响的聚合指标。最初,它被应用于城市、区域或国家,但现在已扩展到家庭、组织、项目和产品。Wackernagel等1994年计算得到世界人均占有生态生产性土地1.8公顷。这就可以测量过度消费导致的生态过载。尽管有些学者指出生态足迹不能衡量生物多样性或海洋生物容量减少等环保问题,但生态足迹方法由于其简单易懂性而被广泛应用。生态足迹的概念有利于进行消费环境影响的国际比较。据2008年地球生命力报告显示美国消费生态足迹约为9.5gha,中国消费者生态足迹虽然仅为2.1gha,但其正在快速增长。

(2)家庭影响测量。家庭消费的环境影响正在成为一项新的研究课题,比如家庭新陈代谢。Carlson等(2002)以瑞典的五个城市为研究对象,指出家庭活动产生的物质、能量消耗通常被纳入工业生态学范畴而非传统的消费者行为研究。未来研究方向之一就是将工业生态学、时间序列和民族志等方法运用于绿色消费研究。

(3)衡量产品影响。消费对环境的影响主要源于少量产品类别。欧洲环境影响产品项目利用输出方法针对255种消费品严格地分析了其污染、人类健康风险、温室气体排放等一系列环境影响。研究结果表明70%~80%的环境影响与家庭的饮食、住房(包括建设、维护、家庭能源使用)和交通(包括通勤、休闲、度假旅行)相关。其余的影响主要源于用水、家用电器、家具、服装和鞋子等消费行为。虽然,欧洲环境影响产品项目排除了能源使用、垃圾填埋和生物多样性的影响,但其他研究已确定了类似关键产品/部门的清单。

Spangenberg(2002)试图确定哪些能源"消费活动簇"对环境影响最大,研究发现房屋建设使用、食物营养供给和交通活动是至关重要的活动簇,占70%的物质资料和能源使用量,逾90%的土地使用量。产品生命周期评估研究形成了理解产品环境影响的主干。然而,产品生命周期评估排除了某些营销零售活动和搜寻购买活动的资源消耗,其不足是倾向于分析标准的上游生产活动而非下游消费使用和处置活动的环境影响。由于上游生产活动的复杂性,导致了评估难度提高。相关研究通常聚焦于直接影响而非间接影响,即能源使用或污染废物产生而非生物多样性减少,水土流失或生态动力学变化。

(4)饮食影响。饮食消费生态足迹是值得注意的,由此引发的土地、能源和水的消费和污染对生态环境系统的负面冲击较大。环境冲击程度取决于供需互动、农业补贴、耕作传统、气候和地形等。共同的消费需求转向能够影响食物生产,比如,引导消费者采纳一种较少乳肉含量的饮食习惯。每种食物潜在的温室气体排放量差异巨大。有研究发现瑞典所售的20种食物每千克潜在二氧化碳排放量为0.4~30千克。在某些市场，有关食物生产方法和环境影响的信息是透明的，比如，有机食品标签。有关食物消费环境影响的研究通常聚焦于输入能源、化工和水，输出温室气体。学者们甚少关注土壤质量下降和生物多样化减少等。过度消费被看作某些物种濒临灭绝的直接原因，破坏性的渔猎鱼类资源则是海洋生态系统被破坏的罪魁祸首。食物消费本地化因降低空间运输而低碳环保，使得全球性食物分销系统高碳排放饱受争议。较长的食物供应链不仅增加了运输的能源消耗，而且提升了冷冻和储存的能源消耗。此外，家庭烹饪食物并不一定比外出就餐更加环保。

（5）家庭管理影响。住宅建设、维修和最终拆除对环境影响显著，但这些活动的决策和实施并不受消费者控制。产品寿命比消费者寿命更长，因此，该产品的环境影响让学者们非常困扰。传统研究更多聚焦于能源、水和生活垃圾处置行为。美国家庭直接能源消费占能源消费总量的27%，二氧化碳排放总量的41%。在直接能源使用中，空间加热占18%，热水占8%，电器和照明占27%，空调占6%。因此，住宅保温和节能电器购买等是绿色消费研究的主要对象。这些环境影响的程度因国家和情境不同而各异。节水行为与各国水资源丰富程度和水循环管理系统效果有关。相较于能源和食物，用水行为对水自身的毁坏或转换程度最小。同样，能源消费的环境影响程度取决于所使用的能源加工技术。

（6）运输的环境影响。由于能源消耗大，二氧化碳排放多，运输对环境冲击巨大。尤其是在工业化国家，私家车是主要交通工具，由此产生汽车制造成本和使用成本巨大，并消耗了大量材料和能源。在美国，汽车导致了41%的家庭能源消费。尽管汽车发动机等相关技术进步，持续增长的国际旅行和运输导致其环境影响不断上升。居民出行非常复杂，反映了个体居所、生活方式和具体选择，因此，管控难度较大。出行可以分为习惯性的工作、购物出行和休闲、度假出行。随着航空旅行递增，旅行比习惯性出行对环境的冲击更大。值得注意的是航空运输虽然占全球交通比重较少，但增速很快。

最后，寻找有效切割绿色市场的变量是绿色消费研究主流之一。Straughan等（1999）系统回顾了绿色市场细分的理论和实践，指出早期社会人口统计变量不及心理变量细分绿色市场，并强调了消费者自我效能感的重要性。英国环境部市场研究局系统梳理了各种阻碍绿色消费的因素，并据此进行了绿色市场细分。

2.2 我国家庭能源绿色消费的概述

2.2.1 家庭能源绿色消费的内涵与外延

家庭能源绿色消费（Household Energy Green Consumption），也被称为居民绿色能源行为（Residential Green Energy Behavior），与之类似的概念还有居民绿色能源使用（Residential Green Energy Use）、家庭能源绿色消费行为等。这些概念比较类似，相较于绿色家庭能源使用行为，绿色家庭能源消费行为还包括对电力、燃气、石油和水等能源产品及节能家用电器、新能源汽车等产品的购买行为和处置行为。

Van Raaij 等（1983）把家庭能源消费行为（Household Energy Consumption Behavior）分为家庭绿色能源购买行为、家庭绿色能源使用消费行为、产品处理废弃过程等环节。其中，家庭绿色能源购买行为是指在家庭取暖、炊具、热水、家用电器、照明等购买行为中兼顾这类活动的环境影响，以及使用或改善环保建筑/装修材料，比如在住宅建设中使用具有隔热功能的材料或房屋门窗使用双层玻璃等。虽然，家庭绿色能源类产品价格偏高，但使用成本较低。所以，居民为家庭绿色能源类产品支付的高成本有可能在未来的使用过程中抵消。家庭绿色能源使用行为主要是指日常能源意识行为，比如经常开门开窗、自觉安装温度调节设备和使用通风系统等。家庭绿色能源使用行为通常与日常生活习惯有关，比如，家务活动过程中能源使用行为、儿童护理过程中能源使用行为、室内娱乐休息活动过程中能源使用行为以及朋友来访发生的能源使用行为等。

Samuelson（1991）指出家庭能源绿色消费行为主要包括日常习惯性家庭能源使用行为和不定期的节能相关产品设备购买行为。前者是每天发生的重复性、习惯性行为，消费金额相对不大；后者涉及购买节能新技术或产品，属于"一次性"或"间歇性"行为，消费金额较高，环境影响相对大于前者（Stern 等，1981），二者既存在交互影响效应，又共同形成家庭能源消费对环境的总体影响。Van Diepen（2000）将家庭能源消费分为：家居发生的能源使用（Home Energy Use）和交通出行发生的能源使用（Transport Energy Use）。家居发生的能源使用主要包括：照明、热水、家庭炊具、房屋采暖、家用电器使用等，交通出行能源使用主要包括：日常工作出行、采购、度假等各种用途的交通活动。鉴于这两类行为的诱发因素不同，因此应分别开展针对性的研究（Poortinga等，2004）。

Scott等（2000）将家庭能源消费分为：投资类消费行为（Investment），管理类消费行为（Management）和消减类消费行为（Curtailment）。投资类消费行为主要包括：新购或更新节能产品或设备等。管理类消费行为是指日常生活中的习惯性能源消费。比如，热水、燃气和家用电器使用等。削减类消费行为是有意识的自我控制践行节能行为，可能意味着付出某些代价节约能源或牺牲自身的一些福利。比如，利用公共交通工具而非自驾上班，不用或少用空调等家用电器。此外，Linden等（2006）将家庭能源消费行为分为以下四类：①采暖和照明，具体包括购买与使用节能照明设备、随手关灯和空调使用习惯等；②清洁，具体包括洗衣机与吸尘器使用、洗澡等；③餐饮，具体包括热水、微波炉、洗碗机等家用电器使用习惯；④娱乐，具体包括电脑、电视、音响等的使用习惯。郭琪（2008）将家庭能源绿色消费行为的定义分为：通过提高能源效率和能源质量实现节能目标。Abreu等（2016）利用层次聚类算法（Hierarchical Clustering Algorithm）将家庭能源消费行为分为：降温、季节性行为、起床时刻、在家时间和设备待机消费等。

广义的不定期的节能相关产品设备购买行为涉及多个方面，如选择绿色电力等新能源作为家庭生活能源供给方式、采用绿色环保的住宅建筑或装修材料以及购买家用新能源或节能产品/设备等。在对家庭能源绿色消费研究的界定上，需要考虑我国城市居民的客观生活条件和背景。比如，西方实现家庭能源绿色化的途径主要依靠选择可再生能源以及对住宅进行节能改造等。这是因为西方家庭用户大多具有对能源供给来源的选择权，同时西方家庭用户的住宅建造、住宅类型和所有权模式、建筑材料选择、生活习惯等共同决定了他们进行住宅节能改造的可行性。然而，我国城镇家庭居民对能源类型的选择权和住宅节能效果的自主性都非常低。这是因为我国住宅建造一般由房地产建筑公司完成，且能源供给方式是相对垄断的。因此，本书采用狭义的家庭能源绿色消费内涵，包括不定期的节能相关产品设备购买行为和日常习惯性家庭绿色能源使用行为。其中，前者是指我国城镇家庭对新能源或节能家居产品的购买选择行为；后者是指我国城镇家庭通过减少电力、天然气等能源的使用和节水等日常行为改变实现直接节能。具体而言，本书的研究对象主要涉及房屋取暖、家用电器使用、照明、炊具和热水等直接能源消费与节能产品购买等间接能源消费。

2.2.2 家庭能源绿色消费的研究视角

2.2.2.1 社会心理学的视角

社会心理学是研究家庭能源消费行为的主要视角。家庭能源绿色消费行为被视为一种环保行为，研究主要聚焦于绿色价值观、绿色信念、个人规范、绿色态度、自我效能感知等社会心理变量对绿色消费行为的影响效应。比如，Stern 等（1999）在对以往绿色消费行为研究总结的基础上，通过对价值观、信念和规范之间的相互作用来阐明绿消费行为的形成过程，提出了价值观—信念—规范理论。

社会心理学中经典的计划行为理论（TPB）是绿色消费行为研究领域应用最广泛的模型。该理论主张态度、主观规范、感知行为控制共同作用于行为意向，进而影响后续行为。然而，当个体行为受到经济、法规、社会规范等外部结构性条件约束时，心理变量对家庭能源绿色消费行为的影响就微乎其微了。相对于心理类因素与家庭能源消费行为模糊的相关性，绿色消费知识与信息宣传对家庭能源绿色消费行为的显著性影响得到了大部分学者的认可。而且，信息干预策略强调诱发居民绿色消费的内在驱动力，这不仅有利于唤醒居民的节能意识，也是扭转居民绿色消费由非自觉行为向自觉行为转变的关键策略。

基于社会心理学的视角进行的家庭能源绿色消费行为研究主要聚焦于心理因素和个性特征等内容，研究成果丰富。大多数学者都采用实证方法进行定量研究，是从更为本质和深入的角度剖析家庭能源绿色消费行为。不足之处是各类心理因素十分庞杂、因素间交互影响难以梳理，有些测量工具还不够成熟，因此，研究结论一般不具有普适性和指导性。

2.2.2.2 社会学的视角

相较于社会心理学视角，社会学视角为家庭能源绿色消费研究提供了更加宏观的轮廓。基于社会学的研究视角，学者们主张个体短期决策和社会长期系统配置共同决定了家庭能源需求水平。比如，随着我国经济的快速发展和人们生活水平的逐步提高，家庭能源消费增长是一个必然趋势。在这种情况下，关键是如何在不降低居民生活质量的前提下降低家庭能源消费造成的环境污染问题。而且，相较于个体，家庭作为一种天然群体对环境影响更加显著。家庭特征相关变量包括：性别、年龄、职业、收入、生活方式、社会地位、房屋状况和家庭结构规模等。整个社会的低碳技术发展水平、市场结构和相关的法律法规的完备性等宏观因素也对家庭能源绿色消费行为决策存在重要的影响效应。比如，以美国家庭空调消费为例，1962~2001年，技术进步不仅使空调使用率由12%上升至75%，而且也促进了居民住宅结构设计的革新。家庭消费侧的改变导致电网设施、室内温度的社会标准等供给侧结构性条件的演变。

社会学研究视角的优势是把家庭能源绿色消费行为放在广阔的时间、空间和关系（即"时空关"）背景之中。其不足之处在于社会学关注社会结构等宏观变量，并且以定性研究为主，相对忽视了对行为主体的关注。因此，这类研究虽然有利于勾勒家庭能源消费的宏观轮廓，却一般未能从个体层面解释造成这一结果的根本原因。

2.2.2.3 行为经济学的视角

有关家庭能源绿色消费行为的研究存在两种理论假定：一种观点认为绿色消费是理性决策，另一种观点则认为绿色消费是有限理性决策。前者的理论基础主要是西方主流经济学、制度经济学，后者的理论依据主要是实验经济学和现代行为经济学等。理性人会根据外部激励追求个人利益最大化。比如，当绿色产品价格过高，个体感到得不偿失时，就会放弃绿色消费行为。基于行为经济学的视角，居民被看作是有限理性的多维复合人，家庭能源绿色消费行为是内外因素交互作用的结果。比如，以往研究证实炫耀性心理、面子意识和消费习惯等显著性地影响绿色消费行为。郭琪（2008）研究发现自身因素与行为工具因素会影响个体偏好，进而决定家庭能源消费的无差异曲线，而政府干预策略则会通过影响行为主体的经济能力，改变预算线或通过改变绿色和非绿色产品的相对价格，进而引导最优点向节能行为转移。

目前，基于行为经济学对家庭能源消费行为的研究尚处于起始阶段。但这些研究的理论贡献是将行为理论引入传统经济学的效应理论分析，佐证个体的行为决策。但是，由于行为经济学现阶段还主要依靠实验研究方法，甚少收集大规模样本进行实证研究，仍难以得出更多具有普适性和说服力的结论，研究的理论意义和现实意义仍有待于进一步提升。

2.3 我国家庭能源绿色消费的宏观结构分析

2.3.1 我国家庭能源消费总体分析

2018年中国国家统计局数据显示，2011~2015年，我国居民生活能源消费总量从37410万吨标准煤增长至50099万吨标准煤，占能源消费总量的比重从11.2%增长至11.7%。目前，我国家庭能源消费呈现出总量大、增速快和知易行难等特点。巨量的能源消费导致了环境质量严重恶化。中共十九大报告明确提出创建绿色家庭、绿色社区和绿色出行等行动，倡导绿色生活方式，首次将"美丽"纳入我国现代化目标。由此可见，家庭能源绿色消费是我国节能减排计划的重要内容。因此，全面剖析家庭能源消费的驱动因素至关重要。

从现实情况来看，2015~2017年我国GDP增速分别为6.9%、6.7%、6.9%，其中，2016年达到八年来最低水平。维持这一增速主要驱动力之一是靠农村人口向城市迁移支撑（Yang等，2010）。1980年以来，我国能源消耗已增长了5倍（中国国家统计局，2014）。2013年我国消耗了世界能源的21.3%，导致中国成为世界上最大的能源消费国和温室气体排放国（国际能源署，2015）。英国石油公司能源回顾指出从2013~2014年我国能源消费增加了2.6%，增长率还不到2002~2012年的一半。能源消费增速放缓印证了我国政府推进绿色中国的战略承诺。最近，我国宣布应对气候变化新目标，二氧化碳排放2030年左右达到峰值，单位国内生产总值二氧化碳排放比2005年下降60%~65%（新华社新闻，2015）。甚至，有些学者乐观地估计中国二氧化碳排放峰值会在2025年达到。这一目标实现依赖于我国成功推进家庭能源绿色消费（Zhang等，2016）。

2014年经济合作与发展组织统计显示，我国依然严重依赖资本投资和出口生产拉动经济增长，制造业消耗了大量的能源，导致家庭能源消费比重较低。具体而言，2013年，家庭消费仅占我国GDP的36.2%，而美国和印度分别为68.0%、60.4%。然而，从一个较长时期来看，我国家庭生活方式在过去40年已经历了翻天覆地的变化。相较于20世纪70年代绝对贫穷的生活状态，现在我国普通家庭都已解决温饱问题，而且许多家庭正在追求更高的生活标准（Hubacek 等，2011）。1980~2012 年，城乡家庭年平均增长率都在 7.0%左右。但是，家庭能源消费滞后于我国总能源消费，因此居民能源使用的份额从 1987 年的 16.5%下降到 2012 年的 11.0%。因此，我国现有能源节约政策主要集中于工业部门而非家庭。

经济增长主要依赖资本投资是不可持续的发展模型。所以，我国逐渐由高速发展转向中高速发展。基于家庭财富的迅速增长，我国正在不断着力于刺激国内需求。换言之，我国并未坚持鼓励可持续公共投资政策，反而开始转向推动西方式的消费主义（Zhang 等，2016）。基于收入驱动的生活方式转变会导致家庭能源消费当量的持续上升。2012 年我国家庭直接能源使用是 274 千克人均油当量，是日本的 74.6%，仅为美国的 33.9%。由此可见，家庭能源消费不断增长的现实情况似乎表明我国家庭能源使用越来越趋近于美国模型。那么，我国家庭能源消费增长应该追随美国模型、日本模型还是其他轨迹？鉴于人口密度高、严峻的能源安全问题和环境压力，我国更应追求类似于日本的深挖节能潜力的模型。此外，Jotzo 等（2014）指出若中国能够实现经济增长和环境污染脱钩，其他发展中国家会遵循中国路径，实现全球温室气体排放目标。

为了实现美丽中国建设目标，全面推进我国家庭能源绿色消费变革，应该从宏观分析与微观分析整合角度着手，对我国家庭能源消费的宏观结构和微观态度行为进行了系统全面地揭示。其中，宏观结构分析有助于俯瞰我国家庭能源绿色消费的整个宏观轮廓。比如，1987~2010 年，城市家庭间接能源消费占总能源消费的 61%~76%，表明城市家庭间接能源消费远大于直接能源消费。由此，本章在对我国家庭直接和间接能源消费进行对比分析的基础上，首先利用 SDA 方法，建立我国家庭间接能源消费的结构分解分析模型，测算我国家庭能源绿色消费的宏观结构，并进一步分析人口变化、家庭消费偏好变化和家庭消费水平变化等宏观因素对家庭能源消费的影响效应。本书将在第三章、第四章和第五章深入分析态度行为等微观因素对我国家庭能源绿色消费的影响效应。

2.3.2 我国家庭能源消费结构分析

2.3.2.1 直接能源消费

1987~2010 年，家庭直接能源消费以 4.5%的平均年增长率逐渐从 1987 年的 1.38 亿吨煤当量到 2010 年的 3.79 亿吨煤当量。与此同时，家庭间接能源使用以3.7%的平均年增长率逐渐从1987年的2.71亿吨煤当量到2010年的6.26亿吨煤当量。这就意味着2010年我国家庭直接和间接能源消费的占比为38∶62。更具体来说，1987~2010年农村家庭直接能源使用增长了154%，城市家庭直接能源使用增长了191%。其间，农村家庭间接能源使用下降了9%，但城市家庭间接能源使用却增长了296%。这些变化主要归因于我国快速的城市化。的确，1987~2010年我国城市人口的比重由25.3%增长到49.9%，相应地城市人口增长了142%，而农村人口下降了18%。

但是，我国农村和城市的人均家庭能源消费均已上升。在我国农村，1960~1970年人均每天直接能源消费仅为0.46~0.54千克标准煤当量。可获得的能源供应仅够满足人们做饭等基本需要。从1980年开始，农村燃料短缺通过这段时期农业的快速发展得以解决，即利用稻草和其他粮食茎秆供居家燃烧材料所用。农民财富增长、出行便利和输电网络扩大也使他们能够购买煤炭、燃气和电力等商业能源。城市居民也经历了类似的转变，相对较高的财富和更加中心的位置使他们能够购买更多的商业能源。1987~2010年，我国家庭的燃料组合发生了根本性变化。家庭直接使用煤炭稳步下降；居民开始转向利用中央供暖和用电进行烹饪和水暖。煤炭的比例从1987年的85.4%下降到2010年的17.3%。在25年内，城市家庭人均直接煤炭使用陡然地从234千克下降到20千克，而农村家庭人均直接煤炭使用从65千克渐升到77千克。家庭直接煤炭使用的减少显著地提高了室内空气质量。

随着煤炭作为居家能源绝对主导地位的下降，家庭直接能源使用类型变得更加多样化。电力、供暖、液化石油气和天然气开始越来越被广泛使用。电力份额上升最快，从1987年的8.4%上升到2010年的54.6%。伴随煤炭使用量的下降，电力使用的显著增长也存在城乡差异。1987~2010年，城市人均电力使用从59千瓦小时上升到446千瓦小时，而农村则从15千瓦小时上升到318千瓦小时。我国在家庭能源消费方面是一个典型的城乡二元结构。与农村相比，城镇家庭使用了更多份额的天然气、热能和液化石油气等替代燃料。实际上，这些清洁能源已几乎完全替代了煤炭。就这一点而言，农村家庭有更多工作要做。在一些贫穷的农村地区电力无法普及，煤炭继续代替一些非商业能源（比如，柴火和稻草等生物质燃料）用来烹饪和采暖。这解释了2000年之前农村居民直接使用煤炭出现的些许波动。虽然家庭直接能源使用的城乡差距有所收缩，但截至2010年，一个典型城市居民仍比一个典型的农村居民多使用50%的能源。实际上，2002~2010年城市居民家庭直接能源使用迅速增长，且增长趋势强劲。农村居民直接能源使用需求甚至更高。加之，近年随着个人收入水平提高，人们对舒适生活的需求日益增强。因此，城乡居民直接能源使用在近期应继续上涨。

2.3.2.2 间接能源消费

1987~2010 年，农村居民间接能源消费经历了显著变化。1987~1997 年，年均增长率为 2.0%。在接下来的 5 年内，农村家庭间接能源人均消费年下降率为 5.3%，即从 1997 年的 220 千克标准煤当量减少到 2002 年的 168 千克标准煤当量。继而至 2010 年农村家庭间接能源人均消费年增长率为 2.1%，上升至 199 千克标准煤当量。1997~2002 年，人均家庭消费仅增长了 10.1%，而平均每单位产出的能源需求却已下降 29.4%。生产过程中能源效率提升，农村家庭消费偏好变化和消费水平落后共同导致了 1997~2002 年农村家庭间接能源人均消费的下降率为 5.3%。城市居民与农村居民的间接能源消费差异较大。1987~2010 年城市家庭间接能源消费年增长率为 2.2%，从 449 千克标准煤当量上升至 736 千克标准煤当量。可见，城乡间接能源消费缺口进一步扩大。1987 年城市家庭是农村家庭间接能源消费量的 1.5 倍，2010 年上升为 2.7 倍。

目前城市家庭间接商业能源消费多于直接能源消费。1987~2010 年，城市家庭间接能源消费占总能源消费的 61%~76%。而且，城市家庭比农村家庭消费了更多的间接能源，城市家庭较强的购买力导致了这一结果，农村家庭间接能源消费也多于直接能源消费。由于燃料不足，1987~1997 年农村家庭间接燃料消费从 71% 增长到了 75%。随后这一份额缓慢下降至 2010 年的 47%。这主要是因为随着能源供给放开，农村家庭直接能源消费需求远比间接能源消费增长迅速。1987~2010 年，家庭能源消费占我国能源消费总量的比重由 47% 下降到 31%。

2.3.3 我国家庭能源消费测算与分析

家庭能源消费总量（E）是家庭直接能源消费（E^d）和间接能源消费（E^i）之和。其中，家庭直接能源消费用来烹饪、供暖、照明、交通和其他目的，间接能源消费通过生产和交付他们所购产品（比如，食物、衣服和家电）和服务（比如，运输、干洗和餐饮）。从现有文献看，多数有关中国家庭能源消费的研究主要聚焦于转变燃料组合和最终使用结构改变等直接能源消费因素（Zheng 等，2010）。如前文所述，我们已根据国家统计局数据对我国城镇家庭直接能源消费进行了定量分析,加之我国城镇家庭间接能源消费远大于直接能源消费,因此,本书将重点针对我国家庭间接能源消费进行测算与分析。

2.3.3.1 我国家庭间接能源消费的测算方法

因素分解法对于检验终端能耗及二氧化碳排放影响因子十分有用。因素分解的基本原则是:将模型中因变量的变化分解为相关自变量变化值的和或积形式,以计算各自变量对因变量变化的贡献值。常见方法有指数分解法(Index Decomposition Analysis,IDA)与结构分解法(Structural Decomposition Analysis,SDA)。这两种方法都经常被用来研究造成能源消费趋势潜在的经济原因。其中,IDA 已屡次被用来分析能源消费及能源相关的二氧化碳排放(Feng 等,2012;Hubacek 等,2011),其特点是简洁灵活,仅使用产业部门水平的总和数据,探究碳排放变化背后的驱动力量,但忽略了部门间的交互影响。

SDA 利用能源投入产出表也经常被用来确定导致工业部门能源使用和二氧化碳排放变化的近似驱动因素(Miller 等,2009)。与 IDA 相比,SDA 能够同时说明供给侧和需求侧原因,以及通过供应链区分直接和间接效应(Feng 等,2012;Miller 等,2009)。比如,Zhang 等(2014)利用 SDA 发现资本投资和出口不仅是导致 2002~2007 年能源使用增长的最主要因素,而且也将我国的工业生产转向了高耗能的轨道。因此,本书采用 SDA 测算我国家庭能源的间接消费,其基本公式如下:

$$E^i = e'(I-A)^{-1}h = e'Lh \tag{1}$$

其中,E^i 表示家庭由于产品和服务消费引致的间接能源消耗量;e' 是要素 e^k 的一个向量,指的是每单位工业产出 k 所需的总能源投入(向量长度 n-工业部门的数量);列昂惕夫逆矩阵 $L \equiv (I-A)^{-1}$ 反映了产业间投入的总需求(n×n 维矩阵);I 是 n×n 维的单位矩阵;A 是 n×n 维的部门间直接消耗系数矩阵;h 是一个 n×1 向量,指以工业产值表示的家庭消费量。鉴于总人口近年来的变化,我们将家庭消费 h 分解为城市和农村家庭的人均部门支出 H_p(n×2 维矩阵)和两要素向量 P_s 表示城市和农村家庭人口数量,如此 $h = H_p \times P_s$。我们进一步分解将 H_p 和 P_s 分解为:$H_p = H_s \times \hat{y}$ 和 $P_s = P \times u$,其中,H_s 是指家庭消费偏好乘以家庭类型(n×2 矩阵将分为城市和农村家庭消费),$\hat{y}$ 是指人均家庭消费水平乘以家庭类型(2×2 对角线矩阵表示城市和农村家庭的人均支出)。

家庭间接能源消费可以被分解为六个因素,如式(2)所示,这些相关因素包括：人口变化水平（Δp），城镇化（Δu），能源效率（Δe），产业间投入组合（ΔL），家庭消费偏好（ΔH_s）和人均家庭消费水平（$\Delta \hat{y}$）。利用一个乘法的结构分解框架，我们可以得到家庭间接能源消费变化的方程式如下：

$$\frac{E_1^i}{E_0^i} = \frac{e'_1 L_1 h_1}{e'_0 L_0 h_0} = (2a) \times (2b) \times (2c) \times (2d) \times (2e) \times (2f), \quad (2)$$

$$= \frac{e'_1 L_1 h_1}{e'_0 L_1 h_1} \quad (2a)$$

$$\times \frac{e'_0 L_1 h_1}{e'_0 L_0 h_1} \quad (2b)$$

$$\times \frac{e'_0 L_0 (H_{s1} \hat{y}_1)(p_1 u_1)}{e'_0 L_0 (H_{s0} \hat{y}_1)(p_1 u_1)} \quad (2c)$$

$$\times \frac{e'_0 L_0 (H_{s0} \hat{y}_1)(p_1 u_1)}{e'_0 L_0 (H_{s0} \hat{y}_0)(p_1 u_1)} \quad (2d)$$

$$\times \frac{e'_0 L_0 (H_{s0} \hat{y}_0)(p_1 u_1)}{e'_0 L_0 (H_{s0} \hat{y}_0)(p_0 u_1)} \quad (2e)$$

$$\times \frac{e'_0 L_0 (H_{s0} \hat{y}_0)(p_0 u_1)}{e'_0 L_0 (H_{s0} \hat{y}_0)(p_0 u_0)} \quad (2f)$$

本书参考 Dietzenbacher 等（2000）的操作，利用费雪指数对两极分解都进行了测量。所谓两极分解方法就是分别对单个因素进行分解，求出每个因素基期和终期对因变量的影响值，取两个时间点的平均值，以该值近似估计单个因素对因变量的贡献值。方程式的每个组成部分即式（2a）~式（2f）都是在两个不同时期特定要素表现水平的比值，在此期间任何比值的自然对数与其百分比变化一致。方程式的项 Δe（2a）反映了每单位产出对能源需求的变化；ΔL（2b）反映了产业间投入组合的变化；ΔHs（2c）反映了家庭消费偏好的变化；$\Delta \hat{y}$（2d）反映了人均家庭消费水平的变化；Δp（2e）反映了总人口的变化；Δu（2f）反映了城镇和农村人口占总人口比例的变化。

本书基于五种类型的数据：家庭直接能源消费数据，能源投入产出表，能源消费数据，人口统计数据和家庭收入数据。家庭直接能源消费的数据来源于中国能源数据手册（劳伦斯伯克利国家实验室，2014）。能源投入产出表和经济系统的能源消费数据被用来计算城市和农村家庭的间接能源消费。其中，能源投入产出表源于中国国家统计局 1987 年（118 个部门）、1992 年（119 个部门）、1997 年（124 个部门）、2002 年（122 个部门）、2007 年

(135个部门)、2010年（65个部门）的数据。为了一致性，本书将所有的能源投入产出表聚合入53个工业部门。并且，为了可比性将所有表格转换为2007年的不变价格。根据Yang等（2010）的研究建议，第一、二、三产业的价格分别根据农业生产者价格指数、离岸价格指数和隐性GDP价格指数（这些产业的名义GDP除以实际GDP）进行转换调整。能源消费数据从中国能源统计年鉴获取（中国国家统计局，1990；1998；2009；2011a；2014）。其中，1987年和1992年能源数据包含23个工业部门，其他相关年份的能源数据包含44个工业部门。与Peters等（2007）的做法类似，本书通过一个坐标矩阵将能源数据映射到53个经济部门的能源投入产出表上。人口统计数据和城镇和农村家庭的收入数据从中国统计年鉴获得（中国国家统计局，2011b）。

2.3.3.2 我国家庭能源消费的测算结果与分析

我们通过SDA分析发现人均消费水平提升（$\hat{y}$）是居民间接能源使用增长的主要驱动因素。居民家庭能源消费年增长率在1987~1992年、1992~1997年、2002~2007年、2007~2010年分别为5.2%、7.0%、4.6%、7.8%。能源效率提高（Δe）大部分抵消了1987~2010年的家庭人均能源消费的增量。实际上，1987~1992年和1997~2007年能源效率提升完全抵消了家庭人均能源消费增量。而在1987~1997年和1997~2002年能源效率提升（Δe）每年减少了5.3%~7.3%的家庭间接能源使用。2002年以来，该百分比略低于7%。

相对而言，产业投入组合变化（ΔL）和家庭消费偏好（ΔHs）对家庭间接能源使用量的影响较小。1987~1992年，这两个因素提升了家庭间接能源使用。但1992~2002年，产业投入组合变化和家庭消费偏好每年却减少了0.5%~1.4%的家庭能源消费。然而2002年以来二者又恢复提升了家庭间接能源使用。产业投入组合变化（ΔL）在2002~2007年导致家庭间接能源使用每年增长了1.7%，而在2007~2010年该作用却下降了0.5%。家庭消费偏好（ΔHs）2002~2007年、2007~2010年分别每年提高了0.5%~0.6%的家庭能源消费。1987~2010年，人口增长（Δp）和城市化（Δu）都导致了家庭间接能源使用的增长。独生子女政策缓解了人口增长的影响，因此其每年对家庭间接能源使用的促进作用由1987~1992年的1.5%下降到2007~2010年的0.5%。同时，1987~1992年至1997~2002年城市化的影响不断提升，年贡献率从0.5%上升到了1.9%。2002年以后其作用相对恒定。人口因素中的城市化已成为驱动我国间接家庭能源消费增长的重要因素。下面我们将进一步分析人口变化、家庭消费偏好变化和家庭消费水平变化对家庭能源消费的影响。

（1）人口变化。从1987~2010年，我国人口以0.9%的年增长率由10.9亿扩大到13.4亿。而家庭户数则以2.0%的年增长率从2.484亿扩大到3.673亿。平均家庭人数下降是导致这一现象的主要原因。1987~2010年，每户人数由4.23人下降至3.10人。其间，城市人口占我国总人口的比例由25.3%上升至49.9%。目前，我国全面放开二胎的政策效果并未显现。比如，2017年我国新出生人口1723万人，比2016年1786万减少63万，出生人口和出生率双降。这些人口变化正在显著地影响着家庭消费水平和偏好。第一，随着快速城市化，大城市地理扩张和多个新建城市出现显著地增加了运输基本设施需求。第二，由于城乡居民人均能源使用巨大差异，未来城市家庭能源需求将进一步加剧。第三，较小规模家庭比较大规模家庭消耗更多能源。因此，家庭小型化将会为节约能源带来严峻挑战。

（2）家庭消费偏好变化。1987~2010年，城市居民人均年消费额从2946元上涨到15015元（依据2007年不变价格），年增长率为7.3%。对于农村居民而言，人均年消费额从1306元上涨到4333元，年增长率为5.4%。衣食核心必需品开支份额从1987年的54%下降到2007年的34%。同时，医疗保健、交通和通信服务开支份额在1987~2010年不断增长。我国居民追求更加舒适生活的趋势是服务业发展的原动力。家庭生活方式变化影响了居民的间接能源消费模型。家庭消费偏好变化促进了1992~2002年家庭间接能源使用量降低。服务开支的提高部分地解释了1992~2002年家庭消费偏好变化降低了间接能源使用量。1992~2002年我国城乡居民在金融、保险、房地产、餐饮、旅馆和其他服务上的开支份额显著增长，其间在农业上的开支大幅度减少。

2002~2010年家庭消费偏好变化（ΔHs）导致了家庭间接能源使用以每年0.5%递增。在此期间，金属冶炼、冲压金属产品占每年人均城市居民间接能源使用上升的30%，占农村居民的间接用能的21%。显然，居住面积和家用电器在家庭消费中上升是家庭间接能源消费增长的主要原因。水电费占农村家庭人均间接能源使用增长的13%，占城市家庭的1%。如前文所述，2002~2010年，用电占农村家庭直接能源使用的比例从38%增长至58%。用电量上升部分地解释了农村家庭间接能源的急剧增长。服务业占我国城市家庭间接能源使用上升的55%，占农村家庭的38%。交通、批发零售、餐饮和旅馆等高耗能服务分别占农村和城市家庭人均间接能源使用的15%和10%，这是我国服务业造成家庭间接能源急剧上升的主要原因。

由于交通和批发业导致的间接能源消费增长反映了城乡居民出行需求上升。2002~2010 年，城市家庭在金融、保险和房地产上的开支几乎上涨了一倍，即从 13.5 千克标准煤当量递增到了 26.7 千克标准煤当量，这占城市家庭间接能源使用增长的 15%。期间，农村家庭基于金融、保险和房地产消费引致的间接能源使用仅仅上涨了 0.3 千克标准煤当量，基于石油、化工和非化工矿物的城市家庭人均间接能源消费上升了 6.5 千克标准煤当量。城市私家车使用频率上升导致了绝大部分增量。食物和烟草产品分别占城乡家庭人均间接能源消费增量的 5% 和 10%。尤其在我国农村，这一增量反映了对加工食品，特别是肉类需求的增长。最近间接能源消费趋势从本质上表明我国家庭日益转向高耗能的产品和服务。

（3）家庭消费水平变化。随着经济高速增长，我国城乡家庭收入稳步上升。1987~2010 年，以 2007 年不变价格计算我国城市居民人均收入以 7.5% 的年平均率从 3400 元增长到 17682 元，而农村居民仅以 5.5% 的年平均率从 1570 元增长到 5381 元。显然，城乡居民人均收入差距依然很大。2010 年，我国城市人均收入是农村收入的 2.29 倍。随着收入水平迅速提高，我国家庭生活方式出现了翻天覆地的变化，这也导致更多的能源消耗。我国居民生活方式已从满足基本需要转向追求更高生活质量水平。Golley 等（2012）发现收入增长引致更多的间接能源使用和碳排放。

2.3.4 我国家庭能源消费驱动因素分析

随着家庭收入连续上升，我国居民正倾向于采纳比较耗能的高碳的生活方式。我们下面通过住宅、家用电器、空间加热和制冷、个人移动性来详细说明我国居民生活方式的变化对我国家庭能源消费的驱动作用。

2.3.4.1 住宅

自从 20 世纪 80 年代初，我国房地产改革成功地将城市住房从政府部门主导的系统转向市场导向的房地产业。因此，城市住房短缺已大大减少，城市居民居住条件有了极大提高。1987~2010 年，人均居住面积得到根本改善，城市人均居住面积从 12.7 平方米增长到 31.6 平方米，农村人均居住面积从 16 平方米增长到 34.1 平方米。农村住宅在重建和扩建过程中使用了大量高能耗建筑材料。砖木结构住宅占新农村住宅的比例从 1987 年的 65% 下降到 2010 年的 26%，而钢筋混凝土结构的住宅比例则从 8% 上升至 70%。建筑能力提升驱动了我国房地产业的繁荣发展。从 20 世纪 90 年代晚期到 2004 年，我国每年新增房地产库存 15 亿~20 亿平方米。这一趋势预计将持续到 2020 年。而且，短期内住宅约占新建筑空间的 80%。

2.3.4.2 家用电器

居住空间和收入提升允许我国家庭购买更多的家用电器。在过去的 30 年，电网普及促进了我国城乡家用电器使用。1985~2010 年，耐用品拥有量迅速增加。我国城乡家庭彩色电视机的需求已饱和，实际上，很多家庭拥有一台以上彩色电视机。虽然我国农村居民洗衣机、电冰箱和空调的拥有量较低，但城市居民已接近饱和。2010 年，每百户城市家庭拥有 112 台空调，而农村仅为 16 台。与传统电器比较，电脑和移动电话等信息技术在过去十年以更快的速度渗透入我国家庭。2000 年，我国仅有少数居民拥有移动电话。目前，移动电话已成为我国城乡居民的主导通信方式。2000~2010 年，我国城市每百户家庭电脑拥有量从 9.7 台上升至 71.2 台，农村居民则从 0.5 台上升至 10.4 台。家用电器、电脑、手机及其网络服务正逐渐成为像水电等一样的生活必需品。正所谓，"旧时王谢堂前燕，飞入寻常百姓家"。家用电器井喷式激增必然导致更多的用电量。家用电器购买量和使用量持续增强为我国人均电力需求带来更大压力。

2.3.4.3 加热和制冷

1999 年家居能源使用占能源使用总量的 27.8%。随着城市化进程持续推进，到 2030 年这一份额将增长到类似于发达国家的 35% 左右。空间加热和制冷是家庭能源消费的主体。作为一个幅员辽阔的国家，我国不同地区加热和制冷需求迥异。因此，在对家庭能源绿色消费进行研究时，需要考虑我国城市居民的客观生活条件和背景。比如，在北部加热带地区，城市居民可以利用集中供暖系统。在 1950~1980 年计划经济时期，我国就已经建立集中供暖系统。淮河和秦岭被定为我国的南北分界线。该线以北被界定为北部加热地区并能享用政府补贴的集中供暖系统，而该线以南地区只能由各个家庭安装他们自己的加热设施。冬冷夏热的过渡区域在冬季需要大量空间制热而夏季需要大量的空间制冷。在南部区域，制冷需求尤为重要（Glicksman 等，2001）。在一些特殊地区，比如云南气候宜人，不需要安装空调；中部地区则存在集体供暖和居民自主采暖共存的情况。

随着富裕程度越来越高，我国居民今后将需要更加舒适的室内温度。目前，在北部加热带仅有城市居民享受补贴性集中供暖。过渡区域约占我国居住面积的37%，其制热需求预计将导致尖峰电压。过渡区域家庭在冬季少量使用加热器和空调，在潮湿、炎热的季节使用空调。2004年在夏季空调用电高峰期，中国60%的城市经历了电力短缺（Aldhous，2005）。显然，我国城市家庭由空间制热和制冷引致的电力需求潜力更大。2000~2010年，每百户城市家庭的空调拥有量从30.8台上升至112.1台，农村家庭则从1.3台上升至16.0台。随着电网、空调和加热器在我国农村渗透，电力需求将进一步飙升。

我国大部分建筑都不太节能。虽然我国建设部一直致力于设计和宣传节能建筑法规，但执行力度远远不够。换言之，我国许多新建房屋并未达到建设部要求的节能标准。在我国北部，执行节能标准后的建筑空间仍比相似气候带的西欧和北美直接地多消耗50%~100%的能源。且不说这些新建筑舒适性欠佳，在我国大部分加热带，供暖收费是基于建筑空间而非实际使用空间。在加热带的许多既有建筑中，家庭对室内温度和热量使用极少控制，而且更糟糕的是加热带的住宅供热主要受国家和当地政府补贴，因此，节能激励很难奏效。从供给侧来看，集中供暖系统所需的大投资、大锅炉、大烟囱和大管网并不节能。因此，高耗能建筑和暖气供给系统共同导致了我国家庭能源效率低下。从2007年开始，我国在北部加热带通过门窗密封胶条隔热和改进燃料效率的供暖系统实施改进现有住宅的节能项目。该项目包括安装用来计量个体居住单元节能效率提升的设备。我国计划在2015年底改进北部加热带35%的既有老建筑并预期至2020年完成对所有现存建筑的改进（中国财政部，2011）。

2.3.4.4 个人移动性

在过去的几十年，我国居民个人出行能力有了显著提升。1987~2010年，个人使用机动车出行总距离以7.4%的年增长率从541公里增长至2.8万亿公里。人均机动车出行距离超过3倍，从1987年的495公里增长至2010年的2080公里。民用航空和高速公路使用增长更快。个人可支配收入提高迅速推进了汽车进入我国家庭。2000~2010年，每百户私家车拥有量从0.50台增长至13.7台。2013年这一数量增至21.54台。私家车一度在我国成为财富和更高社会地位的象征，因此，这也导致了石油产品需求飙升。我国原油主要依赖进口，2012年，我国原油进口约占国内总耗油量的70%，石油需求高涨很可能导致我国能源安全危机。假如私家车拥有量上升趋势不变，估计2020年汽车排放的二氧化碳、甲烷、一氧化碳、非甲烷挥发性有机物、氮氧化物和二氧化硫将比2000年的水平高出16~20倍。因此，我国应高度关注不断上升的私家车使用并制定严格的燃油相关政策。

2.3.5 我国家庭能源消费的宏观结构特征

2.3.5.1 我国家庭能源消费总量大

2015年，我国家庭生活能源消费总量达到50099万吨标准煤，约占能源消费总量的11%，是仅次于工业用能的第二大能源消耗部门。目前居民消费导致的直接和间接能源消费可能占能耗总量的50%~60%。随着工业化向纵深方向推进，我国家庭生活能源消费（包括交通用能）将逐渐替代工业用能成为最为主要的能源消耗主体。更深层的现实是，高耗能生活方式对家庭能源消费的"锁定效应"正逐步显现。可见，家庭能源消费行为变革对推动能源消费绿色化的作用越来越不容小觑。

2.3.5.2 我国城镇家庭能源消费量增长迅速

随着收入水平迅速提高，我国城镇家庭对住宅、家用电器、空间加热和制冷和个人移动性的要求更高，这也导致更多的能源消耗。首先，居住空间和收入提升允许我国城镇家庭购买更多的家用电器，这种井喷式激增必然导致更多的用电量。其次，随着富裕程度提高，我国城镇居民需要更加舒适的室内温度，电脑、空调和加热器等家用电器的广泛渗透，将导致电力需求进一步飙升。最后，个人可支配收入提高迅速推进了汽车进入我国家庭，这也导致了石油产品需求飙升。

2.3.5.3 我国城镇家庭能源的绿色消费态度行为缺口较大

当前我国城镇家庭能源消费的实际情况和零排放的政策雄心存在巨大缺口。缺口修复需要深入研究影响我国城镇家庭能源绿色消费的因素，探究态度行为缺口的形成成因、机理和修复策略。从需求侧来看，家庭能源绿色消费尚未成为民众自觉行为，家庭节能的社会氛围尚未形成。因此，家庭能源绿色消费亟待政府的科学干预。本书的最终目标是为降低家庭能源消费量或实现家庭能源绿色消费提供科学建议。

2.4 本章小结

本章是我国家庭能源绿色消费的一般分析。本章首先分析了绿色消费的相关理论，接着对我国家庭能源绿色消费进行了概述，最后定量分析了我国家庭能源绿色消费的宏观结构。对每个部分内容的具体小结如下：

2.4.1 绿色消费相关理论的研究小结

环保技术、生产系统、经济政策和社会举措对于可持续发展至关重要，但居民绿色消费和企业低碳生产的前提是消费者心甘情愿地践行绿色消费行为。因此，绿色消费理论相应地成为政策制定者、营销者和学者的研究焦点。这一部分主要从绿色消费的内涵、特征和维度、行为过程、影响因素、心理机制等方面对现有的绿色消费相关理论进行了分析和评价。

学者们已经对绿色消费行为进行了大量研究。初始研究主要从营销和经济学的角度研究购买行为，后期研究视角更加丰富化，比如从工业生态学、社会学视角研究绿色消费的全过程。研究对象主要聚焦于对环境影响较大的行为，比如，家庭能源消费，食品购买与消费，工作、休闲和旅游相关的出行。绿色消费不仅受到价值观、规范和习惯的影响，而且受到情景因素影响而使其更加复杂多变。消费社会背景下的绿色消费研究既是新的挑战也是未来研究的方向。

在过去的四十多年里，绿色消费研究迅速发展。企业、政府和学者认为消费行为的累积性改变不能扭转后工业社会中消费者的生活方式和社会的主导范式，所以，一直致力于寻求构建更加可持续的生产消费模型，导致了其研究价值的局限性。因此，我们越来越多地知道谁使用低能耗照明，吃有机食物，驾驶混合动力汽车，选择支付绿色能源税，选择生态度假和回收利用他们的垃圾及其背后的原因。事实上，食物、家庭管理和交通行为导致了绝大多数的环境影响，这说明以往研究抓住了主要问题。不幸的是由于仅聚焦于有限产品和有限消费阶段导致绿色消费研究成果解释力不足。态度、价值观、意向、规范对特定行为的影响仍然占据研究的主流，尽管他们的影响因不同行为和情境而各异。正如 Kilbourne 等（2002）指出在 20 世纪 90 年代中后期绿色消费研究冲向高潮，但可悲的是所涌现出的论文与 25 年前绿色消费刚刚产生时的研究主题别无二致。

相比之下，我们才刚刚开始理解在工业化社会背景下绿色生活方式的内容，即如何通过消费者行为、建筑、交通基础设施、财政政策和技术转变逐步实现它。因此，当前消费者行为的实际情况和零排放的政策雄心存在巨大缺口。缺口修复需要抛弃当下过度信赖单一规律视角，转向传统研究（经济学、心理学和营销学)与更加基础研究(社会学、人类学、哲学和工业生态学)的融合。这是对现有主流社会主导范式的挑战。绿色消费研究的局限性还表现在强调运用定量方法和工具,尤其是通过自我报告了解消费者意向和行为。前文中涉及一些研究进行了实际的社会实验和观察实际行为或时间序列研究,然而,大多仅描绘了消费者生活的特定方面,不足以刻画他们的生活方式、环境影响和转向可持续消费的能力。正如 Eden 等(2007)的建议,应该将消费者还原成真正的复杂人而非研究者假设的虚拟人。

传统绿色消费的研究局限主要源于简化论的研究传统,强调将复杂的社会现实调解成为少量因素的相互作用,将因果关系割裂开来。这造成了强调在特定消费情境下个体消费者针对特定产品(比如,有机食品或节能灯具)的具体消费行为(比如,购买或回收利用行为)。最终结果就像盲人摸象,只见树木不见森林。研究方法、研究问题和环境影响的局限性在于"同等条件下"的前提假设。"在其他条件相同的条件下"通常作为构建和实证检验绿色消费模型的前提。这就像 Kardash(1976)刚提出的绿色消费概念一样不得要领,即如果其他条件相同,所有人(除极少数反对派)将会选择两个产品中更绿色的一个。实际上,绿色产品和非绿色产品的关系就像一个不等式,其差异主要表现在溢价、实际或想象环保属性取舍、品牌忠诚度、产品性能、便利性、环保知识、信任差异、社会象征意义、个人认同维度以及我们行为的实践意义等。由 2008 年美国次贷危机导致的全球经济前景不确定性持续,这也许会显著地改变绿色消费未来的研究方向。经济困难、紧缩和经济扩张、上升时期推进绿色消费必然存在巨大差异,回归自力更生行为和节俭价值观是促进绿色消费规范和行为的有益尝试。

2.4.2 我国家庭能源绿色消费理论分析的研究小结

家庭能源绿色消费,也被称为居民绿色能源行为,与之类似的概念还有居民绿色能源使用、家庭能源绿色消费行为等。以往研究家庭能源绿色消费的视角主要包括:社会心理学视角、社会学视角和行为经济学视角。绿色消费行为的次数和种类繁多。从静态视角看,无论是行为过程,抑或是造成态度行为缺口的原因,同一个体进行的不同绿色消费行为或不同个体进行的同一绿色消费行为都未必相同。因此,针对特定绿色消费的态度行为关系进行研究才能得出科学的结论。从动态视角看,消费者致力于一种绿色消费行为未必会触发自身(或他人)进行其他的绿色消费行为,即所谓的正面(或负面)溢出效应。正面溢出效应假设个体(间)同类行为一致性程度很高。但现实生活中,也存在截然相反的情况。比如,回弹效应就是负面溢出效应的例证。从现有文献看,对绿色消费行为系列行为触发、溢出效应及组合机制的研究非常少见。未来应深入探索绿色消费系列行为的正面或负面溢出效应,分析我国家庭能源消费中的"回弹效应"和非绿色消费行为导致的"锁定效应",进而更加科学地评估绿色消费行为的环境效益水平。

2.4.3 我国家庭能源绿色消费宏观结构分析的研究小结

本书根据国家统计局数据对我国城镇家庭直接能源消费进行了定量分析。考虑到我国城镇家庭间接能源消费远大于直接能源消费,因此,本书利用SDA方法重点针对我国家庭间接能源消费进行测算与分析。从宏观结构性看,本书将影响家庭能源消费的间接影响因素分为六种:总人口变化、城市化率、能源效率、产业间投入组合、家庭消费偏好和人均家庭消费水平。这有利于深入洞悉工业技术进步、家庭收入、城市化和生活方式如何影响家用产品和服务生产中的能源使用,也有利于指导我国如何实现生活方式绿色转变和落实绿色消费的政策提供参考。

家庭能源绿色化的实现路径有两种:一是通过购买能源效率高的家用电器;二是通过改变个体行为习惯节约能源使用量。前者的弊端是会导致回弹效应,从历史规律来看,收入水平提高必然导致能源使用量的增加。可见,无论是前者还是后者,最终都需要通过改变个体行为实现家庭能源绿色化。个体绿色消费态度对行为依然具有正向影响,群体态度则有利于形成绿色消费舆论,进而推动全社会的绿色消费运动。从宏观层面的研究看,我国家庭能源消费的宏观结构表现为:总量大、增速快和"知易行难"等特征,消费量的绝对数仍远远低于世界平均水平,因此,从一个较长的历史趋势看,我国家庭能源的消费量正在经历一个持续增长的过程。

3 我国城镇家庭能源绿色消费的影响因素分析

3.1 家庭能源绿色消费影响因素的理论分析

20世纪80年代，最初学者们力图界定直接影响家庭能源消费行为的因素（Ritchie等，1981）。之后，Van Raaij等（1983）指出影响家庭能源绿色消费行为的因素包括：与能源消费相关的态度、个性、社会人口统计因素、住宅特征、能源价格、反馈以及一般性信息干预等。

家庭能源消费行为受到诸多因素影响，主要包括：社会人口统计学变量、心理因素和情境因素三种类型。其中，社会人口统计学变量对家庭能源绿色消费行为的影响尚未达成一致结论，比如家庭的收入、类型等既可能促进也可能阻碍家庭能源绿色消费行为（Biesiot等，1999；Chan，1996；Moll等，2005）。绿色认知、绿色情感、绿色动机、社会规范和情境因素等聚集了最多的学术关注。不同家庭能源消费类型的影响因素也存在差异（Mckenzie-Mohr等，1995；Stern等，1987）。目前针对我国具体家庭能源绿色消费行为所做的影响因素研究较少，本书将填补这个空缺，研究不同社会人口统计变量、心理因素和情境因素共同对家庭能源绿色消费行为的影响作用。其中，干预策略因素属于情境因素的范畴。

3.1.1 人口统计特征

有关人口统计特征对家庭能源绿色消费行为影响的文献颇丰，虽然，学者们普遍认同性别、年龄、职业、受教育水平、家庭收入、家庭结构规模等人口统计特征会影响家庭能源绿色消费行为，但对不同因素影响的作用方向和大小并无定论，甚至存在相互矛盾的观点。

3.1.1.1　年龄对家庭能源绿色消费行为的影响尚未达成一致结论

大部分学者认为年龄负向影响绿色消费行为（Diamantopoulos 等，2003；Grunert 等，1994），但也有少数研究认为年龄正向影响绿色消费行为或影响不显著（Roberts，1996；Samdahl 等，1989）。Poortinga（2003）研究发现，20~39 岁的人更偏爱进行绿色产品购买购置行为，而较少关注日常生活中的节能行为。Chan（1996）指出年龄对于家庭能源绿色消费行为的影响可能存在地域和文化差异，其实证研究结果表明加拿大的年轻人更偏爱选购绿色产品，而香港人却并非如此。就我国居民而言，年长者通常更可能具有节约的习惯，因此他们会更加注重日常生活中的节能行为；而年轻人则更偏爱通过购买购置绿色产品实现节能目标。

3.1.1.2　性别对家庭能源绿色消费行为的影响也不尽相同

总体而言，大多研究表明女性比男性更加注重绿色消费行为（Prothero，1990；Roberts，1996）。Brough 等（2016）研究发现性别差异存在于绿色消费行为之中。相较于女性，男性更多地乱扔垃圾，更少地回收旧物，对非绿色生活方式更少感到愧疚。该研究说明，男性对于是否选择绿色行为的犹豫，源自对"绿色即女性化"这一流行信条的认同。在这种刻板印象的作用下，一旦一位男性感觉自身男子气概受到挑战，就会通过选择不环保的行为来强化他的阳刚之气。对应地，一位对自己男子气概很有安全感的男性，更能欣然接受绿色的行为方式。换言之，并不是男性不如女性重视可持续的生活方式——他们只是想表现得更阳刚一些。所以让男人们对自己的男子气概更有信心是对环境保护的有益之举。虽也有部分学者主张男性的绿色消费行为更为显著或性别之间表现为无显著差异，本书仍主张女性比男性更偏爱绿色消费行为。

3.1.1.3　关于受教育水平对家庭能源绿色消费行为的影响也一直存在争议

部分学者认为受教育水平与绿色消费行为显著正相关（Chan，1996；Widegren，1998），也有学者认为二者之间为负相关关系或无相关关系（Samdahl 等，1989；Poortinga，2003）。值得注意的是在家庭能源消费领域存在这样一个悖论：高教育人群一般收入较高，掌握更多节能方面的知识和信息，消耗能源普遍高于平均水平，其节能诉求与节能意识也普遍更高。

3.1.1.4 多数学者都主张家庭收入水平会正向地影响家庭能源绿色消费行为

该类观点的理论依据是具有较高收入水平的家庭有足够的经济能力支付绿色产品的溢价。然而，Abrahamse 等（2007）研究发现在日常生活中高收入家庭比低收入家庭的能耗更大。这就意味着低收入家庭可能更多通过在日常生活中的节能习惯而非购买购置价格昂贵的绿色产品达到节能目的。换言之，家庭收入水平与日常生活中的节能行为负相关，与绿色产品购买购置行为意向正相关。

3.1.1.5 除了以上人口统计特征，家庭成员结构、家中是否有儿童等也对家庭能源绿色消费行为具有不同方向和程度的影响

比如，部分学者认为家中有儿童的家庭可能会进行更多的能源消费行为，且日常生活中的节能行为更少（Aydinalp，2002；Aydinalp，2004）。但也有学者认为考虑到对儿童的示范作用，有儿童的家庭会更注重家庭能源绿色消费行为（Mcmakin，2002）。此外，家中是否有老人、婚姻状况、户主性别是否会对家庭能源绿色消费行为产生影响尚未达成一致结论，因此，未来有必要进一步考察这些人口统计变量对家庭能源绿色消费行为的影响作用。

3.1.2 心理因素

心理因素对家庭能源绿色消费行为的影响聚集了学者最多注意力（Becker 等，1981；Kaiser 等，2005）。根据本书研究需要，此处只介绍了个人价值观、态度和绿色责任感知三种心理要素。

3.1.2.1 个人价值观

价值观（如绿色价值观、利他价值观、消费价值观等）是最根本地影响家庭能源绿色消费行为的心理因素。传统研究利用问卷调研询问消费者的绿色价值观，认为绿色价值观是对于家庭能源消费行为等影响最直接、最重要的因素。目前，学者仍较少关注消费价值观对家庭能源绿色消费行为影响。消费价值观是指消费者对于被消费的物品、消费行为和趋势的总体观点和价值判断，可分为物质主义价值观和非物质主义价值观（Richins，1992）。先前的研究都证明物质主义价值观与绿色消费行为负相关（Kilbourne 等，2008；杨智等，2010），但 Strizhakova 等（2013）研究发现新兴市场中物质主义价值观作为独立的自变量经过全球文化认同的调节作用，可能会逆转消费者的自私行为。可见，拥有物质主义价值观的个体践行绿色消费行为，虽然行为结果是环保的、利他的，但

支持其行为的绿色态度还未深入到消费者内心，他们进行绿色消费行为的目的是为自己赢得好处。这类行为本身是利他的，但动机却是利己的。

3.1.2.2 态度

态度是指个体对某一特定对象（比如，绿色产品或绿色消费行为），所习得的一种持续的反应倾向。态度通常反映了个人喜欢与不喜欢、对与错等个人标准。行为包括参加会议、使用避孕药、购买产品、献血等。态度对于行为具有某种程度的预测能力。态度三要素的一致性原则（Principle of Consistency）就是消费者在态度的认知、情感与意动三项成分上必须维持一致与和谐。虽然绝大多数学者都证实态度是家庭能源绿色消费行为的重要预测变量（Hines，1987；Nordlund，2002），但 Ungar（1994）指出态度与行为既可能一致也可能不一致。二者一致的情况可以分为两种：态度可以影响行为，行为也可以影响甚至改变态度。其中，态度引导（预测）行为的条件有三个：①容易获取（通过有目的的思考、自我意识、经常的使用）；②与行为相匹配；③使决策变得容易。而态度与行为不一致可能有如下原因：购买能力、态度强度、情境因素、测度上的问题、态度测量与行为上的延滞。

3.1.2.3 绿色责任感知

从现有文献来看，大量研究结果证实绿色责任感知对家庭能源绿色消费行为具有显著的正向影响。Stern（2000）指出绿色责任感知是影响各种绿色消费行为最为基本、重要的前因变量。因此，绿色责任感知与家庭能源绿色消费行为显著正相关。杜伟强等（2013）指出绿色消费行为不同于一般的环保行为，消费者会进行成本收益权衡，并决定是否践行绿色消费行为。由于日常生活中的节能行为主要是较少深思熟虑的习惯性行为，因此绿色责任感知对购买绿色或新能源产品影响更为显著。

3.1.3 理论模型

早期研究认为绿色消费者是具有环保意识的个体，并且个体环保意识不会因消费对象改变而变化。随着研究不断深入，学者们发现现实情况是错综复杂的。所以，学者们开始关注绿色消费的心理机制模型，这些模型主要借鉴既有的消费者行为理论模型。此外，学者们也提出了一些新的绿色消费行为理论模型。其中，应用最为广泛的是理性行为理论（TRA）和计划行为理论（TPB），计划行为理论主张态度、主观规范、感知行为控制共同作用于行为意向，进而影响后续行为。Davies 等（2002）却发现这两个理论模型在研究回收利用行为时具有严重不足。一个最常见的批评就是理性行为理论和计划行为理论忽视了情境因素的重要影响，Stern（1999）提出的态度—行为—情境（ABC）模型弥补了这一不足。顾名思义，这一模型主张态度与特定情境因素交互作用共同导致后续行为。动机—机会—能力模型在经典的理性行为理论模型中增加了行为驱动动机这一变量，而且主张最终行为还取决于消费者采取行动的能力（任务相关的知识和技巧）以及所处情境提供的行动机会，该模型已被应用于减少家庭能源消费等绿色消费研究。

Schwartz（1977）的规范激活理论认为行为受个人规范驱动。个人对自我责任和行为结果的感知是个人规范形成的基础。该模型已大量应用于回收利用、家庭能源适应性和替代汽车使用探索等绿色行为研究。Stern 等（1999）沿着个人责任和行为结果的主题进一步提出了价值观—信念—规范模型。该模型认为个人亲环境规范的发展不仅对私人绿色消费，而且对培育公民环保意识进而大力支持环保公共政策至关重要。他认为这种亲环境信念和规范的发展是一个公众逐渐接受新环保范式的过程，即从传统个人主义和物质主义等传统利己价值观向利他和生态环保价值观转变的过程。以往主要的绿色消费心理机制模型包括：理性行为理论、计划行为理论、态度—情境—行为理论、动机—机会—能力理论、价值观—态度系统理论和人际行为理论等。

3.1.3.1 理性行为理论

Fishbein 和 Ajzen（1975）提出了理性行为理论（Theory of Reasoned Action，TRA）。该理论主张个体对特定行为的主观规范和态度会共同影响行为意向，而行为意向会进一步影响行为。其中，态度是可由个体对特定行为结果持有的信念与他对行为结果的评估两个层面解释；主观规范可由个体对各种不同来源的规范和信念与他对遵守该规范的动机两个层面解释。理性行为理论的理论贡献在于主张任何因素只有通过态度和主观规范间接地影响行为。该理论已被大量应用于消费者行为研究，具有广泛的影响力。比如，于丹等（2008）研究证实理性行为理论不仅可以有效预测个体体育活动参与意向等一般的社会活动，而且可以有效预测优惠券使用与产品购买等消费活动。虽然，也有些学者利用理性行为理论分析绿色消费行为过程，但现实中，绿色消费态度与行为之间存在诸多中介变量和调节变量。因此，绿色消费行为需要更为复杂的模型，而理性行为理论为后来提出计划行为理论奠定了理论基础。

3.1.3.2 计划行为理论

理性行为理论主要适合分析理性决策过程，而对于一些潜意识行为或习惯性行为等没有意志力参与的行为，则预测效果不佳。Ajzen（1991）在理性行为理论为中加入感知行为控制（Perceived Behavioral Control，PBC）这一变量，提出了计划行为理论（Theory of Planned Behavior，TPB），以期对个体行为进行更合理的解释和预测。计划行为理论主张个体对特定行为的态度、主观规范和感知行为控制会共同影响行为意向，而行为意向会进一步影响行为。其中，态度和主观规范与理性行为理论一致，感知行为控制是指个体预期对采取特定行为所感知的控制度。它类似于自我效能感知和感知促成条件（Perceived Facilitation）。段文婷等（2008）认为感知行为控制受到控制信念（Control Beliefs）和感知促成条件的共同影响。

计划行为理论在理性行为理论的框架中又加上了行为控制感知这个影响因素。在社会心理学领域，这些模型被应用得最广泛，且在许多行为领域都得到了稳健支持（Ajzen，2001；Sheppard等，1988）。但计划行为理论也存在一定的局限性：①该理论中对信念因素的界定比较笼统，这限制了该理论的实际应用范围；②相较于态度和感知行为控制，主观规范与行为意向的关系可能较弱；③计划行为理论和理性行为理论都仅仅强调态度的认知部分，忽视了态度的情感部分；④计划行为理论忽视了对过去行为、习惯性行为等因素的研究（于丹等，2008）；⑤另一个最常见的批评就是计划行为理论和理性行为理论忽视了情境因素的重要影响。Claudy等（2013）指出根据计划行为理论，绿色消费态度应该对绿色消费行为意向具有积极的正向影响。然而，消费者在绿色消费过程中经常存在态度与行为不一致的情况。这就表明计划行为理论等传统行为理论模型很难解释绿色消费的态度行为缺口问题。

3.1.3.3 态度—情境—行为理论

Guagnano等（1995）在研究居民垃圾回收利用行为时提出ABC理论（Attitude Behavior Context）。该理论指出垃圾回收利用行为（Behavior）是个人对回收利用所持的态度（Attitude）和外部条件（Context）相互作用的结果。当且仅当外部条件与态度相加大于零时，回收利用行为才可能会发生。这些外部结构性因素是指垃圾回收利用的便利性、社区垃圾回收箱的设置以及其他相关信息等条件。ABC理论主张只有在外部条件对后续行为影响很弱时，态度与后续行为才具有一致性。然而，当个体行为受到经济、法规、社会规范等外部结构性条件约束时,态度对绿色消费行为的影响就微乎其微了。因此,该理论为外部因素造成的绿色消费态度行为缺口提供了理论依据。ABC 理论的理论贡献是发现了绿色消费行为是内部态度和外部情境因素共同作用的结果,并证实绿色消费态度对绿色消费行为的影响受到情境因素的调节作用。但 ABC 理论并未更深入的研究绿色消费态度的构成要素、形成过程及其对后续行为的影响机制。

3.1.3.4 动机—机会—能力理论

动机—机会—能力模型(Motivation-ability-opportunity model)是 Ölander 等(1995)提出的个体行为研究的整合模型。Ölander 等(1995)认为意志控制条件是态度行为保持一致的基本前提。因此,他们在传统行为理论模型中引入了"机会"和"能力"这两个变量,以期对个体行为进行更合理的进行解释和预测。动机—机会—能力理论中的"动机"与理性行为理论一致,只不过是它的精简版。Ölander 等(1995)也主张"动机"的内容是开放式的,即可使用人际行为理论模型中的动机部分(Triandis,1977),也可以利用 Schwartz 的规范激活模型代替。"能力"可由个体习惯和任务知识两个层面加以解释。比如,在垃圾源头分类习惯和个体是否具备循环行为的任务知识,都会显著正向地影响后续环保行为(Ölander 等,1995)。能力理论在很多行为领域,特别是环保行为领域都得到了支持。比如,废旧产品的分类回收行为和生活垃圾源头削减等。动机—机会—能力理论的重要结构特点是其试图将动机、习惯变量和情境变量整合为一个绿色行为的简单模型。Ölander 等(1995)已经应用动机—机会—能力理论解释家庭能源绿色消费行为领域,对于我们揭示家庭能源绿色消费态度行为缺口成因及修复策略具有重要启示意义。

3.1.3.5 价值观—态度系统理论

基于心理性与消费者行为学,Vinson 等(1977)提出了价值观—态度系统模型(Value-Attitude-System Model)。该模型主张消费者总体价值观或特定领域的价值观决定个体对产品属性评价(态度),进而作用于后续行为。Dembkowski 和 Hanmer-lioyd(1994)以价值观—态度系统模型为理论基础提出了环保价值观—态度系统模型(Environmental Value-Attitude-System Model)。环保价值观—态度系统模型是价值观—态度系统模型在绿色消费行为领域的具体应用。该理论主张个体价值观是距离环保行为比较远端的心理变量,却是环保行为的根本决定因素,态度则是环保行为的直接决定要素。

Fulton 等（1996）以 Dembkowski 和 Hanmer-lioyd（1994）的研究为基础，提出了价值观—态度—行为系统模型（Value-Attitude-Behavior-System）。该理论将相关变量放置在一个倒三角中，从底部到顶端依次是：价值观、态度或规范、行为意向和行为的认知层次结构。倒三角底部的价值观数量少、相对稳定，超越具体情境因素；而顶端的行为意向和具体行为数量多种多样、依据具体情境不同，变化大。从变量之间的关系看，倒三角底层变量对上层变量发挥着基础性的决定作用，且变量之间的距离越近，相互之间的关系越强；变量之间的距离越远，相互之间的关系则越弱（黎建新，2007）。

与价值观—态度系统模型类似，Stern 等（1999）在总结以往绿色消费行为研究的基础上，通过对价值观、信念和规范之间的相互作用来阐明绿色消费行为的形成过程，提出了价值观—信念—规范理论（Value-Belief-Norm Theory，VBN）。该理论主张人类应该与自然和谐共生。鉴于人们不断增长的欲望与地球有限的承载力之间的矛盾，人类应该敬畏自然，适度开发自然资源。反对人类主宰自然，人定胜天的"社会主流范式"。倡导新生态范式（New Ecological Paradigm，NEP），即一种人们对生态和绿色的普遍关注信念（Dunlap 等，1976）。价值观—信念—规范理论不仅明确了 Schwartz 构建的个人价值观体系中与绿色消费行为紧密相关生态的、利他的和利己的三种绿色价值观类型，而且深入剖析了它们与行为信念和规范的因果关系及对行为的影响。

3.1.3.6 人际行为理论

鉴于理性行为理论和态度—情境—行为理论忽视了习惯和情感这两个关键社会心理变量的重要作用，Triandis（1977）提出了人际行为理论（Theory of Interpersonal Behavior，TIB）。与理性行为理论一致，人际行为理论也主张任何因素只有通过态度和主观规范间接地影响行为。态度、社会因素和情感因素共同决定行为意向。其中，社会因素可由规范、角色和自我概念三个因素来解释。规范是关于个体行为的社会准则；角色是个体在特定情境下应具备的表现和系列行为；自我概念是指个体对自身应该追求或参与活动的自我评价。Jackson（2005）指出众多研究已经发现应该在行为理论模型中引入情感因素。同时，人际行为理论还考虑到了习惯的作用，认为习惯性越强，这类行为越倾向于潜意识行为，人们对特定行为的理性思考就越少。从长期看，这些习惯性或潜意识行为也会受到外部因素或基础条件的调节。

人际行为理论不仅整合了态度、社会因素和情感等影响行为的内外部因素，而且考虑到了习惯对行为形成过程的作用，因此，更适宜解释家庭能源绿色消费行为等日常生活行为。Bamberg 等（2003）人际行为理论的复杂性限制了它的应用范围不及理性行为理论或计划行动理论。此外，在现有文献中未见应用人际行为理论进行绿色消费态度行为缺口的研究。

3.2 我国城镇家庭绿色消费影响因素的探索性分析

环境问题已经成为全球关注的焦点，绿色经济的发展得到了世界的关注，加速发展绿色经济、促进民众绿色消费行为成为重要的研究课题。本书以绿色家用电器和新能源汽车作为研究对象，运用结构方程模型、多元回归方法研究社会认同感、自我效能感、绿色指数、生活方式对我国城镇家庭绿色消费意向的影响路径及程度，构建了我国城镇家庭的绿色消费行为模型，测量了我国城镇家庭绿色消费行为，揭示了绿色产品购买行为关键影响因素的作用路径。研究结果表明：社会认同感、自我效能感、消费者绿色指数、生活方式对绿色产品的购买态度和购买意向均有显著的影响。

3.2.1 研究背景

为适应全球环境变化，学者对绿色经济的相关研究越来越重视，并在此基础上提出绿色消费的概念。数据表明，因家庭能源消费行为带来的环境质量恶化比重占总量的40%左右。由此可见，消费领域倡导绿色消费行为理念、提高居民的绿色责任感、培养科学的消费方式和生产领域绿色化同等重要。关于绿色消费行为的研究主要体现在两个方面：一是大多数的研究都注重绿色消费干预政策的角度，针对消费者本身的绿色消费行为的研究不多；二是对于绿色消费的研究很多是在理论的层面上，侧重消费模式的转变，关于消费者对绿色产品的采用意向的实证研究成果不多。个体消费者的绿色消费行为采纳的意向程度高低是企业开发、生产、销售绿色环保产品的重要衡量指标。本书选取了绿色家用电器和新能源汽车作为研究对象，运用结构方程、多元回归方法探索消费者对绿色产品的采用意向。

3.2.2 文献回顾与研究假设

在过去的几十年中，环境问题，如全球变暖、渔业枯竭、农业用地征用以及空气和水污染，使发展绿色经济在战略绿色营销领域变得越来越重要。这些环境污染主要是由于不良的人类行为造成的（Maloney等，1973）。人类行为被认为是这些问题的始作俑者和故障排除者。美国和西欧的消费者在消费行为过程中越来越注重环保意识，绿色消费的研究也逐渐兴起。绿色消费行为的研究核心是如何转变人们由高碳消费转向绿色消费的行为方式。Chan（2001）主张消费者是促发绿色消费行为的关键因素之一，Van Vugt（2001）的研究呼吁消费者要积极采取绿色消费行为。

影响家庭能源绿色消费行为的因素众多，程度差异很大，国内外学者对此研究产生了大量的结果。比如，Stern（2000）将家庭能源绿色消费行为分为四种情况：①购买或使用符合环境标准的日常生活用品和服务（比如，新能源汽车、绿色家用电器、利用公共交通出行等）；②重点关注对环境有重要影响的产品的使用和维护（比如，家里的加热和制冷系统购买购置与维护）；③家庭日常生活垃圾处理；④践行绿色消费行为（比如，支持环保型企业，购买有机食物等环保产品或使用循环再生型产品等）。Elgaaied（2012）研究发现绿色消费者的环境意识以及内在的情感，比如对于多样性的偏好、对于舒适度和可选方式的感知、预期的内疚感、渴望、自我认同和社会认同的感知等都会对绿色行为的选择与否造成影响。

陈凯等（2014）基于计划行为理论，探究了环保行为的影响因素，结果发现，"感知效率—态度—意向—环保行为"这一链条的影响力度最大。杨冉冉等（2014）通过定性研究探讨城镇居民的环保行为的影响因素，构建了环保行为影响因素模型，提出市民心理意识与环保行为之间受到情境因素的调节。王建明（2015）指出就绿色消费而言，晓之以理不如动之以情，所以提升消费者对绿色产品的积极态度，不仅要提高个人对环保的认知水平，更要重视情感对绿色消费的重要作用。也有学者从理论上探究大学生绿色消费的可行性。王建国等（2016）基于行为推理理论对绿色消费的影响机制进行了实证研究，揭示了绿色消费态度行为缺口的形成机理。王淑新等（2010）认为家庭生活用能是能源密集型行为，占能源消耗总量的50%左右，因此，推行绿色消费势在必行。综上所述，本书将绿色消费界定为降低碳排放的一种健康消费理念与价值观。

3.2.2.1 社会认同感理论与绿色消费

Tajfel（1978）所提出的社会认同本质上是一种集体思想，是社会成员一起拥有的信念、价值观和行为取向。当个体不仅认识到自身属于特殊的社会群体，而且作为群体的一员能给自身带来情感和符号意义时，这就是社会认同。与利益联系相比,社会认同注重归属感,更加具有稳定性。Ellemers 等(1999)将社会认同细分成三个维度:第一个维度是评价上的团体自尊,第二个维度是情感上的团体承诺,第三个维度是认知上的自我归类。在绿色消费行为发生的过程中,消费者可能会从朋友、家人、同事那里受到影响选择购买适合社会规范的对社会有益的产品。从社会认同的角度,消费者一旦认识到自己的特定群体归属,就会期望被特定的群体包容、接受、认可而公开顺从于群体的规范、信仰和行为,从而产生从众行为。绿色消费者们正是希望自己使用的产品是获得周围朋友等群体的社会认同、符合社会群体的规范而发生的消费行为。因此,本书认为社会认同感可以作为影响城镇家庭绿色消费行为的重要变量。

H1a:社会认同感对绿色消费态度有积极正向的影响。

H1b:社会认同感对绿色产品购买意向有积极正向的影响。

3.2.2.2 自我效能感与绿色消费

自我效能感是指个人对实现目标所具备能力的信心和自我感知程度。根据自我效能的信息来源可作如下细分:一是言语说服,二是替代经验,三是成败体验,四是生理和情感状态(Albert,1995)。在营销学领域,消费者可以通过自我效能感测量对实行一种新的消费模式的信心或者是对这种新的消费模式的感知,自我效能感强的个体有信心采纳新的行为模式,由此可见,自我效能感可以直接作用于行为。居民自己实施绿色消费行为的自信对行为的实施会产生重要影响。也有学者对学生健身行为进行了研究,得出了自我效能感会直接影响他们的行为意向。周男等(2012)在研究中得出自我效能感、消费者绿色指数、主观规范对绿色消费行为有影响。因此,本书认为自我效能感可以作为影响城镇居民绿色消费行为的重要变量。

H2a:自我效能感对绿色消费态度有积极正向的影响。

H2b:自我效能感对绿色产品购买意向有积极正向的影响。

3.2.2.3 消费者绿色指数与绿色消费

Kalafatis 等(1999)的研究指出认知程度高的消费者能根据环境等因素做出理性决策。也有学者主张消费者对环境知识了解得越多越容易产生有利于环境的消费行为,比如绿色产品购买行为。本书将"消费者绿色指数"界定为人们对环境知识和绿色知识的了解程度,以往研究表明这一指标与绿色消费行为有关。因此,本书认为消费者绿色指数是影响城镇居民绿色消费行为的重要变量。

H3a:消费者绿色指数对绿色消费态度有积极的影响。

H3b：消费者绿色指数对绿色产品购买意向有积极的影响。

3.2.2.4 生活方式与绿色消费

何志毅等（2004）指出绿色消费者是引导社会消费趋势的先驱，这类群体愿意尝试新产品，会主动搜寻关于绿色消费的信息。有些学者主张居民的生活体验能指示环境行为，生活方式是影响绿色消费行为的重要变量。符国群（2007）主张生活方式这一变量影响消费者的生活和消费等，与消费者的外部行为有着密切联系，生活方式能直接作用于消费者行为。因此，本书认为生活方式可以作为影响城镇居民绿色消费行为的重要变量。

H4a：生活方式对绿色消费态度有积极正向的影响。

H4b：生活方式对绿色产品购买意向有积极正向的影响。

3.2.2.5 消费者态度与购买意向

态度是指个体对某一特定事物、观念或他人所持有的、较为稳定的心理状态，即个人对某事物的评价或立场。在消费者行为的研究中，Fishbein等（1975）主张消费者越是对某产品或者服务持有积极态度，就越倾向于购买它们。Garcia（2013）的研究表明，人们对节水行为的态度对其自身节水行为有显著促进效应。可见，消费者的态度是购买意向的重要预测指标。

H5：消费者对绿色产品持有的态度对购买意向有积极正向的影响。

基于前文研究假设推导，本书构建了社会认同感、自我效能感、绿色指数、生活方式对于消费者态度的影响，以及消费者态度对绿色产品购买意向的直接影响的概念模型，如图3-1所示。

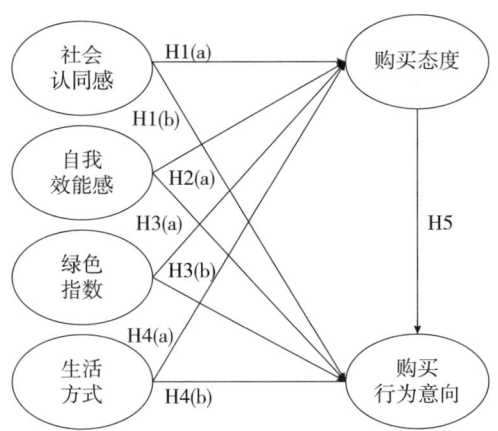

图3-1　心理因素对我国城镇家庭绿色消费影响的概念模型

3.2.3 实证分析

3.2.3.1 数据采集

本书根据构建的概念模型和研究假设推演，对市场调查问卷进行了科学设计，问卷主要由七个部分构成：社会认同感、自我效能感、消费者绿色指数、生活方式、消费者对于绿色产品的态度与购买意向和人口统计学方面的调研。问卷中所有问项都是基于前期研究的基础，通过了验证，具有较高可信性和有效性。通过对安徽省合肥、淮南、蚌埠、池州等城市的825名家庭用户的调查，删除填答不完整的问卷，获得有效问卷736份，有效问卷率89%。最后，利用SPSS22.0和AMOS17.0对其进行分析，结果如下表3-1所示。

表3-1 样本基本特征的描述性统计分析

统计项目	类别	人数（个）	百分比（%）	统计项	类别	人数（个）	百分比（%）
性别	男	353	48	收入（元）	1000以下	66	9
	女	383	52		1001~1999	155	21
年龄	19岁以下	59	8		2000~2999	184	25
	20~24岁	103	14		3000~3999	169	23
	25~29岁	133	18		4000~4999	88	12
	30~34岁	147	20		5000以上	74	10
	35~39岁	125	17	教育程度	高中及以下	471	64
	40岁以上	169	23		大专及以上	265	36

3.2.3.2 信度和效度检验

本书中的社会认同感包含3个题项，自我效能包含4个题项，绿色指数包含4个题项，生活方式包含4个题项，购买态度包含4个题项，购买意向包含3个题项，均采用7度likert分值量表测量，各变量的Cronbach'α值均在0.90以上，表明各变量的问项一致性程度较好，结果如表3-2所示。

表3-2 变量信度验证结果

变量名	指标数	Cronbach'α
社会认同感	3	0.916

续表

变量名	指标数	Cronbach'α
自我效能	4	0.917
绿色指数	4	0.912
生活方式	4	0.925
态度	4	0.903
购买意向	3	0.917

效度检验使用主成分分析法（Principal Component Analysis，PCA），得出 KMO 值为 0.865，大于 0.70，并且通过了 Bartlett 球形检验（p<0.000），此结果说明测量变量之间具备结构性和相关关系。各测量指标在各自的潜变量上的载荷系数都大于 0.50，显示具有较好的收敛效度；各测量指标在其他潜变量上的载荷系数都小于 0.50，表明区别效度较好。结果如下表 3-3 所示。

表 3-3 主成分因子分析

测量项	载荷值	测量项	载荷值	测量项	载荷值
社会认同感 1	0.858	绿色指数 2	0.714	态度 2	0.829
社会认同感 2	0.867	绿色指数 3	0.720	态度 3	0.845
社会认同感 3	0.872	绿色指数 4	0.735	态度 4	0.827
自我效能 1	0.778	生活方式 1	0.882	购买意向 1	0.807
自我效能 2	0.746	生活方式 2	0.855	购买意向 2	0.823
自我效能 3	0.751	生活方式 3	0.879	购买意向 3	0.880
自我效能 4	0.748	生活方式 4	0.861		
绿色指数 1	0.802	态度 1	0.817		

3.2.3.3 模型的适配度及假设检验

模型的适配度检测包含 RMSEA、GFI、NFI、AGFI、CFI 等指标。结果均表示为可接受的适配度，结果整理如下表 3-4 所示。

表 3-4 研究模型的适配度分析

Chi-square	x/df	RMSEA	GFI	NFI	AGFI	CFI	P
25.06	2.165	0.031	0.972	0.927	0.914	0.973	0.000

在假设检验中的 5 个假设检验的 C.R.（T 值）满足 p<0.05 水平。本书中的社会认同感、自我效能感、消费者绿色指数、生活方式对绿色产品的购买态度和购买意向都有显著的影响，相关假设均成立，其整理结果如表 3-5 所示。

表 3-5　研究假设检验

假设	路径	Estimate (β)	S.E.	C.R.	P	结果
H1a	社会认同感→态度	0.36	0.06	8.23	0.00	成立
H1b	社会认同感→购买意向	0.27	0.05	2.13	0.04	成立
H2a	自我效能→态度	0.33	0.06	5.41	0.00	成立
H2b	自我效能→购买意向	0.57	0.04	3.35	0.00	成立
H3a	绿色指数→态度	0.14	0.07	2.62	0.00	成立
H3b	绿色指数→购买意向	0.26	0.04	3.75	0.00	成立
H4a	生活方式→态度	0.03	0.05	0.45	0.00	成立
H4b	生活方式→购买意向	0.45	0.04	6.71	0.01	成立
H5	态度→购买意向	0.20	0.06	4.53	0.00	成立

3.2.4　研究结论

我国城镇家庭绿色消费行为的践行程度对于衡量绿色经济的发展有重要的参考作用。本书选择践行绿色消费行为的主体人群——我国城镇家庭用户作为样本对象，以绿色消费态度及其促成因素为出发点，构建居民绿色消费意向模型，并开发了适用于绿色消费行为研究的测度，为正确评价和衡量城镇居民绿色消费发展水平提供一定的参考。结合社会认同感，从自我效能感、绿色指数和生活方式，从这四个角度出发对城镇家庭绿色消费行为的成因进行实证分析，目的是为了通过多个角度的分析，总结影响绿色消费的内部和外部因素。通过验证模型假设，分析了各成因相互关系和作用，提出促进城镇家庭绿色消费行为的政策依据和运行模式。

从实证研究结果看，首先，社会认同感对绿色产品的态度和购买意向有显著的正向影响。随着经济的发展，人类社会的生存环境不断地恶化，那些非常关心环境问题的居民，可能会受到集体观念的影响，对绿色产品的态度以及购买使用意向表现得很积极。由此可见，身边的同学、朋友，亲人及人们平时所关注和加入的环保社团以及协会对其绿色消费意向的影响不可忽视。其次，自我效能感在本书中也对人们的绿色产品态度及购买意向呈显著的正向影响，它决定人们对活动的选择及对该活动的坚持性，影响创新性行为的获得和习得行为的表现，对于绿色消费这一创新性的消费方式，自我效能感可以影响或决定人们对绿色消费行为的选择。再次，绿色消费指数通过将居民消费者的绿色认识、日常绿色消费情况等指数化，来反映消费结构中绿色化趋势的变化，本书中证明了它对居民的绿色产品的态度和购买意向呈显著的正向影响。最后，本书发现生活方式对绿色消费具有积极正向影响。具体而言，绿色生活方式是生活方式的一种特殊形式，把握生活方式的内涵、特征和维度，有助于对绿色生活方式范畴的准确界定与理解。"生活方式"这一术语，最早诞生于社会学研究领域。从马克思1856年首次提出"生活方式"（Style of Life）的概念，到韦伯首创"生活方式"这一术语（Lifestyle），再到将生活方式研究转变为消费方式研究的开山祖师凡勃伦，以及当代消费方式研究的奠基人布迪厄，标志着生活方式研究逐渐走向成熟，并最终成了独立的学科分支。Lazer（1963）最先将生活方式引入营销领域，之后Wells和Tigert于1977年提出生活形态AIO方法到斯坦福国际研究所（SIR）开发VALS（价值观念和生活方式）模型及引入VALS2模型，到中国学者开发出CHINA-VALS模型，基本呈现了生活方式的学术研究脉络。

对于生活方式的内涵，诸多学者给出了自己的理解。马克思和恩格斯认为生活方式是生产方式的呈现，是人的"生活的特定形式"或"特定的活动方式"。韦伯（1922）将生活方式界定为人们长期受特定经济、文化、社会、民族、风俗、规范等影响而形成的认知方式、个人偏好和休闲活动等一系列生活态度、生活习惯和生活制度。Lazer（1964）认为生活方式是全社会或某些社会群体特有的生活模式。后来，生活方式不断丰富，有些学者认为生活方式是指人们如何生活、工作与休闲，也有学者认为生活方式是指个人如何花费自己的时间和金钱。当代市场营销学集大成者Kotler基于AIO模型提出生活方式是由活动、兴趣和意见构成的个人生活的形式。Ahuvia等（2005）以前人研究为基础提出生活方式是个人活动、兴趣和意见的反映，是人们花费时间和金钱的方式。盛光华等（2016）指出生活方式是个体与社会互动的结果，表现为个人的生活状态。Van Acker等（2016）对各学科生活方式定义分析发现，不同的学科对生活方式内涵的侧重点并不一样。如消费者行为领域更关注重复行为塑造而成的习惯性行为，社会学领域更关注生活方式的社会形态意识。

本书在实证调查的过程发现了现实生活中无论是绿色消费的参与还是绿色

产品的使用都没有被大众充分地了解。从调查对象看，本书仅选取了目前市场上比较典型的绿色家用电器产品和新能源汽车作为调研对象，随着经济技术的发展和绿色消费的广泛推广，绿色消费行为今后将会涉及到更多实体产品和服务领域。为了提高研究内容的普适性，今后学者可以根据产品的类别、产品的属性、产品的价格等多方面进行分类选取更多的绿色产品，进一步对消费行为进行影响因素的实证研究。此外，本书主要探讨了社会认同感、自我效能感、消费者绿色指数、生活方式等心理因素对绿色消费的影响，许多个性特征等个体因素对绿色消费态度和购买意向行为的影响尚有待研究。因此，本书接下来将通过问卷调研深入研究个体因素对家庭能源绿色消费的影响效应。

3.3 个体因素对家庭能源绿色消费影响的实证研究

雾霾、水污染等环境问题困扰人类。绿色消费有助于减轻消费对环境的压力。本书基于绿色消费理论，研究了私家车主对新能源汽车的购买意向的影响因素：长期取向、消费者关注成功的程度及外倾性，并研究了这些因素发挥作用的内在机制。研究采用问卷调查的方式，调查了1200名私家车主。研究结果显示：首先，传统取向对消费者的购买意向具有负向的直接影响；其次，传统取向、未来取向、关注成功的程度、外倾性均对消费者的购买意向具有正向的间接影响，绿色消费价值观在其中起中介作用；最后，外倾性对消费者的购买意向具有正向的直接影响。本书有助于人们了解这些因素对消费者的购买意向的影响及其影响的内在机制。企业可以运用本书的发现促进新能源汽车的销售。

3.3.1 研究背景

空气污染、水污染等环境问题给消费者带来了一些困扰。消费者越来越重视环境的可持续性，一些企业将其视为一种商机，对此积极响应（Olsen 等，2014）。如私家车排放的尾气对一些城市空气质量的影响较大，新能源汽车有助于减少排放，一些消费者考虑购买新能源汽车，一些企业开始研发、生产、宣传和销售新能源汽车。对于不同类型的绿色产品或服务，个体进行绿色消费的影响因素存在差异（Luchs 等，2010；Borin 等，2011；Trudel 等，

2013),然而学者们却很少关注消费者对新能源汽车的购买意向的影响因素。因此,"如何从影响因素入手,改进新能源汽车的宣传,促销新能源汽车的销售"成为学界和企业界需要解决的问题。

绿色消费是指对环境压力相对较小的消费行为,包括购买低油耗的汽车、节约用水、回收产品的包装等行为(Kazdin,2009)。绿色产品是指在设计、物流、生产、销售及消费者使用和处置的各个环节中对环境的危害相对较小的产品(Mostafa,2007;吴波,2014)。根据绿色消费与绿色产品的定义可知,它们均是相对的概念。比如,相对于购买和使用传统汽车,购买和使用新能源汽车可以被视为一种绿色消费行为。与其功能类似的普通产品相比,绿色产品通常要贵一些(Lin等,2012)。绿色消费对社会通常是有益的,然而对消费者来说,却通常不是性价比最高的选择,而是一种对社会有益的亲社会行为(Griskevicius等,2010)。

一些学者研究了消费者对绿色产品的看法。Brough等(2016)发现,产品的环保程度与其女性化程度正相关,人们认为使用绿色产品的消费者更女性化。Newman等(2014)与Lin等(2012)均发现,消费者认为企业为了保护环境而生产的绿色产品的质量相对较差。Olsen等(2014)则发现,企业引入绿色产品会提升消费者对品牌的态度。Giebelhausen等(2016)也发现,自愿参加企业的绿色项目(如产品回收)的消费者对企业的服务体验更为满意。此外,Gershoff等(2015)发现,与产品的绿色属性是边缘属性(如电脑的声卡可以回收利用)相比,当产品的绿色属性是核心属性(如电脑的主板可以回收利用)时,消费者觉得该产品更环保。

影响绿色消费的因素包括企业在环境保护方面的努力、消费者对环境保护的责任感、社会规范、消费者的创新性、他人是否在场、产品类型、实施成本、政府的政策、情绪和情感等。比如,以往研究证实,当消费者发现宾馆重视环境保护时,消费者在宾馆使用的电会较少(Wang等,2017)。增加消费者对环境保护的责任感会提高消费者的绿色消费意向(Peloza等,2013);自己带购物袋的消费者会购买更多的绿色产品(Karmarkar等,2015)。当宾馆告诉顾客该宾馆的其他顾客重复使用毛巾的比例较高时,这种描述性规范会提高顾客重复使用宾馆毛巾的比例(Goldstein等,2008;White等,2013)。消费者的创新性与绿色消费正相关(劳可夫,2013)。当他人在场时,消费者进行绿色消费的可能性较高(Peloza等,2013)。

Borin等(2011)将绿色产品分为与健康相关程度高的绿色产品和与健康

相关程度低的绿色产品，消费者购买前者的可能性更高；此外，当一个经常使用的产品（如水杯）与消费者的身份联系在一起时，消费者倾向于回收该产品（Trudel 等，2016）。王建明等（2011）发现，影响绿色消费的因素包括个体实施成本、社会参照规范等。王建明等（2011）与 Viscusi 等（2011）均发现，政策可以提高消费者进行绿色消费的可能性。一些学者研究了情绪和情感对绿色消费的影响。王建明等（2015）对这方面的研究进行了文献综述。比如，Cavanaugh 等（2015）发现，爱（love）会提高消费者进行绿色消费的可能性。王建明（2015）发现，个体对环境问题和环境行为的情感包括环境忧虑感、行为愧疚感、行为厌恶感、环境热爱感、行为自豪感和行为赞赏感，这些环境情感可以促进绿色消费。

综上所述，学者们很少关注哪些因素会影响消费者对新能源汽车的购买意向，所以本书基于绿色消费理论，研究了私家车主对新能源汽车的购买意向的影响因素：长期取向、消费者关注成功的程度及外倾性，并研究了这些因素发挥作用的内在机制。为了选择那些对消费者的购买意向影响较大的因素，本书查阅了 Bearden 等（2011）编写的《市场营销量表手册》（Handbook of Marketing Scales）及一些心理学量表，并对一些消费者进行了访谈，最后选择了长期取向、消费者关注成功的程度及外倾性等可能会对消费者的购买意向影响较大的因素。清晰认识这些因素对绿色消费的影响，有助于生产新能源汽车的企业识别哪些消费者倾向于购买新能源汽车，也有助于企业从这些影响因素入手，改进广告宣传，从而促进新能源汽车的销售。而新能源汽车销量的增加有助于减轻汽车尾气对空气的污染，有助于减轻雾霾。

3.3.2 理论框架与研究假设

为了分析长期取向、关注成功的程度及外倾性对因变量影响的内在机理，本书引入了绿色消费价值观这一中介变量。

3.3.2.1 绿色消费价值观

绿色消费价值观（Green Consumption Values）是个体通过消费行为来表达其重视环境保护的倾向（Haws 等，2014）。绿色消费价值观量表（其中的一个题项为"我使用的产品不危害环境对我来讲是重要的"）与有社会责任感的消费行为（Socially Responsible Consumption Behavior）量表（其中的一个题项为"消费者应该为污染环境的产品付更高的价格"）类似，后者测量的内容比前者更宽泛一些。绿色消费价值观反映了个体对"消费者应该减轻消费行为对环境的负面影响"的认可程度。学者们发现，绿色消费价值观正向影响绿色消费意向和行为（Haws 等，2014）。然而学者们却很少研究哪些因素会影响消费者的绿色消费价值观，这可能是因为其是一个较新的量表。虽然学者们很少研究长期取向和人格对绿色消费价值观的影响，但是一些研究发现长期取向和人格会影响其他价值观。如 Bearden 等（2006）发现，长期取向会影响伦理价值观。与之类似，Furnham 等（2005）发现，人格会影响消费者的工作价值观。在这些研究中，人格均为前因变量，价值观均为结果变量。此外，个体的人格包括个体关注成功的程度和个体的外倾性等多个维度（Burger，2011）。根据这些文献，长期取向、关注成功的程度、外倾性可能会影响绿色消费价值观。

3.3.2.2 长期取向

Bearden 等（2006）开发了一个长期取向（Long-Term Orientation，LTO）量表，该量表由两个子量表构成，即传统取向子量表与未来取向子量表。传统取向是指个体对家庭传统及自己的过去的关注程度；未来取向是指个体对自己未来的事业和发展的关注程度（Bearden 等，2006）。传统取向是否会影响绿色消费意向？Kilbourne 等（2008）认为，消费者对传统的关注程度可能与消费者的环保行为负相关，这是因为关注传统的个体更关注过去，对现在或未来的环境问题不够关注。这似乎意味着，消费者对传统的关注程度可能与消费者的绿色消费意向负相关。然而，Grimmer 等（2015）的实证研究则发现，消费者对传统的关注程度与消费者的绿色消费意向之间的关系并不显著。

Grimmer 等（2015）研究的是消费者对彩电的绿色消费意向，本书在此研究的则是消费者对新能源汽车的绿色消费意向。以往的研究发现，对于不同类型的绿色产品或服务，影响个体进行绿色消费的因素存在差异（Luchs 等，2010；Borin 等，2011；Trudel 等，2013）。根据这些文献，我们难以断定消费者对传统的关注程度与其对新能源汽车的购买意向之间的关系。具有传统取向的个体更关注传统和过去（Bearden 等，2006；Wong 等，2016），而新能源汽车属于交通领域的新生事物。具有传统取向的个体可能较关注传统型绿色产品，如自行车、公交车等，可能较不关注未来型绿色产品，如新能源汽车。此外，具有传统取向的个体应该喜欢怀旧，这也可能导致其较喜欢过去的东西及难以接受新事物。所以传统取向可能会对未来型绿色消费具有负向的直接影响。所以本书假设：

H1：对于新能源汽车，传统取向对消费者的购买意向具有负向的直接影响。

一些研究发现，前因变量对结果变量既存在直接影响，又存在间接影响；而且这两种影响的方向相反。如 Zhou 等（2008）发现，一方面，孤独感会减少个体对社会支持的感知；另一方面，孤独感会增加个体的怀旧感，而怀旧感又会增加个体对社会支持的感知。即孤独感对社会支持既有负向的直接影响，又有正向的间接影响，这两种影响的方向相反。在 H1 中，我们假设传统取向对消费者的购买意向具有负向的直接影响，下面我们分析传统取向对消费者的购买意向是否具有正向的间接影响。传统取向的结果变量包括节俭、冲动性购买行为、伦理价值观等。Bearden 等（2006）发现，传统取向正向影响个体的节俭程度，负向影响冲动性购买行为，正向影响个体的伦理价值观。这里的伦理价值观是指个体对"不撒谎、不欺骗"等个体伦理行为的认可程度。具有传统取向的个体尊重传统、重视传统（Bearden 等，2006）。受孔子思想的影响，东方的传统价值观强调保护环境（Egri 等，2004）。根据这些文献，具有传统取向的个体应该重视环境保护，而重视环境保护的人可能倾向于通过消费行为来表达其重视环境保护，所以传统取向可能正向影响消费者的绿色消费价值观。由于绿色消费价值观正向影响绿色消费意向和行为（Haws 等，2014），传统取向可能会对绿色消费具有正向的间接影响，绿色消费价值观在其中起中介作用。所以本书假设：

H2a：传统取向正向影响消费者的绿色消费价值观。

H2b：对于新能源汽车，传统取向对消费者的购买意向具有正向的间接影响，绿色消费价值观在其中起中介作用。

未来取向是否会影响消费者的绿色消费意向？研究发现，未来取向的个体关注自身未来的事业和发展（Bearden 等，2006）；未来取向与个体健康的生活方式（如爱运动）正相关（Daugherty 等，2010），与个体的抽烟行为、肥胖负相关（Adams 等，2009）。He 等（2016）研究了个体的未来取向对消费者购买产品后态度的影响。他们发现，在购买产品后，消费者对产品的态度逐渐变差；与较关注未来的消费者相比，对于较不关注未来的消费者，这一效度更加显著。根据这些文献，未来取向的人关注长远利益。一方面，购买和使用新能源汽车有助于节能减排，有助于环境的改善，而优美的环境对消费者本人及其家人、亲友等都是有利的。另一方面，新能源汽车在性价比方面往往不及传统汽车（Griskevicius 等，2010），而且新能源汽车在充电、维修等方面也不方便，这对消费者是不利的。这两方面的影响可能相互抵消，导致未来取向对未来型绿色消费的直接影响可能不显著。

下面我们分析未来取向对绿色消费价值观的影响。未来取向的结果变量包括节俭、冲动性购买行为、伦理价值观等。Bearden 等（2006）发现，未来取向正向影响个体的节俭程度，负向影响冲动性购买行为，正向影响个体的伦理价值观。中国等发展中国家现在属于现代主义社会，将来会进入后现代主义社会；发达国家渐渐进入后现代主义社会（Inglehart，1997）。现代主义社会价值观强调个体利益；后现代主义社会价值观则强调超越个体利益，重视他人与社会的利益（Egri 等，2004；Inglehart，1997）。由于未来取向的个体会较多地考虑长远的未来（Bearden 等，2006），未来取向的个体可能容易接受后现代主义社会价值观，重视他人与社会的利益。绿色消费价值观强调减轻消费对环境的压力，而且绿色消费是一种亲社会行为，有利于他人与社会的利益（Griskevicius 等，2010），所以后现代主义社会价值观与绿色消费价值观在重视他人与社会的利益这一点上是一致的。因此，具有未来取向的个体可能更容易认同或接受绿色消费价值观。由于绿色消费价值观正向影响绿色消费意向和行为（Haws 等，2014），未来取向可能会对绿色消费具有正向的间接影响，绿色消费价值观在其中起中介作用。所以本书假设：

H3a：未来取向正向影响消费者的绿色消费价值观。

H3b：对于新能源汽车，未来取向对消费者的购买意向具有正向的间接影响，绿色消费价值观在其中起中介作用。

3.3.2.3　消费者关注成功的程度

Netemeyer 等（1995）开发了虚荣量表，其中包含"关注成功的程度"这一子量表。个体关注成功的程度是人格的一个重要维度（Burger，2011）。与关注成功的程度较低的消费者相比，关注成功的程度较高的消费者更关注自己的目标，更喜欢进行炫耀性消费（Netemeyer 等，1995；Huang 等，2015）。根据这些文献，关注成功的程度较高的消费者在选择汽车时，可能会相对较多地考虑汽车的炫耀性。

Griskevicius 等（2010）则发现，当消费者的地位动机被激活时，消费者会通过购买绿色产品这种利他行为，提升自己的地位和名声，从而导致消费者选择绿色产品，放弃更奢华的非绿色产品。这是因为绿色产品通常比与之类似的传统产品的价格更高或质量更差，但是购买绿色产品对环境有利，绿色消费是一种利他行为；消费者购买更奢华的非绿色产品只能向他人表明自己富裕，而购买性价比较低的绿色产品不仅可以向他人表明自己富裕，而且可以向他人表明自己关心环境和社会。在 Griskevicius 等（2010）的研究中，对地位动机的激活是一种瞬间的状态，而关注成功的程度则是个体较稳定的一种特质。关注成功的程度较高的个体希望被他人认可及被他人仰慕（Netemeyer 等，1995），其与地位动机被激活的个体有些类似。所以关注成功的程度较高的个体可能也想通过购买绿色产品这种利他行为，提升自己的地位和声望。

根据这些文献，关注成功的程度较高的个体可能倾向于通过消费绿色产品来表达其重视环境保护，从而提升自己的地位或声望。如绿色消费价值观量表的一个题项为"我使用的产品不危害环境对我来讲是重要的"（Haws 等，2014）；对于关注成功的程度较高的个体来说，使用绿色产品有助于其向他人表明自己重视环境保护，从而提升其地位或声望，其应该较认可该题项。所以消费者关注成功的程度可能正向影响其绿色消费价值观。此外，由于绿色消费价值观正向影响绿色消费意向和行为（Haws 等，2014），关注成功的程度可能会对绿色消费具有正向的间接影响，绿色消费价值观在其中起中介作用。所以本书假设：

H4a：关注成功的程度正向影响消费者的绿色消费价值观。

H4b：对于新能源汽车，关注成功的程度对消费者的购买意向具有正向的间接影响，绿色消费价值观在其中起中介作用。

3.3.2.4 外倾性

大五人格理论被人格研究者普遍接受和广泛应用。根据这一理论，人格结构中包括外倾性、神经质、尽责性、随和性和开放性5个维度（Gosling 等，2003）。有几个量表可以测量个体在这5个维度的得分，其中应用最广泛的是大五人格问卷（Big-Five Inventory，BFI）。大五人格问卷中包含44个题项（John 等，1999）。因为大五人格问卷中包含的题项数量太多，在应用时被试者需要回答很多问题，所以 Gosling 等（2003）开发了大五人格简表。该量表共10个题项，只使用两个题项来测量这5个维度中的一个维度。该量表与大五人格问卷高度正相关，二者的测量一致，该量表的题项较少，测量的效度优于后者（Gosling 等，2003）。很多研究使用了大五人格简表（Quoidbach 等，2013；Rentfrow 等，2013；Wu 等，2014；Zeigler-Hill 等，2013）。本书也应用了大五人格简表。因为调查的结果表明神经质、尽责性、随和性和开放性4个维度与消费者对新能源汽车的购买意向之间的关系不显著，所以下面仅仅分析外倾性与消费者对未来型绿色产品的购买意向之间的关系。

研究证实，外倾性与公共自我意识（Public Self-Consciousness）正相关（Seidman，2013；Trapnell 等，1999）；而在公共自我意识量表上得分较高的个体重视自己给他人留下的印象（Bushman，1993），愿意遵守社会规范（Froming 等，1981；Crawford 等，2013）。因为绿色消费价值观强调减轻消费对环境的压力，该价值观对社会是有利的，接受或认可该价值观应该有助于给他人留下一个好印象。所以在外倾性量表上得分较高的个体可能容易接受和认可绿色消费价值观。此外，外倾型个体倾向于追求并享受改变（Bono 等，2004），这可能导致其容易接受绿色消费价值观这一相对较新的观念。由于绿色消费价值观正向影响绿色消费意向和行为（Haws 等，2014），外倾性可能会对绿色消费具有正向的间接影响，绿色消费价值观在其中起中介作用。所以本书假设：

H5a：外倾性正向影响消费者的绿色消费价值观。

H5b：对于新能源汽车，外倾性对消费者的购买意向具有正向的间接影响，绿色消费价值观在其中起中介作用。

此外，外倾性也可能直接影响绿色消费。根据 Seidman（2013）、Trapnell 等（1999）与 Bushman（1993）的研究，外倾型消费者希望给他人留下一个好印象。接受或认可绿色消费价值观应该有助于给他人留下一个好印象；绿色消费本身应该也有助于给他人留下一个好印象。此外，根据 Bono 等（2004）的研究，外倾型个体应该容易接受新事物。而未来型绿色产品就是一种相对较新的事物，所以外倾型个体购买未来型绿色产品的可能性应该较高。所以本书假设：

H6：对于新能源汽车，外倾性对消费者的购买意向具有正向的直接影响。

根据理论推导得到传统取向、未来取向、关注成功的程度、外倾性 4 种个体因素对绿色消费价值观以及绿色消费意向影响的假设模型，如图 3-2 所示。

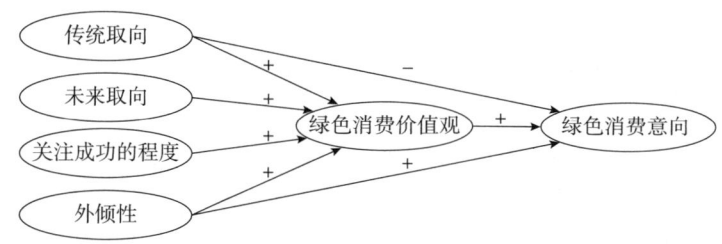

图 3-2　个体因素对绿色消费影响的假设模型

注："+"表示正向影响，"-"表示负向影响。

3.3.3 实证分析

3.3.3.1 样本和调查过程

为了验证这些研究假设,本书通过委托某商务咨询有限公司,对1200名私家车主进行了问卷调查。请他们表明自己在将来换车时对新能源汽车的购买意向,并在长期取向、关注成功的程度及外倾性等方面对自己进行评价。为了分析这些因素对绿色消费的影响机理,在调查问卷中加入了绿色消费价值观这一中介变量。此外,本书还调查了这些私家车主的性别、年龄、受教育程度、收入、购买汽车的时间、现在使用的汽车的油耗,并考察了这些变量对绿色消费意向的影响。通过对回收问卷的数据进行检查,发现有些问卷填写不完整、有些问卷填写的时间太短。在剔除了54份无效问卷后,最终获得了1146份有效问卷。

问卷的标题为"私家车主问卷调查"。首先感谢被调查者填写问卷,向他们承诺问卷仅用于学术研究,并告诉他们"下面的问题没有对错之分,您真实的想法就是最好的答案"。被调查者需要填写汽车的品牌与型号、汽车的购买时间。接着,对因变量、自变量及中介变量进行了测量。最后,对被调查者的性别、年龄、学历、个人年收入及其拥有的汽车的油耗进行了调查。对于私家车主拥有的汽车的油耗,被调查者对自己的汽车的油耗进行评价,问卷采用7级李克特量表,其中1表示"油耗非常低",7表示"油耗非常高"。请被调查者在1~7中选择一个数字。被调查者购买的汽车的品牌包括奥迪、宝马、奔驰、本田、比亚迪、标致、别克、长城、大众、丰田、福特、吉利、雷克萨斯、铃木、马自达、奇瑞、起亚、日产、斯柯达、沃尔沃、现代、雪佛兰、雪铁龙、中华等。被调查者的基本特征详见表3-6。

表3-6 被调查者的基本特征

	类别	数量	比例(%)
性别	男	677	59.1
	女	469	40.9
年龄(岁)	20~30	425	37.1
	31~40	550	48.0
	41~50	140	12.2
	51~60	31	2.7

续表

	类别	数量	比例（%）
学历	大学专科及以下	201	17.5
	大学本科	846	73.8
	研究生及以上	99	8.7
个人年收入（元）	50000 及以下	177	15.4
	50001~100000	513	44.8
	100001~200000	364	31.8
	200000 以上	92	8.0

3.3.3.2 自变量、中介变量与因变量的测量

本书的自变量、中介变量与因变量的测量题项，如表3-7所示。传统取向、未来取向的测量借鉴了 Bearden 等（2006）、Grimmer 等（2015）的研究。消费者关注成功的程度的测量借鉴了 Netemeyer 等（1995）、Huang 等（2015）的研究。消费者外倾性的测量借鉴了 Gosling 等（2003）、Quoidbach 等（2013）、Rentfrow 等（2013）的研究。在请被调查者回答其与这些题项是否相符时，采用7级李克特量表，其中1表示"非常不符合"，7表示"非常符合"，其余的数字依次代表程度的变化。请被调查者在1~7中选择一个数字。对绿色消费价值观的测量借鉴了 Haws 等（2014）、Gershoff 等（2015）、Theotokis 等（2015）的研究，也采用7级李克特量表，其中1表示"非常不符合"，7表示"非常符合"。对于因变量绿色消费意向，我们调查了私家车主将来换车时购买新能源汽车的可能性。我们请被调查者表明"当您想换车时，您购买新能源汽车（包括混合动力汽车和电动汽车等）的可能性"，问卷采用7级李克特量表，其中1表示"可能性非常低"，7表示"可能性非常高"。请被调查者在1~7中选择一个数字。

表3-7 自变量、中介变量与因变量的测量题项

变量	测量题项
传统取向	尊重传统对我来讲是重要的
	家庭传统对我来讲是重要的
	我很看重我过去的经历
	传统的价值观对我是重要的

续表

变量	测量题项
未来取向	我为长期的未来做打算
	我努力工作为了未来能够成功
	坚持不懈对我讲是重要的
关注成功的程度	对于我所从事的职业，我很关注能否取得成就
	我想让别人仰慕我所取得的成绩
	我比我认识的大部分人更关注我所从事的职业的成功
	比同辈获得更大的成功对我来讲是重要的
	我希望我的成绩被他人认可
绿色消费价值观	我使用的产品不危害环境对我来讲是重要的
	当我做决策时，我会考虑我的行为对环境的潜在影响
	我对环境的关注会影响我的购买习惯
	我觉得我对环境是负有责任的
	为了做那些对环境友好的行为，我宁愿自己不方便
外倾性	外向的
	寡言少语的（对该测量题项的得分进行逆向编码）
绿色消费意向	当您想换车时，请表明您购买新能源汽车（包括混合动力汽车和电动汽车等）的可能性

3.3.3.3 数据分析

（1）描述性统计分析及变量的信度与效度。我们使用 AMOS 21.0 和 SPSS 21.0 对调查数据进行统计分析。表 3-8 中列出了变量的均值、标准差、Cronbach's α 系数及变量间的皮尔逊相关系数。此外，传统取向、未来取向、关注成功的程度、外倾性、绿色消费价值观的组合信度（CR）分别为 0.852、0.784、0.841、0.730、0.835。传统取向、未来取向、关注成功的程度、外倾性、绿色消费价值观的平均提取方差值（AVE）分别为 0.593、0.547、0.514、0.582、0.503；它们的 AVE 的平方根分别为 0.770、0.739、0.717、0.763、0.709。每个变量的 AVE 的平方根均大于这个变量与其他变量之间的皮尔逊相关系数，表明这几个变量均具有较好的收敛效度与判别效度。

表 3-8　变量的均值、标准差、Cronbach's α 系数及变量间的相关系数

变量	均值	标准差	1	2	3	4	5	6
1. 传统取向	5.331	0.967	0.845					
2. 未来取向	5.558	0.832	0.533**	0.783				
3. 关注成功的程度	5.497	0.854	0.443**	0.671**	0.837			
4. 外倾性	5.007	1.324	0.078**	0.361**	0.357**	0.702		
5. 绿色消费价值观	5.579	0.794	0.502**	0.636**	0.592**	0.295**	0.835	
6. 绿色消费意向	5.374	1.209	0.153**	0.280**	0.276**	0.177**	0.340**	—

注：** 表示 $p<0.01$；对角线上的数据为 Cronbach's α 系数。

（2）假设检验。我们使用 AMOS 21.0 对调查数据进行分析，估计方法采用最大似然法。模型中的自变量包括传统取向、未来取向、关注成功的程度、外倾性，中介变量为绿色消费价值观，因变量为消费者对新能源汽车的购买意向。模型的拟合指数如表 3-9 所示。χ^2/df 为 2.781，小于 3。CFI、NFI、IFI 与 GFI 均大于 0.90，RMSEA 小于 0.05。这些拟合指数表明模型拟合良好。

表 3-9　模型的拟合指数

拟合指数	χ^2/df	CFI	NFI	IFI	GFI	RMSEA
结果	2.781	0.953	0.929	0.953	0.952	0.039

下面对研究假设进行检验。在控制了被调查者的性别、年龄、受教育程度、个人年收入、购买汽车的时间、汽车的油耗对中介变量与因变量的影响后，模型中主要变量的路径系数如图 3-3 所示。被调查者的性别、年龄、受教育程度、收入、购买汽车的时间、现在使用的汽车的油耗与绿色消费价值观之间的关系均不显著（p 值分别为 0.184，0.137，0.279，0.099，0.327，0.357）；被调查者的性别、年龄、受教育程度、收入、购买汽车的时间与消费者对新能源汽车的购买意向之间的关系均不显著（p 值分别为 0.814，0.811，0.523，0.366，0.699）。被调查者现在使用汽车的油耗与消费者对新能源汽车的购买意向显著正相关（$\beta=0.095$，$p<0.001$），这表明相较于低油耗车主，高油耗汽车车主更倾向于购买新能源汽车。

数据分析的结果显示，传统取向与绿色消费意向显著负相关（$\beta=-0.096$，$p<0.05$）。这表明，传统取向对消费者的购买意向具有负向的直接影响，H1 得到了证实。此外，从图 3-3 中可知，消费者的传统取向与绿色消费价值观显著

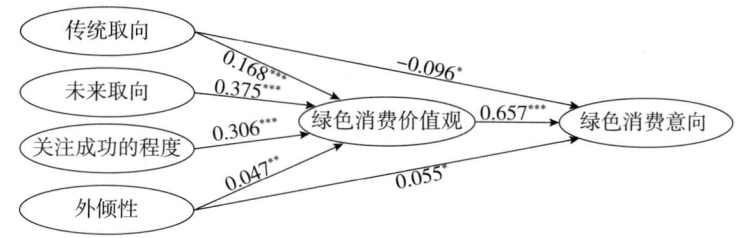

图 3-3 个性因素对绿色消费意向影响的路径系数图

注：*、**、*** 分别表示 p<0.05、p<0.01 和 p<0.001。

正相关（β=0.168，p<0.001），这表明，传统取向正向影响消费者的绿色消费价值观，H2a 得到了证实。未来取向与绿色消费价值观显著正相关（β=0.375，p<0.001）。这表明，未来取向正向影响消费者的绿色消费价值观，H3a 得到了证实。关注成功的程度与绿色消费价值观显著正相关（β=0.306，p<0.001），这表明，关注成功的程度正向影响消费者的绿色消费价值观，H4a 得到了证实。外倾性与绿色消费价值观显著正相关（β=0.047，p<0.01），这表明，外倾性正向影响消费者的绿色消费价值观，H5a 得到了证实。此外，从图 3-3 中可知，外倾性与消费者对新能源汽车的购买意向显著正相关（β=0.055，p<0.05），这表明，外倾性对消费者的购买意向具有正向的直接影响，H6 得到了证实。

H2a、H3a、H4a、H5a 得到了验证，这表明传统取向、未来取向、关注成功的程度、外倾性会影响绿色消费价值观。此外，从图 3-3 中可知，绿色消费价值观与绿色消费意向显著正相关（β=0.657，p<0.001）。根据这些数据分析的结果，对于这 4 个自变量对绿色消费意向的间接影响，绿色消费价值观在其中起中介作用。传统取向、未来取向、关注成功的程度、外倾性对绿色消费意向的直接效应、间接效应与总效应详见表 3-10。从表 3-10 中可得，传统取向对绿色消费意向存在负向的直接效应（-0.096），也存在正向的间接效应（0.110），二者相互抵消，导致传统取向对绿色消费意向的总效应很小（0.014）；未来取向对绿色消费意向只存在正向的间接效应（0.247）；关注成功的程度对绿色消费意向也只存在正向的间接效应（0.201）；外倾性对绿色消费意向存在正向的直接效应（0.055），也存在正向的间接效应（0.031）。H2b、H3b、H4b 和 H5b 得到了证实。

表 3-10　自变量影响的直接效应与间接效应

自变量	直接效应	间接效应	总效应
传统取向	-0.096	0.110	0.014
未来取向	0.000	0.247	0.247
关注成功的程度	0.000	0.201	0.201
外倾性	0.055	0.031	0.086

3.3.4　研究结论

首先，从研究结果看，学者们很少关注消费者对新能源汽车的购买意向的影响因素。本书研究了私家车主对新能源汽车的购买意向。通过委托某商务咨询有限公司，调查了1200名私家车主，请他们评价自身的传统取向、未来取向、关注成功的程度、外倾性、绿色消费价值观及其对新能源汽车的购买意向，研究控制了被调查者的性别、年龄、受教育程度、收入、购买汽车的时间及汽车的油耗等变量的影响。研究发现，传统取向对消费者的购买意向具有负向的直接影响；传统取向还对消费者的购买意向具有正向的间接影响，绿色消费价值观在其中起中介作用；未来取向对消费者的购买意向具有正向的间接影响，绿色消费价值观在其中起中介作用；关注成功的程度对消费者的购买意向具有正向的间接影响，绿色消费价值观在其中起中介作用；外倾性对消费者的购买意向具有正向的直接影响；外倾性还对消费者的购买意向有正向的间接影响，绿色消费价值观在其中起中介作用。

其次，本书具有重要的理论意义和实践意义。从理论意义看，本书应用绿色消费、长期取向、人格等理论，研究了私家车主在将来换车时对新能源汽车的购买意向的影响因素。研究具有一定的理论意义。①本书研究了绿色消费的一些新前因变量：长期取向、关注成功的程度、外倾性等。以往的绿色消费文献主要研究了企业在环境保护方面的努力、消费者对环境保护的责任感、社会规范、消费者的创新性、他人是否在场、产品类型、实施成本、政府的政策、情绪和情感等因素对绿色消费的影响。本书的研究发现是对现有的绿色消费研究的有益补充，有助于人们深入理解这些变量对绿色消费的影响，也有助于人们理解消费者对新能源汽车的购买意向与其他绿色消费意向的影响因素的差异。②本书研究了绿色消费价值观的一些新前因变量：长期取向、关注成功的程度、外倾性等。以往的绿色消费价值观文献较少研究这些前因变量对其的影响。③本书有助于人们理解长期取向、关注成功的程度、外倾性等变量对绿色消费影响的内在机制。以往的绿色消费研究对绿色消费的内在机制的研究较少。本书弥补了这一不足。研究发现，绿色消费价值观在这几个变量与绿色消费意向之间的关系中起中介作用，而且过去取向与外倾性对绿色消费意向既存在直接影响，又存在间接影响，未来取向与消费者关注成功的程度对绿色消费意向只存在直接影响。

从实践意义看，本书的结论也具有一定的实践意义。第一，研究发现有助于生产新能源汽车的企业找到目标市场。因为消费者的未来取向、关注成功的程度、外倾性均正向影响其绿色消费意向，所以生产新能源汽车的企业可以将在未来取向量表、关注成功的程度量表及外倾性量表上得分较高的消费者视为其目标市场人群。第二，生产新能源汽车的企业在宣传其品牌时，可以将该品牌的个性塑造为外倾性，宣传该品牌的后现代主义风格，请成功人士来为该品牌进行代言。这些宣传行为有助于在这三个量表上得分较高的消费者选择该品牌，这是因为消费者愿意选择与自己个性相符的品牌。

最后，从研究局限性和未来研究方向看，本书存在一些不足之处，有待未来的研究加以改进。第一，本书仅研究了绿色消费价值观这一中介变量，未来研究可以考虑其他中介变量，如消费者在面临自身利益与保护环境的两难选择时对自身利益的关注程度。第二，本书仅研究了消费者购买和使用新能源汽车这一绿色消费意向。由于不同类型的绿色消费的影响因素存在差异，对于未来型绿色产品，研究结论可能成立；然而，对于传统型绿色产品（如自行车、公共汽车），我们的研究结论未必成立。未来研究可以考察长期取向、关注成功的程度及外倾性对其他类型的绿色消费的影响，研究这些因素对不同类型的绿色消费影响的调节变量。第三，研究中的样本来自于中国这样一个发展中国家，未来研究可以调查发达国家的消费者，比较发展中国家与发达国家绿色消费影响因素的差异。一些差异可能来自于东西方文化的差异，一些差异可能来自于发展中国家与发达国家消费者在购买力与消费阶段的差异。

3.4 本章小结

本章是主要就我国家庭能源绿色消费的影响因素进行了分析。本章首先对人口统计特征、心理因素和理论模型等家庭能源绿色消费的影响因素进行了一般分析，其次从社会认同感、自我效能感、绿色指数、生活方式对我国城镇家庭居民绿色消费态度及行为意向的影响，最后重点研究了传统取向、未来取向、关注成功的程度、外倾性等个性因素对绿色消费价值观和绿色消费意向的影响。对每个部分内容的具体小结如下：

3.4.1 家庭能源绿色消费的影响因素分析

家庭能源绿色消费行为受到诸多因素影响，主要包括：社会人口统计学变量、心理因素和情境因素三种类型。其中，社会人口统计学变量对家庭能源绿色消费行为的影响尚未达成一致结论，心理因素对家庭能源绿色消费行为的影响聚集了学者最多注意力（Becker 等，1981；Kaiser 等，2005）。本书主要回顾了态度、个人价值观和绿色责任感知三种影响家庭能源绿色消费的心理因素。最后，本书主要回顾了理性行为理论、计划行为理论、态度—情境—行为理论、动机—机会—能力理论、价值观—态度系统理论和人际行为理论等几种家庭能源绿色消费的心理机制模型。

3.4.2 我国城镇家庭绿色消费态度行为缺口影响因素的探索性研究

本书以安徽省合肥市、淮南市、蚌埠市、池州市等 736 名家庭用户作为样本对象，以其实行绿色消费行为的态度成因以及态度作为出发点，结合社会认同感，从自我效能感、绿色指数和生活方式，挖掘影响我国家庭能源绿色消费行为的内部和外部影响因素。通过实证数据的分析结果得出：①社会认同感对绿色产品的态度和购买意向有显著的正向影响。②自我效能感在本书中也对人们的绿色产品态度及购买意向呈显著的正向影响，它决定人们对活动的选择及对该活动的坚持性，影响创新性行为的获得和习得行为的表现，对于绿色消费这一创新性的消费方式，自我效能感影响或决定人们对这一行为的选择。③绿色消费指数通过将居民消费者的绿色认识、日常绿色消费情况等指数化，来反映消费结构中绿色化趋势的变化，本书证明了它对居民的绿色产品的态度和购买意向呈显著的正向影响。④消费是社会生产领域的重要环节，消费绿色产品从而形成良好的消费习惯和偏好对于实现绿色经济的发展也非常重要，生活方式这一因素在本书中也得到了证实。

3.4.3 个体因素对绿色消费态度行为缺口影响的实证研究

雾霾、水污染等环境问题困扰人类。绿色消费有助于减轻消费对环境的压力。本书基于绿色消费理论,研究了私家车主对新能源汽车的购买意向的影响因素:长期取向、消费者关注成功的程度及外倾性,并研究了这些因素发挥作用的内在机制。本书采用问卷调查的方式,调查了 1200 名私家车主。研究结果显示:首先,传统取向对消费者的购买意向具有负向的直接影响;其次,传统取向、未来取向、关注成功的程度、外倾性均对消费者的购买意向具有正向的间接影响,绿色消费价值观在其中起中介作用;最后,外倾性对消费者的购买意向具有正向的直接影响。本书有助于人们理解这些因素对消费者的购买意向的影响及其影响的内在机制。企业可以运用本书的发现促进新能源汽车的销售。

4 我国城镇家庭能源的绿色消费态度行为缺口分析

4.1 绿色消费态度行为缺口的内涵界定

绿色消费态度行为缺口一直是学者们的研究焦点之一。早在五十年前，Wicker（1969）就已发现态度与行为的直接相关程度很低。Maloney 等（1973）研究发现大多数人声称愿意保护环境却很少行动。1990 年后，有关绿色消费的研究迅速增长，但学者们发现消费者对绿色产品的积极态度在现实中仍鲜有印证（Belz 等，2009；Bray 等，2011；Carrington 等，2010；De Pelsmaker 等，2005；Nicholls 等，2006）。近年来，绿色消费态度行为缺口问题仍然吸引着大量国内外学者的注意。比如，Mainieri 等（1997）发现被调查对象积极的环保态度并未转化成产品购买行为；Davies 等（2002）和 Young 等（2010）都注意到 30%的消费者声称关心环境问题，而仅有 3%～5%将其态度转化为行动。

根据不同的标准，可将绿色消费分为不同的类型。比如，按照消费行为所发生的过程阶段，可分为购买、消费和回收三个环节的绿色消费行为。Stern（2000）指出具有环保意义的行为可分为四类：第一类是激进的环保行为，即积极参与环境示威游行等行为。第二类是公共领域的非激进行为，主要包括积极的环保公民行为。比如，自愿加入环保组织，为环保行动议题请愿或为环保组织捐款等。第三类是组织领域的环保行为。第四类是个人领域的环保行为。这些个人领域的环保行为又包括四种情况：①购买或使用符合环境标准的日常生活用品和服务（比如，新能源汽车、绿色家用电器、利用公共交通出行等）；②重点关注对环境有重要影响的产品的使用和维护（比如，家里的加热和制冷系统购买购置与维护）；③家庭日常生活垃圾处理；④践行绿色消费行为（比如，支持环保型企业，购买有机食物等环保产品或使用循环再生型产品等）。

根据不同的标准，可将绿色消费态度行为缺口分为不同的类型。比如，陈凯等基于计划行为理论（2015）将绿色消费态度行为缺口分为：态度—意向缺口和意向—行为缺口两种类型，并发现群体压力会影响态度—意向缺口；Geng 等（2017）在研究绿色出行时，将绿色出行的态度行为缺口分为：非环保动机—绿色出行行为和环保动机—非绿色出行行为两种情况。Gupta 等（2009）运用"社会两难"理论研究发现绿色消费行为面临利他与利己的选择困境。Antonetti 等（2015）基于动机和情境维度将绿色消费态度行为缺口分为利他型、利己型、炫耀型和政治型四种类型，如表 4-1 所示。

表 4-1 基于动机和情境视角的绿色消费态度行为缺口类型

视角		行为情境	
		私人场所	公共场所
决策目标	利己动机	利己型 绿色消费态度行为缺口	炫耀型 绿色消费态度行为缺口
	利他动机	利他型 绿色消费态度行为缺口	政治型 绿色消费态度行为缺口

资料来源：根据相关文献整理。

4.1.1 利他型绿色消费态度行为缺口

利己/利他动机的相对显著性是行为分类的首要依据。利他型绿色消费行为是私下的，受个人道德信念驱动的，他们是真正关心环境问题的消费者。由于利他动机在自我概念中占据更中心位置，所以，这种类型的个人消费决策过程中显著地受利他动机驱动，相应地追求利他目标。大部分有关态度行为缺口的研究都聚焦于这种绿色消费类型。他们假定消费者受利他动机驱动对绿色产品持有积极态度，但缺乏将承诺转化为行动的能力（Carrington 等，2010），进而导致了绿色消费的态度行为缺口。本书认为还有其他三种理论框架可以解释绿色消费态度行为缺口的形成原因。

4.1.2 利己型绿色消费态度行为缺口

利己型绿色消费态度行为缺口是在私下环境下形成的利己选择。虽然消费者承认他们的社会责任，但仍以个人效用最大化作为决策依据，产品的环保价值只是影响其行为的因素之一，当感知成本收益最大化时，消费者才会选购绿色产品。购买所获得的收益是利己型绿色消费最主要的驱动力量，对于利己型消费者而言，环保价值不是消费者选择评估目标产品的决定性属性。利己型绿色消费态度行为缺口修复一方面要靠消费者环保意识的提高，另一方面要靠企业逐步提高绿色产品的功能属性和性价比。

4.1.3 炫耀型绿色消费态度行为缺口

动机方向（比如，利他/利己动机）会受到消费情境（比如，公开/私下场合）的影响，进而形成不同的绿色消费类型。由于个人环境友好性通常能够提升消费者的社会地位，所以，消费者在公开环境中通常会选择绿色产品。炫耀型绿色消费的目标就是追求社会地位和声誉。虽然行为本身是利他的，但动机却是利己的。换言之，消费者并非真正的环保主义者，而是通过选购绿色产品向公众展示自我。Griskevicius 等（2010）研究指出利他性是指个体为他人利益进行花费的意向和能力，且利他型炫耀性消费能为个体赢得社会认可和赞誉。比如，一些明星购买新能源汽车（比如，丰田公司的新能源汽车普锐斯），只是为了向粉丝展示自我，而其并非真正的环保主义者。Howarth 等（2006）研究发现若绿色消费能改善自我形象会激发个人进行更多购买绿色商品。绿色产品的社会外显性、与众不同是修复这种类型态度—行为缺口的关键。换言之，个人的绿色消费行为并不依赖于已有的态度，而取决于营销者如何使绿色产品或服务像奢侈品一样具有稀缺、独占和可炫耀性。

4.1.4 政治型绿色消费态度行为缺口

政治型绿色消费源于个人的责任信念，是一种公开性的利他选择，类似于 Stern（2000）分类中的激进的环保行为和公共领域的非激进行为，可以将其看作一种社会绿色消费运动。他们热衷于环保事业，并将自己视为某个环保团体的一分子（Shaw 等，2006）。对环保社群的环保承诺是驱动其进行绿色消费主要力量，这与炫耀型绿色消费完全不同。政治型绿色消费是为了支持社会事业，利他是主要动机，而私利是次要动机。政治型绿色消费也有别于利他型购买，因为它是一种公开的、具有集体体验的、能够引发社会变革的行为。政治型绿色消费旨在支持一项社会事业或绿色消费运动，而利他型绿色消费仅源于个人的同理心（共情）和道德原则，所以，前者已经超出后者的利他主义。在这种情况下，态度行为缺口修复依赖于绿色消费是否被社会认同。

综上可见，受利己动机驱动的个人是嬗变型消费者，其消费选择因情境不同而各异。在私下场合他/她会选择传统产品呈现为利己型绿色消费者，而在公开场合则会选择绿色产品呈现为炫耀型绿色消费者，他们犹如变色龙一样，是伪绿色消费者。而受利他动机驱动的个人穷则独善其身，达则兼济天下，无论是在私下还是公开场合都始终如一，利他型/政治型绿色消费者都是真正的绿色消费者。此外，还有一部分个人对绿色消费漠不关心。从宏观视角看，通过绿色消费实现绿色发展的过程也是社会公众对绿色消费由漠不关心、伪绿色消费者到真正绿色消费者逐渐演变的过程。

但从现有文献看，学者们主要研究了消费者对绿色产品的积极态度（强态度）和弱行为之间的缺口（Boulstridge 等，2000；Carrigan 等，2001；Chatzidakis 等，2007；Peattie，2001），鲜见学者针对消极态度（弱态度）、强行为的绿色消费缺口进行研究。如表 4-2 所示，与以往研究一致，本书将绿色消费的态度和行为分为强、弱两个维度，据此绿色消费态度和行为的关系被界定为四种类型。其中，Ⅱ、Ⅲ两象限都是绿色消费态度行为存在缺口的情况，第Ⅰ、Ⅳ象限是绿色消费态度行为无缺口的情况。学者们以往主要研究了第二象限，却甚少针对第Ⅲ象限进行研究。因此，本书将绿色消费态度行为缺口的内涵重新界定为消费者对绿色产品的态度强度和实际消费行为强度的不一致，具体包括强态度、弱行为和弱态度、强行为两种缺口类型。此外，态度行为无缺口或一致（第Ⅳ象限）也不一定是最理想的状态，它尚处于绿色消费的初始阶段，是仍需要改进的状态。值得注意的是，绿色消费态度行为缺口修复是指从第Ⅱ、Ⅲ两象限向第Ⅰ而非第Ⅳ象限的转型。

表 4-2 基于强度差异的绿色消费态度行为缺口类型

绿色消费行为		绿色消费态度	
		强	弱
	强	Ⅰ 强态度、强行为	Ⅱ 强态度、弱行为
	弱	Ⅲ 弱态度、强行为	Ⅳ 弱态度、弱行为

资料来源：根据相关文献整理。

4.2 绿色消费态度行为缺口的类型维度

4.2.1 强态度、弱行为

态度是指个人对某件事物喜欢或不喜欢的心理倾向,同样的态度,强度未必相同。态度的强度决定了态度是否被激活,进而形成诱发行为的内部驱动力。态度的强度(Intensity)通常以态度的承诺程度表示,高承诺意味着高强度的态度。高海霞等(2016)将态度分为负面态度、漠视态度、矛盾态度和正面态度。其中,矛盾态度不同于漠视态度,后者无法引起消费心理上的唤起和参与。比如,态度中情感支持绿色消费,而认知否定绿色消费,这种矛盾态度就会导致后续行为的不确定性。此外,态度强度也可划分为服从、认同和内化三个层次。通常来说,强态度较难改变,且会稳定地影响个体的信息选择和评估,进而影响后续行为。但个人的绿色消费行为先天性地受到产品生产过程的约束,而后者也受到技术、国家政策等限制。因此,当消费者面临外部条件约束时,态度对消费者行为的影响也就微乎其微了。即使绿色消费态度强度很高,但它若未能突破环境限制,后续行为就不会发生。

4.2.2 弱态度、强行为

Upmeyer等(1989)认为行为是指个体的判断、决策过程或系列具体活动的组合,而且行为是个体态度的反映。人类欲望的无限性和环境承载能力的二元对立决定了绿色消费的矛盾本质,"绿色"意味着环境资源保护,而"消费"通常涉及环境资源破坏。早期研究的不足之一是将绿色消费行为看作要么采纳,要么拒绝,而事实上,不仅不同消费行为环境影响各异,而且同一种消费行为也存在强弱之分。根据环境影响差异,消费行为可以被界定为一个从非绿色行为至绿色行为的连续系统。从行为动机看,有些人进行绿色消费是因为由衷地热爱环境,而另外一些人可能是由于节省、炫耀心理或社会压力所致。受利他动机驱动的绿色消费行为通常具有正外部性,并被认为是得不偿失的(施卓敏等,2014)。但绿色产品的社会属性可能会部分地弥补其自然属性不足(性能降低和高价格等)。因此,补偿性消费心理机制(郑晓莹等,2014)也许会逆转个体的非绿色消费行为。在个体生态意识觉醒与消费升级背景下，绿色消费作为一种高层次消费行为，不仅能使个体更快乐，而且能为其赢得他人认同、赞赏和社会声誉，此时，个体就会忽略对绿色产品自然属性的消极态度，转向关注绿色产品的社会属性，并践行绿色消费行为。

4.3 绿色消费态度行为缺口的综合测量

目前，国内外有关绿色消费态度行为缺口的实证研究仍相对缺乏，也未见对绿色消费态度行为缺口进行直接测量的量表。在进行实验和实证研究时，学者们主要分别采用态度、行为意向、行为等变量的测量量表，通过结构方程模型挖掘阻碍绿色消费行为的因素，依据态度与行为之间的标准化路径系数测量绿色消费态度行为缺口。

4.3.1 绿色消费态度测量

绿色消费态度测量主要参考 Ajzen（1991）的研究中使用的量表。部分学者认为绿色消费态度行为缺口是因为态度测量方法存在问题。最初，绿色消费态度行为缺口是在各国的民意调查中被发现的（Dunlap 等，1991）。后来，问卷调研成为测量绿色消费态度行为缺口的常用方法。由于社会道德规范或社会赞许偏好等因素的影响，消费者会故意隐瞒自己对绿色产品的真实态度和购买行为意向，因此，导致这种自我报告测量手段仅仅能获得被调查对象的外显态度而非内隐态度。这种外显性的绿色消费态度很可能与后续行为并不一致。值得注意的是内隐态度与行为的一致性较高。比如，Sherman 等（2003）研究了吸烟者的内隐态度和外显态度，发现相较于外显态度，内隐态度更少受到其他因素的干扰，与后续行为的一致性更高。

4.3.2 绿色消费行为测量

绿色消费行为测量是指获取个体实际绿色消费行为数据的过程。比如，张露等（2013）利用情境实验法获取消费者绿色产品的购买金额测量了实际绿色消费行为。实际上，在很难获得实际行为数据时，研究者通常以个人承诺执行的行为或自我报告的行为代替实际发生的行为（Aronson 等，1968）。

由于口头上支持回收利用和绿色消费的态度需要付出极少的努力和个人成本，加之，被调查对象的社会赞许偏好使得自我报告方法往往会高估绿色消费行为。因此，这种消费者取悦研究人员的倾向导致绿色消费行为测量的误差性。

4.3.3 绿色消费态度行为缺口的综合测量

绿色消费态度行为缺口的综合测量至少要满足两个条件：①态度、行为测量量表具体对应；②综合采用各种科学的研究方法。首先，态度行为的一致性是测量绿色消费态度行为相关关系的基本要求。环境是一个宏观概念范畴，而绿色态度又分为普通态度（针对环境本身的态度）和具体态度（针对特定环境行为的态度），具体态度对某项具体的绿色消费行为才具有预测力。普通态度特定绿色消费行为不是对应关系，比如单一的行为（利用公共交通工具出行）和普通态度（对全球环境的态度）是两个不同水平的测量，如果用后者预测前者就存在测量水平不一致的错误。学者们应该避免在研究中出现绿色态度和行为的错位，即研究一般性绿色态度与具体绿色行为的关系，或者研究具体绿色态度与一般性绿色行为的关系。

可见，绿色消费态度行为缺口的综合测量应该本着科学的研究精神，坚持理论与实践相结合，定性研究与定量研究相结合的原则，应综合采用实验研究、定性研究、调查研究等方法。比如，孙剑等（2015）利用扎根理论对焦点小组讨论和个人深度访谈获取资料，对绿色消费态度行为缺口的形成原因进行了质性研究；Moraes 等（2012）采用民族志的研究方法发现在英国生态社区中联合购买绿色产品有效地修复了个人绿色消费态度行为缺口；Papaoikonomou 等（2011）综合运用焦点小组、深度访谈、线上线下观察和文献分析对伦理消费态度行为缺口进行了实证研究。最后，未来可以尝试根据以往的理论，利用定性研究和定量研究方法，对直接测量绿色消费态度行为缺口的量表进行开发。

4.4 本章小结

目前，生态过载、大气污染和全球变暖等使得绿色消费受到广泛关注。引导个体进行绿色消费行为是构建可持续生产和消费系统的关键（陈凯等，

2014），学界也呼吁消费者积极实施绿色消费行为（Van Vugt, 2001）。然而，现实中尽管消费者对绿色消费的态度是积极的，但很多情况下，积极的态度却没有从其行为中反映出来。比如，2008年麦肯锡公司对中国等八个国家的消费者调查发现，虽然53%的消费者声称关注环境问题，但是大部分被调查对象并不愿意将这份环境关心转化为实际的绿色产品购买行为。即使13%的被调查对象表示愿意花高价购买绿色产品，然而当下他们也并未采取实际行动。

20世纪70年代初，西方营销学界开始关注绿色消费态度行为缺口问题，经过近六十年的研究，尽管积累了丰富的研究文献，但研究结论比较零散。国内学者开展的相关研究甚少，仍处于起步阶段（陈凯等，2014；吴波，2014）。消费者不仅通过绿色消费直接影响环境乃至企业生产活动，而且能够通过绿色消费主张间接地影响政府相关政策的制定，所以绿色消费态度行为缺口修复是促进绿色发展的根本途径。虽然，绿色消费态度行为不一致之谜已存在多年，但鲜见国内外学者对绿色消费态度行为缺口相关研究进行系统回顾。为了从理论上解开这一谜团，本章从绿色消费态度行为缺口的内涵界定、类型维度和综合测量等方面对国内外相关文献进行梳理，为后面章节的实证研究奠定了坚实的基础。若能克服已有研究尚存在的不足，则有利于促进绿色消费态度向绿色消费行为的转化。具体而言，本章首先对绿色消费消费态度行为缺口的内涵进行了科学界定，然后依据强度差异将绿色消费消费态度行为缺口分为强态度—弱行为和弱态度—强行为两种类型，并分别进行了详细的介绍，最后剖析了绿色消费消费态度行为缺口的综合测量方法。

我国城镇家庭能源绿色消费态度行为缺口的成因机理研究

5.1 绿色消费态度行为缺口成因机理的理论研究

5.1.1 绿色消费态度行为缺口成因的理论研究

Gupta 等（2009）研究发现导致绿色能源消费态度行为缺口的因素包括：对他人的信任、群体身份、行为预期和感知效能；Papaoikonomou 等（2011）认为导致绿色消费态度行为缺口的因素包括：产品供给有限、信息匮乏、高价格、产品低效率、传统社会规范、节能认知欠缺及生活习惯不良等。Moraes 等（2012）研究发现个体习惯和群体规范导致了绿色消费态度行为不一致。陈凯等（2014）指出参考群体、产品价格、习惯和情境因素是造成绿色消费态度行为缺口的原因。在充分吸收与借鉴现有研究成果的基础上，本书提出理论主张个体能力困境、产品属性缺陷和结构性条件限制等共同促成了绿色消费的强态度、弱行为缺口；而补偿效应则促成了绿色消费的弱态度、强行为缺口。

5.1.1.1 强态度、弱行为的原因

在全球共同应对生态危机的背景下，消费者的生态意识逐渐觉醒，并且越来越对绿色消费持有积极态度（王建国等，2016）。但是，在很多情况下，态度仅是影响绿色消费行为的因素之一，并非决定性因素。尤其是当绿色产品的价格偏高、销售渠道不够便利、环境效益不显著以及存在结构性条件限制时，他们对绿色产品的强态度常常无果而终（Ottman，1992）。我们下面将

从个体能力困境、产品属性缺陷和结构性条件限制等方面对造成强态度、弱行为的原因进行剖析。

（1）个体能力困境。个体能力困境主要包括经济能力约束和绿色消费知识缺乏等（孙剑等，2015）。根据市场均衡理论，绿色产品重视环保属性，也许意味着功能的降低和较高的价格，而价格又是消费者选择绿色产品的最大障碍（Gleim等，2013）。所以，消费者对绿色产品的积极态度，无论是基于利他动机想为环保事业做出自己的贡献，还是基于利己动机为了节省开销或者迫于社会压力，当收入水平有限时，其对绿色产品的强态度也最终很难转化为实际行为（Boulstrdge等，2000；Carrigan等，2001；杨波，2014）。大部分有关绿色消费态度行为不一致的研究都聚焦于这种缺口类型。有些绿色消费者虽然为了自身健康或环保事业偏爱绿色产品，但资金约束导致其缺乏将承诺转化为行动的能力（Carrington等，2010）。此外，环境中的障碍性因素提高了个体绿色消费决策的难度。比如，企业"漂绿"行为的普遍存在（杨波，2014；郭锐等，2015），不仅提高了消费者的感知风险，而且也对消费者获取、识别和处理环保价值信息提出了更高的能力要求。

（2）产品属性缺陷。产品属性缺陷主要是指绿色产品的低质量、高价格和低便捷可得性等（孙剑等，2015）。杜伟强等（2013）指出绿色消费行为不同于一般的环保行为，消费者会进行成本收益权衡，并决定是否践行绿色消费行为。绿色产品的价格、质量、品牌信任和可得性等是影响绿色消费态度行为一致性的重要因素。一般而言，当面对价格昂贵的绿色产品时，消费者会启动以私利最大化为目标的理性决策模型。此时，环保价值在决策中的重要性往往处于次要地位，品牌、价格、便利性等常被优先考虑。当面对一些价格低廉的快速消费品时，消费者会启动感性决策模型，更加偏爱产品的环保价值。比如，杨智等（2009）研究发现，消费个人购买便利型绿色产品时，显性态度对消费行为意向的预测效果较好，购买选购型绿色产品时隐性态度对消费行为意向的预测效果较好。加之，目前市场上大部分绿色产品价格偏高，销售渠道不便利、环境效益不显著，进一步加剧了绿色消费知易行难的困境。

（3）结构性条件限制。结构性条件是指短期内无法改变的且限制消费者行为选择的外部因素，它通常比态度更显著地影响着消费者行为。比如，Derksen等（1993）发现社会上是否存在成熟完善的回收利用项目是决定后续行为的重要因素。绿色消费是一个受文化、法律和社会环境等结构性条件限制的复杂的行为过程。首先，现有的公共政策目标、文化价值观和企业策略强调经济增长优先、消费主权和不羁的物质财务获取，这与绿色消费是相背离的。比如，陈启杰等（2008）指出消费主义泛滥、政府倡导消费自由和企业追求短期利润等是实施绿色消费的主要障碍。其次，企业"漂绿"现象非常普遍（Lyon等，2015），虚假绿色广告宣传、假冒伪劣的绿色产品和非法使用绿色产品标识等导致消费者对绿色品牌失去信任（杨波，2014；郭锐等，2015），甚至形成负面情感和怀疑态度。最后，基于理性选择的消费者行为理论仅将个体作为研究对象，然而越来越多的研究已达成共识，仅聚焦于个体态度行为转变很难实现可持续发展。以集体和社区为基础的解决方案更有利于实现可持续发展。比如，购后处置中的垃圾处理就依赖于集体解决方案。

5.1.1.2 弱态度、强行为的原因

理性人假设个体受自身利益驱使而行动。但有些消费者却愿意牺牲自己的利益，包括时间、精力、金钱，选购绿色产品。那么，到底是什么驱使人们选择做出绿色消费行为的呢？补偿性机制作为看待行为的重要视角，可以解释许多看似不理性或不合常理的消费现象（郑晓莹等，2014）。补偿性消费并不是为了满足功能性需要，而是一种很纯粹的心理性消费，消费目的是为了改善负面的心理状态。本书将绿色消费行为的补偿效应分为心理性补偿和情感性补偿。下面我们将从这两个方面对造成绿色消费弱态度、强行为的原因进行剖析。

（1）绿色消费行为的心理性补偿。Kim等（2012）将补偿性消费分为主动性补偿消费和应对性补偿消费，前者是指消费者在威胁尚未发生的情况下通过某些消费行为来保护自我，而后者是指消费者在自我威胁发生后通过某些消费行为来应对威胁所带来的负面体验。显然，基于心理补偿进行的绿色消费行为一般是主动性的象征性消费或炫耀性消费。从现有文献看，本书的理论主张与国内外学者的以往研究是一致的，即绿色消费行为的心理性补偿主要源于展示自我和获取面子。

首先，通过绿色消费行为展示自我。比如，Griskevicius等（2010）基于成本信号理论（Costly Signaling Theory）和竞争性利他主义理论（Competitive Altruism Theory）提出通过激发个体追求地位身份的动机，可以引导消费者选择绿色产品。其中，成本符号理论主张启动身份地位动机会促使消费者舍弃自我利益转而追求对社会更有利的产品；竞争性利他主义理论认为炫耀性利

他主义（ConSpicuous Altruism）使消费者愿意承受绿色产品相对较高的价格，因为购买绿色产品有利于建立个人良好的社会名声。Antonetti 等（2015）以 Griskevicius 等（2010）的研究为基础进一步研究发现，炫耀性绿色消费的目的是追求社会地位和声誉。他们实施绿色消费行为只是为了自我标榜，而并非真正喜欢绿色产品。可见，此时的个人绿色消费行为并不依赖于已有的态度，而取决于绿色产品是否像奢侈品一样具有稀缺、独占和可炫耀性，绿色消费是否能构建、维持或改善自我的绿色形象。

其次，通过绿色消费行为获取面子。Jap（2010）发现出于对社会声誉追求，中国人的消费价值观会受到面子意识的影响。中山大学施卓敏教授的研究团队针对面子意识对生态消费行为的影响进行了深入的研究。比如，施卓敏等（2012）通过实验研究发现相较于低面子需要个体而言，高面子需要个体更偏爱奢侈品，而且"脸需要"与"面需要"对奢侈品购买意向的影响存在差异。施卓敏等（2014）指出面子意识会逆转亲自我个体的自私行为，而对亲社会者的绿色消费行为影响却并不显著。具体而言，面子意识较高的亲自我个体比面子意识较低的亲自我个体更倾向于实施绿色消费行为。施卓敏等（2017）将绿色消费者分为：持有道德性面子观的个体和持有社会型面子观的个体，前者更偏爱绿色产品，后者更偏爱奢侈品。此外，物质主义价值观是个体通过绿色消费行为获取面子的重要动因。先前的研究都证明物质主义价值观都与绿色消费行为负相关，但 Strizhakova 等（2013）研究发现新兴市场中物质主义价值观作为独立的自变量经过全球文化认同和面子意识等变量的调节作用，可能会逆转消费者的自私行为。可见，面子意识和物质主义价值观主导下的绿色消费行为本身是利他的，但作为行为支撑的绿色消费态度并未深入消费者内心，他们进行绿色消费行为的目的只是为自己赢得好处。这类行为本身是利他的，但动机却源于补偿性心理。

（2）绿色消费行为的情感性补偿。首先，从主动性补偿的角度看，学者们以往主要关注认知、情感等心理因素如何促进人们更多从事绿色消费行为，甚少关注参与绿色消费行为对人们后续心理感受的影响效应。虽然有些学者研究发现绿色消费有利于提升个体的幸福感，但现有研究揭示形成这一结果的内在机制。自我决定理论（Self-Determination Theory，SDT）是 20 世纪 80 年代被提出的研究幸福感的经典理论，而且已有学者应用 SDT 研究消费与幸福感的关系。比如，Guevarra 等（2015）提出个体自主、能力和关系等基本心理需要的满足能够解释为何特定购买类型会提升个体的幸福感；曾陶然等

（2017）研究发现关系需要的满足能够揭示"体验优先"现象的内在机制；Martin Binder 等（2017）研究发现个体对自我绿色形象的内部认同激发了其主观幸福感，这种自我认同更多地源于个体的自主需要。由此可见，绿色消费有利于个体能力、关系和自主需要的满足，进而对其主观幸福感产生积极正向的影响效应。因此，未来应运用 SDT 理论（自主需要、能力需要和关系需要）实证检验绿色消费对幸福感影响的内在机制。

其次，从应对性补偿的角度看，郑晓莹等（2014）指出个体进行补偿性消费的目的是为了营造正面的心理状态，塑造积极的自我概念。从现有文献看，学者们尚未阐明补偿性消费的效果如何。对于绿色消费而言，若个体在进行了绿色消费行为之后，心理体验变得积极，那么就存在情感性补偿效应。同时，许多研究也证实积极情绪能让人更愿意从事利他的亲社会行为。二者呈现出双向正相关关系，它们之间存在一种正反馈循环。受这种机制的影响，实施亲社会行为会引发行为发出者的积极情绪，而积极情绪又会提高亲社会行为，正是这样的循环机制使得亲社会行为得以持续（Aknin 等，2012）。可见，从情感补偿的视角看，人们选择绿色产品也许是因为绿色消费行为能够让他们更快乐。

5.1.2 绿色消费态度行为缺口机理的理论研究

5.1.2.1 传统绿色消费理论模型

Kaiser 等（2005）指出有关绿色消费模型研究主要使用 Stern 价值观—信念—规范模型（VBN）和 Ajzen 计划行为理论（TPB）。VBN 是在史华兹的规范激活理论基础上发展而来的，该理论主张利他主义和义务感等价值观能规范个体行为，是解释绿色消费的关键变量。VBN 已被应用于各种环保行为研究，如回收利用和电动交通工具采纳等。此外，负面事件会启动个体义务感，进而导致行为改变，如日本福岛核灾难事件激发了最近一次大规模反核运动。从宏观角度看，这凸显了价值观与行为的关联是如何受外部条件影响的。然而，当消费者面临外部条件限制时，价值观对消费者行为的影响就微乎其微了。因此，许多学者转而从 TPB 等理性且受环境条件约束的行为模型探究影响绿色消费的因素。TPB 主张态度、主观规范和感知行为控制共同影响行为意向进而决定了人的行为（刘遗志等，2015）。很多学者认同绿色消费的理性和受客观条件限制的特征，并运用 TPB 来研究绿色产品的消费行为，如绿色空调机和节水工具的购买使用等（劳可夫，2013）。根据 TPB 等传统行为意向理论，态度与行为意向之间的关系得到了大量实证研究支持，但民意测验和理论研究都显示绿色消费态度和行为意向之间的联系通常很弱，可见，传统行为理论模型不能解释绿色消费态度行为缺口存在的原因。行为意向理论的新成果为解释态度行为缺口提供了理论依据。

5.1.2.2 行为推理理论

（1）行为推理理论的内涵。哥伦比亚大学学者 Westaby（2005）通过在传统理性行为理论中引入行为合理性的概念提出了行为推理理论（Behavior Reasoning Theory，BRT），其中，合理性（Reasons）是帮助个体采纳或拒绝特定行为的理由。这一新的行为理论主张合理性在价值观、综合动机（主要包括：态度、主观规范和感知行为控制）、行为意向、行为之间起衔接和桥梁的作用。这一框架的潜在理论假设是合理性影响总体动机和行为意向，因为它提供了个体采纳或拒绝特定行为的理由。BRT 包含四个命题：①行为的合理性（包括践行和拒绝某类行为的理由）不同于总体动机且独立地预测行为意向和行为；②综合动机和合理性共同影响行为意向；③信念预测合理性，后者继而预测行为意向；④信念和整体动机影响行为意向。

基于 BRT 理论研究我国城镇家庭绿色消费态度行为缺口形成机理还有以下几个重要原因：①BRT 理论迎合了 Ajzen（1991）在信念和综合动机之间增加调节变量进而构建新模型的呼吁。这也符合 Davis 等（1989）建议的传统行为理论模型应更详细地检验信念和行为意向之间的调节过程。②BRT 理论是响应 Harrison（1995）呼吁的更深入检验行为理论模型中的信念成分。③BRT 理论引入合理性概念，而它在过去的理论中未得到充分重视。④最后，BRT 理论能为应用型研究者提供一个内涵更丰富的合理性概念；过去很多有关合理性的测量和评估缺乏理论依据（Ellingson 等，1998），同样地，推理理论与实践情况相距甚远，正如 Galotti（1989）的观察，很少有学者研究日常行为的推理。

决策科学中最重要的目标之一就是探寻行为的根本性决定因素。以往的行为理论模型极大地推进了有关行为决定因素的理解。理性行为理论（Fishbein 等，1975）和计划行为理论（Ajzen，1991）是被广泛地用来解释行为过程的两种理论。比如，计划行为理论主张态度、主观规范和感知行为控制通过影响行为意向，间接影响后续行为。理性行为理论的优势是考虑了人有社会角色这样一个特殊的因素，但人并非总是能进行理性的分析，进而形成行为意向，才决定行为选择。在大多数情况下，人们依据自动激活的态度或信息在大脑中的组织形式,以及外部资源、机会及内部的情绪决定其行为,因此计划行为理论在理性行为理论的框架中又加上了行为控制感知这个影响因素。在社会心理学领域,这些模型被应用得最广泛,且在许多行为领域都得到了稳健支持(Ajzen,2001;Sheppard 等,1988)。

BRT 理论首要的理论命题是合理性在价值观、综合动机、行为意向、行为之间起衔接和桥梁的作用。其中,合理性既是帮助个体采纳或拒绝特定行为的理由,又是帮助个体校正并捍卫自身行动的依据,它帮助个体提升或维护自我价值。从概念上来看,综合动机也区别于情境化的信念和合理性。综合动机在 BRT 理论中被定义为若干一致地影响不同行为意向的因素。态度、主观规范和控制感被归入这一范畴是因为它们在大量研究中都被作为同类因素评估并显著预测行为意向。同时,综合动机是一个开放式的构念,允许增添道德责任等动因。最初理论家通常将以上三类动机因素作为一个整体构念(Ajzen,1991)。与综合动机对比,情境化的信念和合理性被假定为影响综合动机和行为意向的若干前因变量。比如,个体通常列举几条具体理由来解释其行为。

与过去理论一致,BRT 理论假设行为意向是行为稳健的预测因子。由态度、主观规范和感知行为控制构成的综合动机会显著地影响行为意向。行为的合理性通过校正和维护机制预测综合动机,同时,它不需要通过综合动机的中介作用,也会直接影响个体的行为意向。然而,行为的合理性不会脱离人们的信念和价值观存在。价值观虽然是距离行为比较远端的心理变量,却是行为的基础和根本性决定因素,它直接决定个体如何解读外界刺激以及如何诠释行为的依据。由于人们自动化处理而未激活更深入的推理,所以,信念和综合动机会直接联动。最后,行为结果也有可能反过来影响个体对该行为合理性的判断。这些观点与此前社会信息加工领域的研究结论也是一致的(Davis 等,1989)。传统行为理论模型也假设信念(比如,行为信念、规范信念和控制信念)预测态度、主观规范和控制感知(Fishbein 等,1975)。然而,即使信念是影响行为的重要因素(Harrison,1995),这些概念仍甚少受到关注。此外,传统行为理论模型未从理论上阐明"合理性"概念是如何嵌入动机机制。这是一个重要的理论问题,因为合理性的预测效度已在决策制定领域被多次证明(Pennington 等,1988;Westaby 等,2005)。

(2)行为推理理论的主要内容。我们下面将系统论述 BRT 理论是如何将个体的价值观、行为合理性、综合动机(态度、主观规范和感知行为控制等)、行为意向和行为有机整合起来的。

①行为意向和行为。与理性行为理论和计划行为理论等行为理论模型一致，BRT 理论主张行为意向是个体行为最稳健的预测因子。正如 Fishbein 等（1975）对行为意向的定义：个体采取某些行动的主观概率。行为意向和行为联动的潜在心理假设是大多人类行为都受意志力控制。BRT 理论和传统行为理论模型都假设行为意向在认知、情感、情境变量和行为之间具有调节作用。因此，行为意向和行为积极正相关。

②综合动机和行为意向。鉴于行为意向稳健地预测行为的能力，因此行为理论模型的主要目标是如何预测行为意向。计划行为理论假设态度、主观规范和控制感是行为意向的主要前因变量，并充当信念和行为意向的中介变量（Ajzen，1991）。BRT 理论将这些前因变量统称为综合动机，因为它们是若干一致地影响不同行为意向的因素。态度是可由个体对特定行为结果持有的信念与他对行为结果的评估两个层面解释；主观规范可由个体对各种不同来源的规范和信念与他对遵守该规范的动机两个层面解释。感知行为控制（perceived control）（或控制感）是指个体预期对采取特定行为所感知的控制度。这一概念类似于个体面对具体任务的自我效能感（Ajzen，2002）。综合动机在许多研究中显著地预测了行为意向。因此，BRT 模型将这些重要概念作为个体行为的影响因素。即综合动机（包括态度、主观规范、控制感）与行为意向正相关。

③合理性和综合动机。BRT 理论假设合理性是综合动机的重要前因变量。理论上，这是与基于解释的决策制定理论（Pennington 等，1988）和合理性理论（Westaby，2005）一致的。这些理论假设当拥有充分的理由支持和捍卫其行为时，个体通常会形成对备选方案有利的评估。可见，捍卫机制在判断形成过程中尤为重要。Bagozzi 等（2003）也指出合理性的评估和维护有助于理解态度形成的基础。传播激活理论（Collins 等，1975）也能被用来证明传统行为理论模型中具体合理性和综合动机的联动。换言之，传播激活理论假设强烈的合理性认知将向同一目标行为的邻近认知以高层次的抽象度扩散（Anderson 等，1984）。比如，个体拥有充分理由践行某一行为将很可能激活其他更加抽象的行为相关的认知，比如对所采纳行为的整体积极态度。最后，实证研究显示合理性会直接地影响判断和态度（Wilson 等，1992），说明合理性会作用于行为捍卫过程。可见，支持和反对行为的理由与综合动机（包括态度、主观规范、控制感）有关。

④合理性和行为意向。与先前理论不同，BRT理论假设合理性亦可绕过综合动机（主要包括：态度、主观规范和感知行为控制）的中介而直接影响行为意向。很多理论工具支持这一假设。首先，如前文所述，合理性具有校正和捍卫机制，而先前的行为理论模型未从理论上对此做出解释。因为社会心理学理论证明这类机制帮助个体提升或维护自我价值，所以，合理性能够越过综合动机单独解释行为发生的原因（Kunda，1990）。换言之，当个体拥有校正和捍卫自身行动的依据时会感觉更舒适，即使综合动机并不与行为意向完全一致，合理性也会成为行为意向强劲的驱动因素。比如，消费者虽然对绿色产品持有积极态度，但25%左右的溢价却成为众多消费者放弃购买的理由。还有若干学者证明了捍卫机制如何直接地影响行为意向（Huber等，2001）。其次，在先前的技术采纳和使用等行为理论模型已证实具体情境因素对行为意向的直接影响。BRT理论假设合理性直接影响行为意向是因为它包含具体的情境性理由。正如Davis等（1989）所言，在某些情况下行为理论模型中某些变量的连接并未被完全激活。这与Gigerenzer等（1996）的单一理由决定理论也是一致的，即在现实生活决策中个体通常采取心理捷径而非理性的做法。最后，因为基于二分法合理性包含支持性理由和拒绝性理由两个维度，这将为洞悉行为意向提供全新的视角。推理理论相关应用研究也发现合理性的两个维度都可以不通过其他中介变量影响行为。因此，合理性亦可（支持和反对行为）不通过综合动机的中介解释行为意向的变化。

⑤信念、价值观与合理性。在心理学中将信念作为理解行为的根基有着悠久的传统。尤其是期望价值理论最好地例证了信念概念对其理论发展的影响（Fishbein等，1975），该理论声称预期结果及其有关的价值观对动机过程具有显著影响，即当感知到执行某一行为会有许多有价值的结果时，个体就会产生强烈的行为动机。科学研究在近一个世纪已屡次验证了以上命题。因此，任何行为相关的理论都应蕴含期望价值作用。根据这一推理，BRT理论假设个体信念和价值观会直接影响维护其预期行为的合理性。这一假设也得到了基于解释的决策制定理论（Pennington等，1988）和合理性理论（Westaby，2005）的支持。这些理论通常主张个体首先搜集与备选方案相关的决策信息并评估其可信度和重要性，进而产生理由支撑备选方案的合理性。理论上，具有最合乎情理原因的备选方案应成为目标方案。因此，价值观和信念在BRT理论中充当合理性的关键前导变量，其中合理性是个体校正和捍卫自身行动的依据。Eccles等（2002）也主张信念和价值观应与某些心理和

社会/文化因素相关。因此，信念和价值观与合理性相关。

⑥信念、价值观与综合动机。根据 BRT 理论，个体对某类行为持有的信念和价值观也会直接激活个体的行为动机，不需要通过合理性的完全中介。理论上，这表明在某些情况下合理性未被充分激活。这与大量的心理学模型一致，即自动处理能避免激活深入的认知思考（Fazio 等，1995）。Davis 等（1989）也指出在某些情况下行为理论模型中的某些连接会被绕行。从另一个角度，为了简化信息处理的启发式动机或欲望也会在个体未启动捍卫自身行动依据的情况下激活综合动机。比如，BRT 理论中更加启发式心理路径是：信念和价值观加工—综合动机。相反，更深层次的完全中介的心理活动路径是：价值观加工—捍卫预期行为的合理性—综合动机。可见，个体会利用不同的系统心理路径进行行为决策。

Tversky 等（1974）也指出价值观和综合动机的直接联系源于消费者追求心理捷径和信息简化。信念对综合动机直接作用的另一个解释是因为合理性未能捕捉所有相关信息。至于预测主观规范，虽然个人的合理性也许与这些因素相关，但其对具体规范对象的知觉与规范的形成过程而非合理性更相关。从社会认知的视角看，记忆中保存的合理性并不一定提供充足的影响人们决策的因素（ShaWr 等，2002）。人们未必清醒地意识到所有维护行为的依据。在 BRT 理论中，若信念不需要通过合理性的中介作用直接影响主观规范，主观规范不通过合理性的中介作用直接影响行为意向，这就表示合理性不能解释其他潜在的行为决定因素。因此，信念和价值观可以避开合理性（支持和反对行为的理由）的中介作用，直接影响综合动机。

⑦事后处理。BRT 理论最后一个理论假设是：一方面，合理性能被用来支持、扭曲或合理化预期行为；另一方面，与认知失调理论一致，个体将强化支持其行动的理由一旦他/她开始从事这一行动。理论上，这将降低心理失调感，因为随着时间的过去，维护行为的依据和行为本身会更加一致。其他模型也提出行为对心理因素的反作用（Bagozzi 等，2003）。Harrison（1995）在偶发自愿动机理论研究中发现事后行为反馈甚至会影响综合动机的相对权重。BRT 理论中这一连接从理论上允许额外的信息处理路径。比如，一些人会依次充分处理 BRT 理论中的所有要素，而其他人也许仅事后推理校正。后者的行为路径如下：综合动机—行为意向—行为—事后校正理由—后续行为的潜在升级。

最后，虽然随着时间延续合理性被假定通过校正和维护机制稳定行为，但 BRT 理论也假设它们在行为改变过程中也起着重要作用，尤其是在心理系统遇到新的冲击的时候（Lee 等，1994），即 BRT 理论假设当新信息呈现导致个体质疑其合理性时，他/她会中断正在进行的行为追求。此时，他们当前的合理性不足以抗辩所遇到的新信息，因此使他们对自己的行为意向和进行的行为变得不确定。因此，信念、价值观和合理性重新组合进而形成新的行为。虽然 BRT 理论维护行为的依据通常是在行为发生之后，但本书更关注该理论的预测功能。

5.2 我国城镇家庭能源绿色消费态度行为缺口成因的质性研究

为挖掘我国城镇家庭能源的绿色消费态度行为缺口的成因，本书选取杭州、徐州、合肥和淮南等城市的居民为访谈对象，采用个人一对一深度访谈和焦点小组访谈相结合的质性调查技术获得我国城镇家庭能源的绿色消费的第一手访谈资料。通过分析、整理、归纳和概括文本资料，运用扎根理论中的开放式登录（Open coding）、轴心式登录（Axial coding）和选择式登录（Selective coding）技术提炼初始概念和范畴，挖掘概念和范畴之间的联系。通过理论饱和度检验后，探明我国城镇家庭能源的绿色消费态度行为缺口的原因。

5.2.1 文献回顾

从现有文献看，以往若干理论研究都指出人们的事由是行为潜在决定因素（Greve，2001）。原因如下：第一，以辩解为基础的决策制定理论声称人们利用理由作为采纳目标方案的支撑。个体捍卫备选方案的理由越多，越会对该方案充满信心（Pennington 等，1988）。第二，合理性理论主张合理性驱动行为，因为它不仅帮助个体校正和捍卫自身行动，且有助于提升或维护自我价值（Westaby，2005）。因此，当拥有正当理由支撑其预期行为时，个体会自我感觉良好。第三，先前理论研究发现个体利用正当理由支持所追求的具体目标（Bagozzi 等，2003），这种捍卫在推理过程中至关重要（Galotti，1989）。第四，基于功能理论对动机的研究明确地指出目的、计划和目标构成了合理性这一心理现象形成的基础（Clary 等，1998）。根据功能理论，若要改变行为首先要从处理合理性入手（Katz，1960）。第五，合理性的用处体现在它通过提供个体行为的因果性解释帮助他们理解自己所处的世界。基于以上论据，BRT理论假定个体经常寻找记忆中最具有正当和维护理由的行为选项。当这些行为的合理性被确认，个体便会信心十足地执行决策。

在BRT理论的预测模型中，合理性被界定为用来解释预期行为的特定的主观因素。依据合理性和行为先后顺序，合理性可以被划分为三种类型：①预期合理性，它们是未来导向性的；②共点合理性是指个体用来解释正在执行或当下未被执行行为的特定主观因素；③事后合理性可以被设想为个体已执行的或过去未被执行行为的特定主观因素。鉴于合理性是以感知为基础的现象，所以BRT理论假设其未必是个体执行潜在行为的最佳或客观原因。在这一点上，捍卫个人行为和避免心理失调需要，可能导致次优结果，甚至基于有偏见的、扭曲的或荒谬的推理引起不道德行为（ShaWr等，2002）。然而，即使个体合理性不足，BRT理论假设这些理由仍会驱动个体的非理性行为。合理性被进一步分为两个维度：采纳与拒绝预期行为的依据和理由。将动因区隔成两个分支得到了若干心理模型的支持（Roe等，2001）。这些相互对立的因素就像硬币正反面、收益和成本、促进者和约束条件/障碍物。

BRT模型借鉴了行为分阶段转变理论（Prochaska等，1994）、决策平衡理论（Janis等，1977）、成本效益模型（Carlson等，2002）、合理性理论（Westaby等，1996）、场论（Lewin，1951）、健康信念模型（Janz等，1984）以及一系列包含促进/约束条件的模型（Harrison等，1994）。BRT理论框架不同于亨茨伯格的（1966）的双因素模型，该模型假设以解释为基础的信息处理过程。BRT理论也并未支持保健因素和激励因素的区隔。BRT理论假设合理性（支持和反对行为的理由）的具体维度依据情境不同而各异。合理性概念的特色之一是其二分维度。具体而言，合理性不仅表示个体的正反方面和收益/成本，而且解释促进/限制理由。因此，合理性构念捕捉了整个行为解释集中大量的具体因素。

理论上，明确信念和合理性的不同至关重要。Fishbein等（1975）指出信念是关于个人世界某些可辨别方面的主观概论判断。可见，信念表示很多更宽泛形式的想法，而合理性仅聚焦于解释个体行为的认知。在行为理论模型中，信念表示个体的主观可能性，他的/她的行为将导致大量的结果，相比之下，合理性表示主观可能性，其中某一因素是个人行为解释集的一部分。信念和合理性也可以通过记忆中的时空定向加以区分。根据传统理论，行为信念利用当前条件对未来进行可能性评估（Fishbein 等，1975）。它们是面向未来的，即如果我现在致力于某种行为将导致某结果，有关主观规范和控制感的信念亦是如此。相反，合理性知觉可以将个体放置于未来的精神状态并通过评估现在对未来状态进行适当的归因。因此，它们可以从未来逆推到现在，即如果我将来致力于某种行为可能因为某一原因。合理性直接地展示了个体采取行为最强烈、最核心的原因，而信念和价值观不会作为个体行为的解释。

综上所述，合理性是与传统信念不同的心理概念。实证研究也支持了合理性概念的建构效度和累积性预测效度。研究显示个体对合理性量表的反应区别于期望价值和控制信念等传统信念量表。然而，在后续论述中合理性不是孤立存在的。价值观虽然是距离行为比较远端的心理变量，却是行为的基础性和根本性决定因素，它直接决定个体如何解读外界刺激以及如何诠释行为的依据。

5.2.2 研究设计

从以往研究看，学者们就绿色消费行为是理性的抑或是感性的行为过程尚未达成一致结论。虽然，少数学者创建了合理性的测量量表并进一步研究了其对新能源采纳行为的影响，但这些文献主要以西方居民为样本，测量合理性的问项相对而言比较简单。因此，为了深入研究我国家庭能源绿色消费的合理性，本书综合采用个人深度访谈（Depth Interview）和焦点小组访谈（Focus Group Interview）两种方法收集质性资料。理论分析过程主要以扎根理论（Ground Theory）为主导。Glaser 和 Strauss（1967）提出了扎根理论（Grounded Theory），是一种在经验资料基础上自下而上建构实质性理论的实证研究方法。

个人一对一深度访谈不仅能与被访谈对象进行深入的语言交流，而且还可以观察其表情和仪态等，进而深入洞察受访者进行家庭能源绿色消费的合理性。每个焦点小组的主持人都持有一份相同的访谈提纲，另一名辅助人员负责进行笔录和录音等工作。每个焦点小组通过主持人问题提示、头脑风暴和相互刺激等方式进行充分讨论，以便于更全面地揭示居民进行家庭能源绿色消费的原因，进而更好地寻求家庭能源绿色消费中态度行为缺口的形成原因。访谈提纲如表 5-1 所示。

表 5-1 访谈提纲

		主要内容
人口统计特征		性别、年龄、受教育程度、职业、家庭收入、家庭结构
访谈提纲	对家庭能源绿色消费行为的认识和态度	请谈谈您对家庭能源绿色消费看法？
		为什么进行家庭能源绿色消费行为？
		您觉得大家是否进行了家庭能源绿色消费行为？若有，请举例说明有哪些？若没有，也请举例说明他们的家庭能源消费行为是怎样的？
	家庭能源绿色消费行为的影响因素	您会在什么情况下参与家庭能源绿色消费？为什么？
		您选择进行家庭能源绿色消费行为的依据是什么？
		您拒绝进行家庭能源绿色消费行为的理由是什么？
		您觉得家庭能源绿色消费知易行难的原因何在？

鉴于扎根理论要求受访者对绿色消费有一定程度的认识，所以，样本中多数受访者的受教育程度是大专、本科及以上学历。从年龄结构看，半数以上的受访者的年龄介于 20~45 岁，他们是社会发展的中坚力量，不仅消费意识超前（比如，其中有些人可能已经是绿色消费者），也具有较强的消费能力。样本基本情况如表 5-2 所示。

表 5-2 受访者的描述性统计分析

性别	占比（%）	年龄（岁）	占比（%）	受教育程度	占比（%）
男	47.2	20~35	23.7	高中、中专及以下	22.9
女	52.8	36~45	27	大专	26.4
		46~55	25	本科	43.3
		56 岁以上	24.3	研究生及以上	7.4
职业	占比（%）	平均月收入（元）	占比（%）	家庭结构	占比（%）
政府人员	5.4	3000 以下	18	单身阶段	18
事业单位人员	16.5	3001~5000	45	新婚无子女	20.3
企业人员	57.8	5001~7000	25	夫妻有小孩	36.7
其他	20.3	7001 以上	12	三代同堂	25

这些受访者主要位于浙江、江苏和安徽的杭州、徐州、合肥以及淮南等城市（以控制区域差异）。这些都符合扎根理论对样本选取的要求（Krueger 等，2009；Mc Cracken 等，1988；Oberseder 等，2011）。个人一对一深度访谈

和焦点小组访谈都在2016年完成。其中，个人深度访谈进行了8次，每次访谈时间约为1小时，焦点小组访谈分4组，每组8人，每次讨论时间大约进行一个半小时左右。可见，样本选取具有较好代表性。

5.2.3 资料分析

本书利用扎根理论，通过开放式登录、轴心式登录和选择式登录三个程序对访谈资料进行探索性分析，挖掘我国城镇家庭能源绿色消费行为的采纳或拒绝理由。编码过程如图5-1所示。

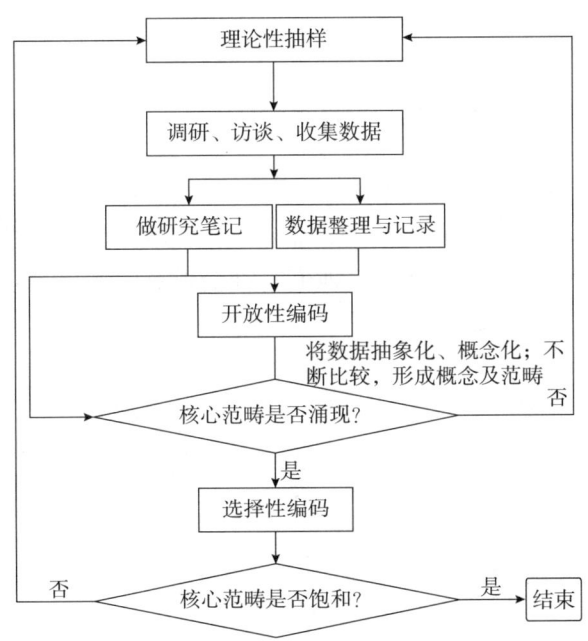

图5-1 基于扎根理论对绿色消费态度行为缺口成因的梳理过程

5.2.3.1 开放式登录

编码程序的第一个阶段是开放式登录。开放式登录也被称为一级编码，是指对原始访谈资料进行逐字逐句分析、编码标签和登录等实现初始的概念化与范畴化。为了尽可能客观反映我国城镇家庭能源绿色消费行为的采纳或拒绝理由，我们尽量使用被访谈对象的原话。本书在开放式登录的范畴化阶段总共提炼获得九十余条原始语句及相应的初始概念。由于初始概念繁杂重叠，因此，我们在范畴化时剔除出现频次极少的初始概念（频次低于2次），仅选择出现频次在 3 次以上的概念，最终获得 9 个范畴，即初步获得我国城镇家庭能源绿色消费行为的采纳或拒绝理由。开放式登录概念化与范畴化结果如表 5-3 所示。

表 5-3 开放式登录概念化与范畴化结果

初始概念	原始语句
动机范畴	我从小就养成了生活节俭的习惯，即使有钱也不浪费（潜意识行为）
	我不愿为节能牺牲生活的舒适度（非绿色动机）
	收入还不错，工作很辛苦，能源消费是必要的（物质主义）
	生活用能成本占家庭支出比重少，我平时不在意这个问题（经济条件好，不注意节约）
	我特别注意在家庭生活中进行节能行为（绿色动机）
	使用峰谷电不仅能节约资源，也能减少我的生活费用（复杂动机）
认知范畴	我感觉很多人都不清楚什么是绿色消费，不知道自然也就不会参与了（认知缺乏）
	中国地大物博，各类能源丰富取之不尽用之不竭（认知偏差）
	我觉得现在的资源浪费很严重，所以生活中节能行为很重要（危机意识）
	我不清楚家用电器待机的能耗量是多少（节能常识）
	想知道每天的用电情况但是不知道去哪儿查，怎么查？（节能常识）
	垃圾桶上应提供更加详细的垃圾分类信息（节能常识）
	我感觉日常生活节能有必要，但不清楚有哪些窍门（节能技巧）
行为效果感知	与高污染企业相比，我感觉个人节能行为效果很微弱（个人行为效果弱）
	我感觉节能冰箱比普通冰箱用电量少不了多少，所以没必要多付很多钱买节能冰箱（绿色产品节能效果弱）
	我不太确定新能源汽车是否比传统汽车环境效益更佳（绿色产品节能效果弱）
	我感觉日常生活中少用一次性筷子、餐盒和塑料袋等对环保的作用微乎其微（个人行为的社会影响很小）
情感范畴	小区里有专门收废品的人，感觉可以回收的塑料瓶等都会被捡走的（侥幸心理）
	我买了太阳能热水器，用了发现一点都不好用，还不如燃气和电力热水器（挫败感）
	家庭生活节能行为能为环保出了一份力，自己会感觉很开心（幸福感）
	想着那些资源匮乏的地区，我就自然而然想在生活中节能了（愧疚感）
	看了《穹顶之下》等类似影视节目，增加了不少环境忧虑（忧患感）
社会规范	政府一边倡导节能环保，一边刺激、鼓励消费，不知道应该增加消费，还是降低消费了（政府导向）
	绿色产品固然很好，但非绿色产品消费才是主流（社会舆情）
	解决环境问题需要大家共同努力，别人不进行节能消费行为，我也懒得做（参考群体）

续表

初始概念	原始语句
便利性	我也想买绿色产品啊,可我们这里没有地方买呀(营销渠道甚少)
	淘米、洗菜或洗衣服的生活废水再冲厕所是好,可是,在哪里储存呢(不方便)
	每天上下班就要花2个小时,还要接孩子、做饭、辅导孩子作业,没那么多少时间了解和挑选绿色产品(时间有限)
收入限制	收入水平有限,绿色产品太贵,买不起啊(收入限制)
	有机食品比较贵,长期消费才有效果。经常买,开销太大,索性一次也不买。(经济能力约束)
	绿色家电比传统家电贵很多,不知道多花钱的钱以后能不能省出来(绿色产品价格过高)
住宅特征及配套设施	现在都是商品房,我不能决定房子怎么盖,但可以购买环保材料进行房屋装修,追求环保(住宅特征)
	楼下没有分类的垃圾箱啊,即使做了分类,到楼下还是扔在一块儿(垃圾分类管理不完善)
	现在废旧家电,尤其废旧手机和电脑等的环境污染特别严重,但我不知道如何处理,只能随便找个地方扔了(缺乏回收通道)
干预策略	节能补贴等政策提高了我购买节能家电的积极性(经济刺激)
	如峰谷电等政府举措促进了我采取节能行为(经济刺激)
	我不会牺牲休息时间,在阶梯电价的低价时段使用家电(优先考虑生活品质)
	应该对破坏环境的人实行一定的惩罚(行政法规)

5.2.3.2 轴心式登录

根据前文所述,我们通过开放式登录对访谈资料进行抽象和提炼,获得9个范畴。为了进一步探究这些范畴之间的关系。我们又进行了轴心式登录,即通过语义、因果、时间、情境和相似等将开放式登录中得到的各个独立范畴进行有机关联。最终形成2个主范畴。我们通过轴心式登录获得的2个主范畴及其对应的子范畴结果如表5-4所示。

5.2.3.3 选择式登录

在轴心式登录阶段,我国家庭能源绿色消费的采纳理由和拒绝理由两个主范畴已经形成。在选择式登录阶段,我们进一步系统地处理这两个主范畴之间的关联,通过建立它们与其他范畴之间的链接来呈现某种脉络关系,而最终获得的这种脉络关系即为研究结论。本书主范畴的典型关系结构如表5-5所示。

表 5-4 轴心式登录形成的主范畴

主范畴（绿色消费的合理性）	子范畴（家庭特征、结构性条件和情境因素）	关系内涵
采纳理由	绿色动机	持有绿色动机的个体更倾向于形成采纳绿色消费行为的理由
	绿色认知	个体的绿色认知越强，越倾向于形成采纳绿色消费行为的理由
	行为效果感知	个体行为效果感知越强，越倾向于采纳绿色消费行为的理由
	情感	个体越热爱环境，越倾向于采纳绿色消费行为的理由
	收入限制	相对而言，高收入水平更容易形成采纳绿色消费行为的理由
	住宅特征及配套设施	住宅的绿色化程度越高，相关配套设施越完善，个体越容易形成采纳绿色消费行为的理由
	社会规范	有关绿色消费的社会规范越强，个体越倾向于形成采纳绿色消费行为的理由
	便利性	便利性越强，个体越倾向于采纳绿色消费行为的理由
	干预策略	干预策略有利于个体形成采纳绿色消费行为的理由
拒绝理由	非绿色动机	持有非绿色动机的个体更倾向于形成拒绝绿色消费行为的理由
	非绿色认知	个体的绿色认知越弱，越倾向于形成拒绝绿色消费行为的理由
	行为效果感知	个体行为效果感知越弱，越倾向于拒绝绿色消费行为的理由
	情感	个体越不热爱环境，越倾向于拒绝绿色消费行为的理由
	收入限制	相对而言，低收入水平更容易形成拒绝绿色消费行为的理由
	住宅特征及配套设施	住宅的绿色化程度越低，相关配套设施越不完善，个体越容易形成拒绝绿色消费行为的理由
	社会规范	有关绿色消费的社会规范越弱，个体越倾向于形成拒绝绿色消费行为的理由
	便利性	便利性越弱，个体越倾向于拒绝绿色消费行为的理由
	干预策略	相对而言，没有干预策略介入，个体更容易形成拒绝绿色消费行为的理由

表 5-5 主范畴的典型关系结构

典型结构关系	关系结构内涵
采纳理由 ↓ 绿色消费态度 → 绿色消费行为	居民以家庭特征、结构性条件和情境因素为基础形成我国家庭能源绿色消费的采纳理由，这一采纳合理性既调节家庭能源消费中绿色消费态度转化为绿色消费行为的程度，又直接影响行为

续表

典型结构关系	关系结构内涵
拒绝理由 ↓ 绿色消费态度——→绿色消费行为	居民以家庭特征、结构性条件和情境因素为基础形成我国家庭能源绿色消费的拒绝理由，这一拒绝合理性既调节家庭能源消费中绿色消费态度转化为绿色消费行为的程度，又直接影响行为

5.2.3.4 理论饱和度检验

为了检查访谈资料中的范畴是否已经发展得足够丰富，是否还能发现各主范畴之间新的重要关系，各个主范畴内部是否还能发现新的构成因子，本书将剩余的四分之一访谈记录进行了理论饱和度检验，结果表明，未发现有新的范畴或形成新的关系，2个主范畴内部也未发现新的构成因子，可以认定本书模型达到理论饱和。

5.2.4 研究结论

家庭能源绿色消费行为影响因素界定一直是学者们关注的焦点。Santin等（2009）以荷兰居民为研究对象研究发现住宅特征（面积、结构、位置等）比家庭成员年龄、教育水平等对家庭能源绿色消费行为影响更显著。Groot等（2008）根据行为特征将家庭能源消费分为四种类型：①安逸型，居民仅关心舒适，不顾成本和环保等；②折中型，居民关心舒适，但顾及成本和环保等；③成本导向型，居民为降低成本节约能源；④环保导向型，环保意识被用来进行评估能源绩效，偏好选择绿色能源。Paauw等（2009）以80个荷兰家庭为样本基于照明、洗熨、洗碗、制冷、小家电、炊事等活动将家庭能源消费行为分为五种类型。高然等（2015）研究发现收入水平和居住面积影响居民家用电器类型的购买和使用行为，进而形成不同的生活方式，最终导致家庭能耗的不同。

本书从我国家庭能源绿色消费发展现状出发，根据国内外绿色消费相关研究文献，对城镇家庭能源的绿色消费驱动/障碍因素进行了细致分析，通过采用个人深度访谈和焦点小组访谈两种方法对其驱动/障碍因素进行调研，运用调研的指标数据，运用扎根理论研究方法提炼我国城镇家庭能源的绿色消费的驱动/障碍因素，并进一步确定它们与绿色家庭能源采纳/拒绝的关系。本书通过扎根理论挖掘我国城镇家庭能源绿色消费行为中的合理性，研究发现家庭能源绿色消费行为的影响因素包括：家庭特征、结构性条件和情境因素，以此为基础形成居民采纳与拒绝节能行为的理由。这些理由共同构成了我国家庭能源绿色消费行为现状的合理性解释。其中，合理性是指绿色家庭能源采纳和拒绝理由。具体而言，居民基于对驱动因素感知形成家庭能源绿色消费的采纳理由，基于对障碍因素的感知形成居民拒绝家庭能源绿色消费的拒绝理由。行为的合理性是一个情境性变量，它因环境不同而各异。比如，我国城镇家庭在住宅设计与开发过程中的影响力有限，但住宅的内部装修的主观能动性较强。随着人们环保意识提高，阿里巴巴研究院（2016）研究发现网络购物中绿色产品的占比已超过20%。其中，以绿色家庭装修、装饰材料和绿色家具等为主。

我国家庭能源绿色消费的影响因素既包括驱动因素，又包括阻碍因素。驱动因素促进绿色消费态度行为的一致性，阻碍因素导致绿色消费态度行为缺口。因此，只有对驱动因素和阻碍因素进行区别研究，并在实践中有针对性地强化促进因素，减少阻碍因素，才能解决绿色产品或服务"叫好不叫座"的难题。鉴于学界以往对驱动绿色消费的因素研究比较丰富，加之，有学者研究发现消极因素比积极因素更能激发人们的注意力、情绪和行为意向等。所以，本书将更着重提炼阻碍我国城镇家庭能源的绿色消费的因素，并进一步确定驱动因素如何促成消费者采纳绿色家庭能源的理由，障碍因素如何促成消费者拒绝绿色家庭能源的理由。节能行为的采纳和拒绝理由共同构成我国家庭能源绿色消费行为的合理性解释。而采纳理由会通过态度的中介作用间接正向地影响绿色消费行为，拒绝理由则由于心理捷径直接负向地影响绿色消费行为，二者的不协调共存导致我国家庭能源的绿色消费态度行为缺口。

5.3 我国城镇家庭能源绿色消费态度行为缺口机理的实证研究

5.3.1 研究背景

在全球资源限制和气候变化的背景下，绿色消费不仅是实现节能减排的关键环节，而且是全球十大消费趋势之一（Olsen等，2014）。消费者是驱动绿色消费的关键因素，学界呼吁消费者要积极实施绿色行为。绿色消费是指消费者在意识到环境问题之后，兼顾实现购买目的和减少环境破坏的消费行为，是一种适度的、可持续的生态消费模型（陈凯等，2014）。在全球共同应对生态危机的背景下，越来越多的消费者生态意识开始觉醒，并对绿色消费持积极态度。然而消费者对绿色产品的积极态度却很难从其实际行为中反映出来。比如，虽然生态意识觉醒较早，2010年美国和欧盟混合动力汽车的市场份额依然偏低，仅为2.4%和0.6%（Tobias，2014）。消费者对绿色产品积极态度和实际消费行为之间的不一致通常被称为"态度行为缺口"（Peattie，2001）。绿色消费知易行难的现状不被妥善解决，将会阻碍可持续发展的进程。

5.3.2 文献回顾

Ajzen 计划行为理论是在探索绿色消费态度与行为关系时被使用和修正最多的模型。根据计划行为理论，消费者的态度对其行为意向具有直接且正向的影响。然而理论研究和实践经验都发现绿色消费态度和行为意向的关系较弱。这表明绿色消费的态度行为缺口很难再用传统理性行为理论进行解释（Claudy等，2013）。如前文所述，哥伦比亚大学学者Westaby（2005）通过在传统理性行为理论中引入行为合理性的概念提出了行为推理理论（Behavior Reasoning Theory，BRT），其中，合理性（Reasons）是帮助个体采纳或拒绝特定行为的理由。从现有文献看，学者们多研究绿色消费采纳理由而非拒绝理由。Westaby等研究指出虽然绿色消费采纳理由和拒绝理由性质相异，但它们以不同方式共同影响着绿色消费。鉴于传统的行为理论模型不能将绿色消费采纳理由和拒绝理由进行整合研究，本书基于BRT理论将二者有机整合在一个理论模型下，构建绿色消费的影响机制模型，对个体绿色消费产生机理进行研究。这不仅有利于揭示绿色消费态度行为缺口形成的原因，而且拓展了传统的理性行为理论。

从造成绿色消费态度行为缺口原因来看，学者们主要从促进绿色消费模型转变角度，从外部环境因素角度和个体心理角度进行了剖析，如面子意识、参考群体、绿色消费模型构建的障碍因素、价格和信息沟通因素、政策与文化环境因素和社会困境等（徐盛国等，2014）。根据BRT理论，行为的合理性在个体的价值观、态度、行为意向和行为之间起桥梁和衔接的作用。其中，合理性是帮助个体采纳或拒绝行为的依据，消费者通常期望寻找最强劲的理由提升或维护预期行为。就绿色消费而言，行为的合理性包括行为采纳的理由和行为拒绝的理由，二者以相异的方式共同影响绿色消费。个体在特定情境下对某类行为持有的价值观是行为的基础，个体如何加工和价值观有关的信息将直接影响其如何解释自身行为的合理性，一旦个体怀有强烈的采纳某类行为的理由，也就会对这一行为选择产生积极的态度和行为意向。本书通过归纳以往研究发现，驱动因素形成的绿色消费行为采纳理由和障碍因素导致的绿色消费行为拒绝理由共同构成我国家庭能源绿色消费行为的合理性解释，并且主张采纳理由会通过态度的中介作用间接正向地影响绿色消费行为，拒绝理由则由于心理捷径直接负向地影响绿色消费行为，二者的不协调共存导致我国家庭能源的绿色消费态度行为缺口。从现有文献看，已经有些学者利用 BRT 理论研究了企业领导的决策机制、家长式领导对员工变革准备的影响和太阳能面板采纳过程（Claudy 等，2013）。

5.3.3 概念模型及研究假设

如前文所述，BRT 理论将个体的价值观、行为合理性、行为动机与行为意向有机整合起来，更重要的是，该理论能将绿色消费采纳理由和拒绝理由融合在一个模型框架下，这不仅有利于揭示个体绿色消费产生机理，而且有利于理解态度行为缺口形成的原因。根据 BRT 理论，绿色消费态度是绿色消费意向的主要预测因子（H1）。消费者在面临采纳/拒绝绿色消费的理由时，绿色消费价值观是执行绿色消费的基础，个体如何加工和绿色消费价值观有关的信息将直接影响其如何解释自身绿色消费的合理性（H4a，H4b），一旦个体怀有强烈的采纳/拒绝绿色消费的理由，也就会对这一行为选择产生积极的/消极的态度（H2a，H2b）和行为意向（H3a，H3b）。最后，由于追求心理捷径，价值观会直接影响绿色消费态度（H5）。基于 BRT 理论的绿色消费态度行为缺口研究模型如图 5-2 所示。下面我们将更具体地讨论这些关系。

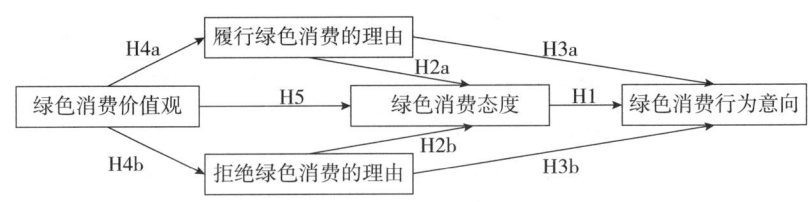

图 5-2 基于行为推理理论的绿色消费影响机制模型

5.3.3.1 绿色消费态度和行为意向

Ajzen（1991）研究发现态度是行为意向最稳健的预测因子。Westaby（2005）指出态度、主观规范和控制感都属于综合动机，其中，态度对行为意向具有良好的预测效度。由于行为意向良好的预测效度，所以经常被应用于消费者行为研究。Westaby 等（2005）研究发现意向性和目标追求在行为形成中起到至关重要的作用。换言之，消费者越打算采纳某个产品，他们将来越可能实际购买和使用它。由于行为意向作为行为最稳健的预测因子已得到学界广泛认同，即消费者行为是行为意向的具体执行和行动，因此，本书将绿色消费意向操作为绿色消费的代理变量。大量学者研究证实消费者越对绿色产品持积极态度，越可能形成绿色消费意向并最终实施绿色消费。比如，Claudy 等（2013）指出积极态度显著提高了美国家庭绿色能源的消费行为意向；积极态度是瑞典家庭绿色电力购买最重要的预测因子；积极态度对澳大利亚家庭绿色电力消费具有显著影响；积极态度提高了英国居民绿色电力的支付意向。基于以上分析，我们做出如下假设：

H1：积极绿色消费态度正向影响绿色消费意向。

5.3.3.2 绿色消费的合理性、态度和行为意向

BRT 理论和传统行为理论模型的关键区别在于将合理性作为行为决策的预测因子，其中合理性是指消费者采纳或拒绝预期行为的依据和理由。就绿色消费而言，情境化的合理性包括采纳绿色消费的理由和拒绝绿色消费的理由，是态度和行为意向的重要预测因子。从狭义来看，合理性与意义建构、心理一致性或功能推理等心理概念有关。从广义来看，合理性是消费者从现有社会文化、价值观和行为规范中选择解释自己购买决策的理由。换言之，消费者采纳/拒绝绿色消费的理由最可能受政府、媒体和研究机构等利益相关者影响。比如，我国 2003 年颁布实施的《中华人民共和国政府采购法》明确规定了政府应优先采购绿色环保产品。2006 年《环境标志产品政府采购实施意见》和《环境标志产品政府采购清单》等政策法规也陆续出台，这些政策信号为消费者购买绿色产品提供了信心和理由。可见，当拥有强劲的理由维护/拒绝其绿色消费时，消费者也会对绿色产品持有积极/消极态度。基于以上分析，我们做出如下假设：

H2a：消费者采纳绿色消费的理由正向影响其绿色消费态度；

H2b：消费者拒绝绿色消费的理由负向影响其绿色消费态度。

另外，Westaby（2005）研究发现合理性也会跳过态度的中介作用，直接影响行为意向。这一直接影响源于消费者追求心理捷径的结果（Tversky 等，1974）。态度代表个人的好恶，而合理性是其采纳特定产品与否的理由。消费者也许没有彻底地想清楚对绿色产品的看法，而直接将具体理由作为采纳绿色产品与否的依据。比如，虽然对绿色产品持积极态度，但价格过高是大部分消费者拒绝绿色产品购买最主要的理由。基于以上分析，我们做出如下假设：

H3a：消费者采纳绿色消费的理由直接且正向影响绿色消费意向；

H3b：消费者拒绝绿色消费的理由直接且负向影响绿色消费意向。

5.3.3.3 绿色消费价值观、合理性和态度

绿色消费价值观是指个体通过购买和消费行为表达其环保主张的倾向（Haws 等，2014）。根据 BRT 理论，个体在特定情境下对某类行为持有的价值观是行为的基础，个人价值观将直接影响其如何解释自身行为的合理性。史华兹的 VBN 理论也主张消费者在行为前会激活价值观等认知过程。部分学者研究发现个人价值观与新产品采纳正相关。比如，消费者若认为转基因食品会危害健康，就会拒绝消费它；反之亦反。绿色价值观反映了消费者对绿色产品总的看法，而合理性是其采纳/拒绝绿色产品与否的理由。可见，绿色消费价值观直接影响预期行为的推理，因此我们做出如下假设：

H4a：绿色消费价值观正向影响消费者采纳绿色消费的理由；

H4b：绿色消费价值观负向影响消费者拒绝绿色消费的理由。

由于利用不同的心理路径进行行为决策，所以，价值观也会直接影响消费态度。Tversky 等（1974）也指出价值观和态度的直接联系源于消费者追求心理捷径和信息简化，即绿色消费价值观跳过行为推理过程，直接影响态度。基于以上分析，我们做出如下假设：

H5：绿色消费价值观直接且正向影响绿色消费态度。

最后，学者们研究发现人口统计变量对绿色消费有一定的影响，但并不显著，不能与其他因素相提并论。因此，我们将人口统计变量作为控制变量，并未做出任何假设。

5.3.4 实证分析

5.3.4.1 问卷设计与调研

为了让被调查对象更容易理解绿色消费的概念，本书将绿色消费具体化

为新能源汽车消费,这主要是因为新能源汽车具有明显的正外部性特征,消费者在购买新能源汽车时一般都会考虑其环境和经济条件的约束。随着油价不断攀升和生态经济的要求,新能源汽车因其低污染、高效率而成为汽车产业一个重要的发展方向。根据《节能与新能源汽车产业发展规划》的要求,我国汽车业实现跨越式发展将主要依靠新能源汽车。因此,新能源汽车消费是一种非常典型的绿色消费(何伟怡等,2015)。

关于绿色消费相关的测量量表,本书借鉴了以往研究文献中使用的量表。如对绿色消费价值观(X11,X12,X13,X14,X15,X16)的测量参考 Haws 等研究中使用的量表;对行为合理性(X21,X22,X23,X24,X25,X26)的测量借鉴 Claudy 等研究中使用的量表;对绿色消费态度(X31,X32,X33)和行为意向(X41,X42,X43)的测量借鉴劳可夫研究中使用的量表。为了界定绿色消费行为的合理性,将其分为:履行绿色消费的理由(经济收益、环境收益、独立收益)和拒绝绿色消费的理由(成本障碍、风险障碍、兼容障碍),具体表现特征见表 5-6 中的问项。本书中所有条目都采用五分制李克特量表,并根据研究需要对以上量表进行了适当修正,如表 5-6 所示。

表 5-6 绿色消费相关的测量量表

潜在变量	问项	潜在变量	问项
绿色消费价值观	X11:使用环境友好型产品对我很重要	行为合理	X24:新能源汽车的价格偏高
	X12:我会考虑自己行为对环境的潜在影响		X25:新能源汽车续程条件不足
	X13:我的购买习惯受自己的环保意识影响		X26:新能源汽车的性能不够稳定和可靠
	X14:我为资源浪费而担忧	绿色消费态度	X31:我觉得购买新能源汽车是明智的选择
	X15:我感觉自己具有环保责任		X32:我觉得购买新能源汽车对大家都有利
	X16:我愿为环境友好行为额外付出		X33:我觉得应该尽力推广使用新能源汽车
行为合理性	X21:新能源汽车的使用成本比较低	行为意向	X41:我愿意搜集和学习新能源汽车信息
	X22:新能源汽车消费能缓解环境污染		X42:我愿意推荐我的亲友购买新能源汽车
	X23:新能源汽车能降低对石油的依赖		X43:若购买汽车,我将选择新能源汽车

家庭能源绿色消费行为研究的难点之一是数据采集困难。早期研究样本往往局限于特定区域的少量用户(一般不足 20 户)(Abreu 等,2012),因此,研究结论说服力不够。互联网普及可以大幅度增加调研的覆盖面。因此,本书采取的是网络调研,主要通过 QQ、微信和电子邮箱等通信软件邀请网民

填写调查问卷,共成功收回有效问卷 325 份。鉴于以往研究结果发现人口统计变量与消费者绿色消费的关系并不显著,所以,本书未对样本的年龄和性别等进行详细细分。年龄在 30~60 岁的人数为 285 人,占总样本人数的 88%,其他年龄的人数占总样本的 12%;男性人数为 172 人,占总样本人数的 53%。调研目标主要是询问支持和反对新能源汽车的理由、绿色消费态度以及购买意向。

5.3.4.2 数据检验和模型拟合

(1)探索性因子分析。首先,我们通过探索性因子分析来评估测量模型的性能。表 5-7 显示了均值、方差以及最低标准因子载荷。对角线显示的是克朗巴哈系数和平均提取方差值(AVE)。研究结果证明量表具有很好的测量效度,克朗巴哈系数都超过临界值 0.7。探索性因子分析结果显示所有因子载荷在 p=0.05 时显著,超过临界点 0.5。交叉旋转后,没有因子被删除。拟合统计结果很好说明量表的信度和效度良好。

表 5-7 因子分析的结果

		1	2	3	4	5	6	7	8	9
1.	行为意向	0.92								
2.	绿色态度	0.36	0.83							
3.	环境收益	0.15	0.53	0.84						
4.	独立收益	0.17	0.45	0.62	0.84					
5.	经济收益	0.26	0.62	0.74	0.62	0.84				
6.	成本障碍	-0.20	-0.08	-0.05	-0.04	-0.02	0.86			
7.	兼容障碍	-0.22	-0.20	-0.23	-0.06	-0.20	0.31	0.77		
8.	风险障碍	-0.16	-0.23	-0.06	-0.06	-0.07	0.24	0.31	0.83	
9.	绿色价值观	0.18	0.47	0.50	0.40	0.48	0.01	-0.27	-0.10	0.86
	均值	1.52	3.66	4.07	3.34	3.60	3.63	2.72	3.28	3.75
	方差	1.38	1.95	1.65	1.87	1.81	2.12	2.08	1.65	1.66
最低标准因子载荷		0.90	0.72	0.90	0.70	0.79	0.84	0.58	0.73	0.81

进一步说,AVE 超过临界值 0.5,表明量表具有收敛效度。为了更彻底地检验潜变量的区辨效度,我们进行了三个的常规检验,通过计算发现:第一,潜变量之间的相关系数的 95% 置信区间都明显小于 1.0;第二,采用竞争

模型比较法发现，两个模型卡方改变量除以自由度该变量在 P=0.05 时统计上显著；第三，采用平均变异萃取量比较法发现，两个变量平均变异萃取量的平均值大于两个潜在变量相关关系数平方。以上检验充分证明潜变量具有区辨效度。

（2）模型拟合和假设检验。拟合度检验是对已制作好的预测模型进行检验，比较它们的预测结果与实际发生情况的吻合程度，主要是通过拟合指标的参数来检验理论模型。本书应用 AMOS18.0 软件对基于 BRT 理论的绿色消费影响机制模型进行拟合检验，将调研指标数据调入软件，经过拟合修正后得到，模型的总体卡方值（CMIN）为 516.80，自由度（DF）为 323，卡方检验值（CMIN/DF）为 1.60，比较拟合指数（CFI）为 0.96，相对拟合指数（TLI）为 0.95，近似均方根误差（RMSEA）为 0.04。模型的各项拟合检验结果如表 5-8 所示。可见，该模型拟合良好，结构较为合理，属于进行研究的范畴。

表 5-8　模型的拟合指数

拟合指数	可接受值	测定值
CMIN/DF	小于 3.00	1.60
CFI	大于 0.90	0.96
TLI	大于 0.90	0.95
RMSEA	小于 0.08	0.04

5.3.4.3　结果讨论

本书通过结构方程模型和 AMOS18.0 对以上关于个人绿色消费价值观、合理性、绿色消费态度和绿色消费意向的研究假设进行检验。基于行为推理理论构建的结构方程模型中变量间的路径系数如图 5-3 所示。

总的来说，研究结果基本支持了本书中提出的模型。具体地，绿色消费态度对绿色消费意向具有显著影响（0.27；p<0.01），为 H1 提供支持。采纳绿色消费的理由对消费者态度具有积极影响（0.72；p<0.01），但当 P=0.05 统计上显著时，其对绿色消费意向没有影响，研究结果支持 H2a，未支持 H3a。导致以上现象的原因也许在于锁定效应。BRT 假设消费者会利用不同心理过程或路径进行消费决策。根据心理一致性理论，当绿色消费的促进理由主导消费者心理时，消费者会尽力寻找依据来捍卫即将发生的购买决策，为

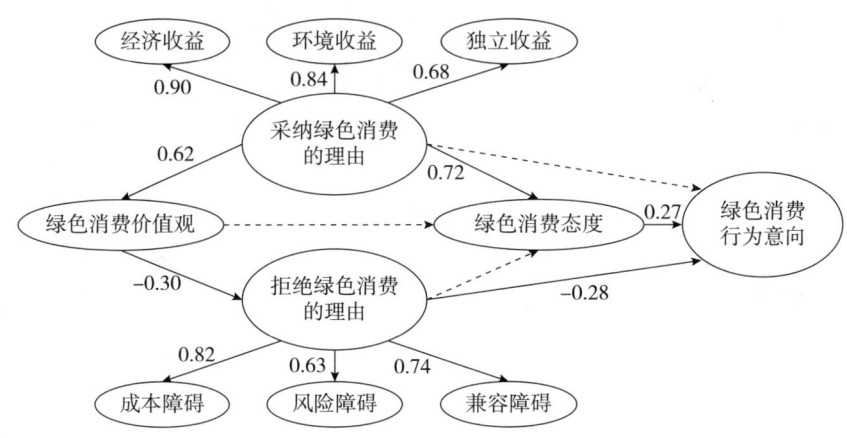

图 5-3　基于行为推理理论的绿色消费影响因素间的路径系数

了减少认知失调，阻碍绿色消费的理由就会被忽略或弱化。当情境因素有利于采纳绿色消费时，绿色消费态度则会在绿色消费采纳理由和绿色行为意向之间起中介作用。

此外，研究发现拒绝绿色消费的理由消极地影响绿色消费意向（-0.28；p<0.01），但对绿色消费态度没有影响，研究结果支持 H3b，未支持 H2b。研究结果说明，虽然积极的绿色消费态度会促发绿色消费，但情境因素也会强烈的影响消费者的态度，即绿色消费是个人因素和情境因素综合作用的结果。当消费者面临成本障碍、风险障碍和兼容障碍等情境因素的限制时，态度对绿色消费的激发作用也就微乎其微了。换言之，由于追求心理捷径消费者进入单一理由决策模型，拒绝绿色消费的理由会直接对绿色消费意向产生影响，而没有通过态度。绿色消费价值观显著强化了采纳绿色消费的理由（0.62；p<0.01）和拒绝绿色消费的理由（-0.30；p<0.01），这些研究结果为 H4a 和 H4b 提供了支持。最后，研究未发现绿色消费价值观对绿色消费态度的影响，这样 H5 未得到支持。这与先前学者研究结论一致，即虽然消费者的某些价值观与绿色消费相关，但是相关度却很微弱。最后，我们检验了性别和年龄等人口统计变量的调节作用。然而，来自多群体的分析结果和卡方检验未证实这些变量的调节作用。

5.3.5　研究结论

国内外学者基于传统理性行为模型，就绿色消费态度对绿色行为意向影响显著与否并未达成一致结论。绿色消费正外部性使得绿色消费态度和绿色行为意向的关系变得非常不确定，如消费者拒绝采纳绿色消费的理由也许是因为自己为绿色产品支付高价却没有得到相应的好处。BRT 理论将行为的合理性作为外部性的替代变量，弥补了传统行为理论模型的不足。此外，BRT 理论隐含的关键假设是消费者会利用不同心理过程或路径进行消费决策。BRT 理论为研究绿色消费态度和绿色行为意向不一致提供可行的理论框架。从理论意义看，本书不仅扩展了以往传统行为意向理论的研究，而且有助于启发政府和企业设计绿色消费态度行为缺口修复对策，并将为探索生态启蒙运动对绿色消费的驱动作用提供理论依据。从实践意义看，本书有助于政府和企业通过三个途径修复绿色产品消费的态度行为缺口：①通过提高绿色产品的性价比和政府补贴提升消费者采纳绿色消费理由；②弱化拒绝绿色消费的理由；③价值观是行为的基础，有效的营销传播持续强化绿色消费观念，最终实现通过绿色消费驱动环境保护的目标。

本书的研究局限性为未来研究提供了方向。首先，本次实证研究仅探索性地研究了新能源汽车的消费行为，未来研究可将行为推理理论应用于绿色家用电器等进行实证研究。其次，本书仅研究了绿色消费价值观对绿色消费的影响，未来应该研究仁慈和成就等个人价值观对绿色消费合理性和态度的影响。最后，创新性和多样化寻求等个性特征对绿色消费合理性、态度和行为意向的调节作用也是未来研究方向。

5.4 本章小结

本章首先在分析绿色消费态度行为缺口成因的基础上，引入了一个新的行为理论：行为推理理论，并介绍了其主要内容。其次，运用扎根理论中的开放式登录、轴心式登录、选择式登录技术探析我国城镇家庭能源的绿色消费态度行为缺口的原因。最后，针对绿色消费态度行为不一致的问题，本书基于行为推理理论对我国家庭能源绿色消费态度行为缺口的影响机制进行了实证研究。对每个部分内容的具体小结如下：

5.4.1 绿色消费态度行为缺口成因机理理论研究小结

为了从理论上解开绿色消费态度行为不一致之谜，本书对国内外相关文献进行了系统梳理，为后面章节的实证研究奠定了坚实的基础。若能克服已有研究尚存在的不足，则有利于促进绿色消费态度向绿色消费行为的转化。

5.4.1.1 绿色消费决策黑箱有待进一步揭秘

决策科学中最重要的目标之一就是探寻行为的根本性决定因素。以往的行为理论模型极大地推进了有关行为决定因素的理解。修复态度行为缺口依赖于揭秘绿色消费决策黑箱。未来应进一步探究绿色消费行为决策模型及其影响因素。从行为决策模型看，Peattie（2010）指出传统行为意向理论模型无法解释绿色消费态度行为缺口存在的原因。因此，本书引入了一个新的行为理论：行为推理理论。该理论首要的理论命题是合理性在价值观、综合动机（主要包括：态度、主观规范和感知行为控制）、行为意向、行为之间起衔接和桥梁的作用。行为推理理论的创新之处在于引入了合理性（Reasons）概念，它不仅是帮助个人采纳或拒绝特定行为的情境化理由，也是行为的根本性决定因素（Westaby，2005）。行为推理理论已被应用于绿色消费行为研究，且合理性对后续行为的影响效应得到了稳健支持（Claudy等 2014；王建国等，2016）。从影响因素看，未来应对影响绿色消费态度行为关系的变量进行更加科学详尽的细分，进一步挖掘情感、合理性、动机、意向等深层次变量如何与态度协同影响绿色消费行为。比如，夏天生（2017）发现面子意识与人们对绿色产品的外显态度显著相关，但外显态度与后续行为不显著相关；内隐态度较少受到面子意识等因素影响，对绿色消费行为具有更好的预测效度。这为绿色消费态度行为缺口提供了可能的解释。

5.4.1.2 绿色消费中情境变量的作用亟待挖掘

消费者行为除受到自身和刺激物的影响外，还受到消费发生时所处情境的影响。情境变量不仅会影响消费者的情绪，且是个体行为的基础。比如，私下场合绿色消费态度行为一致性较高；而公共场合绿色消费态度行为一致性较低（Antonetti等，2015）。虽然，少数学者已研究发现道家价值观、"天人合一"价值观和集体主义价值观都正向影响绿色消费态度及其行为（Chan，2001；王建明等，2016）。但从现有文献看，学者们甚少研究具体的情境因素对绿色消费的影响（比如，时间压力、温度、情绪、背景音乐、购物场所的拥挤程度、购物场所的混乱程度、产品包装的颜色等）。中国是高文化语境社会，情境变量对绿色消费行为的影响较西方国家更甚，因此，只有将消费者放在具体情境中考察，对情境变量的作用（特别是调节作用）进行深入探索，将绿色消费者作为真实、复杂的人进行研究才能提升绿色消费态度行为的一致性。

5.4.1.3 补偿性绿色消费的形成机理有待进一步发展

绿色消费的正外部性是指消费者为绿色产品支付高价却让整个社会普遍受益。由此导致的绿色消费态度行为缺口修复需要建立对消费者的补偿机制。传统研究比较侧重于对绿色消费的经济利益补偿，相对忽视了心理补偿。从心理补偿的视角看，绿色消费有利于个体展示自我和获取面子，进而赢得良好的社会声誉。因此，心理补偿可能是部分消费者进行绿色消费的重要原因。从情感补偿的视角看，个体选购绿色产品由于"赠人玫瑰，手留余香"会更快乐，且适当降低消费量也能提升个体的健康幸福水平。以往有关绿色消费态度行为缺口的研究主要聚焦于拒绝绿色产品的消费者，而相对忽略了已购买绿色产品的消费者。虽然，这部分消费者进行绿色消费是因为快乐和社会声誉的补偿效应，但如何科学界定心理性补偿变量，它们又是如何与态度、动机和意向等变量交互影响，并协同作用于绿色消费行为，最终形成心理补偿机理仍需进一步探索。从情绪补偿的角度看，未来可以深入研究快乐、敬畏感和移情等对绿色消费行为的补偿机理。

5.4.2 我国城镇家庭能源绿色消费态度行为缺口成因质性研究的小结

从现有文献看，学者们就绿色消费行为是理性的抑或是感性的行为过程尚未达成一致结论。虽然，少数学者创建了合理性的测量量表并进一步研究了其对新能源采纳行为的影响，但这些文献主要以西方居民为样本，测量合理性的问项相对比较简单。因此，为挖掘我国城镇家庭能源的绿色消费态度行为缺口的成因，本书选取杭州、徐州、合肥和淮南等城市的居民为访谈对象，采用个人一对一深度访谈和焦点小组访谈相结合的质性调查技术获得我国城镇家庭能源的绿色消费的第一手访谈资料。通过分析、整理、归纳和概括文本资料，运用扎根理论中的开放式登录、轴心式登录和选择式登录提炼初始概念和范畴，挖掘概念和范畴之间的联系。通过理论饱和度检验后，探明我国城镇家庭能源绿色消费态度行为缺口的成因。研究发现家庭能源绿色消费行为的影响因素包括：家庭特征、结构性条件和情境因素，以此为基础形成居民采纳与拒绝节能行为的理由。这些理由共同构成了我国家庭能源绿色消费行为现状的合理性解释。

我国家庭能源绿色消费的影响因素既包括驱动因素，又包括阻碍因素。驱动因素促进绿色消费态度行为的一致性，阻碍因素导致绿色消费态度行为缺口。因此，只有对驱动因素和阻碍因素进行区别研究，并在实践中有针对性地强化促进因素，减少阻碍因素，才能解决绿色产品或服务"叫好不叫座"的难题。鉴于学界以往对驱动绿色消费的因素研究比较丰富，加之，有学者研究发现消极因素比积极因素更能激发人们的注意力、情绪和行为意向等。所以，本书将更着重提炼阻碍城镇家庭能源的绿色消费的因素，并进一步确定驱动因素如何促成消费者采纳绿色家庭能源的理由，障碍因素如何促成消费者拒绝绿色家庭能源的理由。节能行为的采纳和拒绝理由共同构成我国家庭能源绿色消费行为的合理性解释。而采纳理由会通过态度的中介作用间接正向地影响绿色消费行为，拒绝理由则由于心理捷径直接负向地影响绿色消费行为，二者的不协调共存导致我国家庭能源的绿色消费态度行为缺口。

5.4.3 我国家庭能源绿色消费态度行为缺口形成机理实证研究的小结

绿色消费是实现可持续发展的关键环节，而消费者是实施绿色消费的关键。随着生态意识逐渐提高，消费者对绿色产品的积极态度却很难从其行为中反映出来。针对绿色消费态度行为不一致的问题，本书基于行为推理理论对绿色消费态度行为缺口的形成机理进行了实证研究，结果发现绿色消费态度对绿色消费行为意向影响显著，绿色价值观对绿色消费行为意向影响并不显著，情境因素在行为合理性、态度和绿色消费行为意向的关系中起调节作用，绿色消费的采纳理由促成积极的绿色消费态度，绿色消费的拒绝理由导致绿色消费行为拒绝，二者不协调共存导致了绿色消费态度行为缺口。本书不仅拓展了传统的理性行为理论，而且能为政府和企业设计绿色消费态度行为缺口修复对策提供参考。

结合我国城镇家庭能源的绿色消费态度行为缺口及修复策略研究这一研究主题，我们提出三种基本观点：第一，城镇家庭能源绿色消费态度行为缺口形成的根本原因是居民个体理性人和社会人的冲突。理性人主要关注个体绿色消费所付出的成本，社会人则主要关注绿色消费的正外部效应。归根结底，个体是有限理性的，是理性与感性交织的复杂人。第二，合理性是本课题的研究焦点与核心内容。鉴于合理性的主观性，因此能够通过外部干预措施进行塑造。一旦,居民为自身绿色消费寻找到了行为依据,合理性将触发后续行动。第三,基于住宅特征形成的家庭能源绿色消费态度行为缺口依赖于政府政策干预和群体行动。从我国国情看,居民个体几乎不参与住宅设计、开发事宜,因此,很难左右住宅特征。至于住宅维护,比如房屋保暖等,集体行为效果优于个体行动效果。

6 我国城镇家庭能源绿色消费态度行为缺口的修复策略研究

6.1 家庭能源绿色消费态度行为缺口的修复理论研究

6.1.1 家庭能源绿色消费的相关干预理论分析

6.1.1.1 目标设置理论

洛克（Edwin Locke）首次提出了目标设置理论（Goal Setting Theory），并将目标对行为结果的影响机制分为如下四种情况：①指引作用，目标能引起个体注意，并促使其采取趋近目标的行为，拒绝与目标不一致的行为；②驱动作用，目标是个体采取行动的内在/外在驱动力，相对于低目标而言，高目标能引发个体采取更大的努力；③目标时长调整，若个体能够决定完成目标所需的时间，他们一般会分配更多的时间给较难完成的目标（Laport 等，1976）；④启动效应，目标能通过触发与目标有关的认知、情感或策略等间接影响行为（王建明，2016）。当个体承诺要达到某个目标时，目标和行为结果的关系最为密切。Seijts 等（2000）研究发现承诺对于完成困难目标尤为重要，原因在于困难目标不仅需要个体付出更多努力，且成功率较低。个体为完成困难任务需要进行更复杂的策略设计，因此，后者比前者与行为结果相关性更高。此外，目标承诺水平与个体的效能感以及目标结果的重要程度正相关。

根据控制理论可知，个体在追求目标的过程中会不断通过评估当前状态和参考目标之间的差距来衡量其目标进展（Park 等，2016）。目标进展的相关信息会影响个体的目标追求动机（Koo等，2008）。目标进展信息已被广泛应用于日常生活中。比如，用来监督减肥目标进展情况的跟踪器和航空公司里程积分卡等。因此，通过提供节能目标进展信息可以有效提升居民家庭能源绿色消费水平。

6.1.1.2 规范焦点理论

根据Cialdini等提出的规范焦点理论（The Focus Theory of Normative Conduct），被调查对象通过问卷调查等口头报告的方法通常声称自己进行环保行为是因为环境意识强、热爱环保或生态素养高，实质上，他们往往是受到社会规范的影响所致（Nolan等，2008）。比如，绿色消费行为中的"言行不一"现象就是很好的例证。而且个人的社会联结程度越高，社会规范对其影响越大。根据内容可将社会规范分为：描述性规范和指令性规范。其中，前者会简单地告诉个体，哪些行为是适当的，即个体在特定情境下应该做什么；后者会告知个体什么是被社会赞同或者是反对的行为，并详细说明个体在特定情境下必须做什么。

从现有文献看，有关规范焦点理论的实证研究证实规范信息能显著影响行为。比如，Schultz等（2007）公布社区家庭平均用电量能降低高出平均水平家庭的用电量。Goldstein等（2008）研究发现，规范诉求（比如，大多数顾客重复使用了他们的毛巾）比简单描述环保收益更会有效驱动绿色消费。有趣的是越具体的规范性信息（比如，这个房间大多数顾客重复使用了他们的毛巾）对消费者的影响越大，这也许因为这种描述方式更有利于消费者想象当下行为所处的情境。相对而言，经济激励和低碳技术创新等绿色消费干预策略既费时又费力，规范信息不仅成本更低且行之有效。值得注意的是规范焦点理论已提出二十余年，但它的重要性在实践中往往被低估，尤其是在促进环保行为方面的应用价值，最近几年才受到学界和业界的广泛关注。

6.1.1.3 精细加工可能性模型

Petty等（1981）首次提出了精细加工可能性模型（Elaboration-Likelihood Model，ELM）。该模型主张任何行为的潜在影响因素都会在不同的精细可能性水平下通过不同的心理加工路径影响态度（Pierro等，2004）。在中央说服路径下，个体的动机、注意力、理解、信息评价能力都很高，在传播过程中是一个非常积极的参与者。若个体对接受的信息持有支持性评价，则态度是积极的；反之亦反。在边陲说服路径下，个体的动机、注意力、理解、信息评价能力都较低，在传播过程中是一个非常消极的参与者。个体甚至不对所接受的信息进行任何评价，而是通过对一些与主要观点没有多大关系的边陲线索做出信息评价，进而形成相应的态度。

启发—系统式模型（Heuristic-Systematic Model，HSM）与精细加工可能性模型有些类似，该理论主张动机和认知能力共同决定了个体认知加工的努力程度，并把个体的认知加工分为启发式和系统式两种类型（Chaiken 等，1989）。与精细加工可能性模型中的中央说服路径类似，系统式加工要求个体全面审慎地对所有潜在相关信息进行加工，进而形成态度判断；而启发式加工由"最小认知努力原则"（Principle of Least Cognitive Effort）主导，且比精细加工可能性模型的边陲说服路径中信息加工更为具体。启发—系统式模型和精细加工可能性模型都假设信息加工过程是一个由简单到深入的连续统，而信息的加工深度取决于个体的动机和认知能力。一般而言，在中央路径或系统式思维主导下，个体信息加工的动机和能力水平往往较高；在边陲路径或启发式思维主导下，个体信息加工的动机和能力水平往往较低。同时，启发—系统式模型与精细加工可能性模型中所包含的两种不同的信息加工模式与个体态度存在交互影响效应。

6.1.1.4 说服理论

说服模型（Persuasion Theory）主张说服对象（Receiver）、说服信息（Message）、信息来源（Source）、说服情境（Context）是影响态度变化的四个主要因素（Hovland，1959）。以 Hovland 的说服模型为基础，Sears 等（1985）提出了一个包含外部刺激、说服对象、说服过程和说服结果的四维因素的说服模型（马向阳等，2012）。其中，外部刺激包括：说服信息、信息来源和说服情境等因素。具体来说，信息的可信度、受喜爱度和信息传播的群体决定了说服信息的影响力；信息的专业程度、可靠性和受欢迎程度决定了信息来源的影响力；预先警告和分心程度则决定了说服情境的影响力。说服对象的相关因素包括个性、个体融入程度以及是否对劝导有免疫力等方面。

在态度变迁的过程中，被说法对象首先学习信息内容，在认知发生变化的基础上发生情感改变，具体表现为把对特定事物的情感转移到与之相关的其他方面。这与经典条件反射理论比较类似。当接收的信息落在摒弃区间或与原有态度不一致时，个体就会形成心理紧张状态。个体维持心理平衡的需要，迫使他/她采取行动缓解这种紧张心理。具体而言，减缓或消除心理紧张的方式有很多。比如，个体采用反驳的方式对待负面说服信息。进一步说，态度变迁与否主要取决于这些信息所引发反驳的性质和数量。说服作用发生的条件是这种反驳过程受到干扰。根据认知反应理论（Cognitive Response Theory）可知，个体对信息的整体反应取决于他们在接收到外界信息后产生的主动思考。说服结果一般分为态度变迁和态度维持两种情况。其中，后者是通过无视信息、贬低信息或歪曲信息等对抗外界信息的说服作用。

6.1.1.5 跨理论模型

跨理论模型（Trans-Theoretical Model，TTM），又被称为阶段变化（Stages of Change，SOC）模型，是有目的、有步骤的行为塑造理论，它并非强调有关个体行为的社会的、生物学等外界因素的影响力，而是重点强调行为本身的改变步骤。在融合多种理论的基础上，跨理论模型形成了促发个体行为改变的系统研究方法。跨理论模型主张个体行为改变不是突然发生的单一事件，而是一个连续过程。换言之，人们在进行最终的行为改变之前存在一系列动态变化的阶段。个体所处的行为改变阶段不同，相应地促进行为改变的干预策略也必然不同。跨理论模型不仅有利于揭示行为变化如何发生，且有利于解释行为变化的原因。未来可以将该理论应用于个体摒弃不良行为和获取积极行为的过程研究。比如，未来可以尝试研究消费者如何由非绿色消费行为转换为绿色消费行为。

跨理论模型的内容包括：变化阶段、变化过程、自我效能、决策平衡四个组成部分，涉及变化阶段、变化过程和变化水平三个维度的变化。其中，变化阶段反映了个体在何时产生行为改变；变化过程反映了个体行为改变的步骤；自我效能和决策平衡贯穿于各个变化阶段和整个行为过程，并反映影响个体行为改变的因素，这些因素共同体现了不同的行为变化水平。跨理论模型的核心是变化阶段，它反映了行为变化的时间序列，说明了行为变化的动态本质以及行为变化的发展顺序。变化过程主要说明了个体如何进行变化，它由若干个促进行为改变的具体认知和活动构成。自我效能是指个体对自身是否能够达到预期的结果或成功地完成预期行为改变的感知。决策平衡是指个体行对由于为改变导致的正面作用/负面作用或收益/成本的感知。跨理论模型聚焦于行为本身的改变程，将其分为五个阶段：前意识阶段、意识阶段、准备阶段、行动阶段和维持阶段，这些阶段反映了个体行为转变的过程，揭示了其他行为改变理论可能忽略的行为改变环节。综上可见，跨理论模型构建了一个行为变革的综合模型。Jackson（2005）指出跨理论模型是开发有效干预措施以促进健康行为变革的基础，对促进绿色消费行为具有重要的参考价值。

6.1.2 家庭能源绿色消费干预策略的类型维度

6.1.2.1 基于时间差异的干预策略类型

Abrahamse 等（2005）回顾了绿色消费行为的干预策略研究，根据干预时间是在目标行为发生之前还是之后，进一步将绿色消费行为的干预策略分为两类：前置策略（Antecedent Strategies）和后继策略（Consequent Strategies），前者包括：目标设置、诱发承诺、信息传播和设立榜样等，后者包括：结果反馈、经济奖励与惩罚等。贝尔等（2009）也将干预策略分为前置策略和后继策略两大类。他们主张前置策略类似于消费者行为学中的认知学习模式，通过影响行为的一个或多个前因变量进行行为干预。后续策略类似于消费者行为学中的行为学习模式，通过呈现正面或负面的行为结果影响个体再次进行该行为的概率。通过影响单个或多个潜在的行为决定因素进而影响行为。后继策略是基于这样的假设，呈现正面或负面的行为效果会影响再次采取该行为的概率。具体而言，当正面结果和绿色行为联系在一起时，再次进行绿色消费行为的概率就会大幅度提升；反之，当负面结果和有害环境行为联系在一起时，再次进行绿色消费行为的概率就会大幅度降低。他还进一步指出高强度承诺个体家庭能源绿色消费态度行为一致性更高，也越可能践行家庭能源绿色消费行为。

（1）前置干预策略。Green 等（1999）首次提出了前置—进行（Precede-Proceed）理论。起初，前置—进行理论主要应用于健康促进计划和健康教育等方面，后来其应用范围逐渐扩展到了其他的行为研究领域。在前置—进行理论中前置变量（Precede）应用前倾因素、促成因素及强化因素进行个体教育或环境的识别、评价（郭琪，2008）。其中，前倾因素（Predisposing Factor）是指个体或群体的态度、知识、信念、理解力、价值观等塑造特定行为愿望、动机、和偏好的因素，并进一步促成个体行为发生。促成因素（Reinforcing Factor）是指可获得或可利用的各种财政、经济、技术等资源与技能等保证个体愿望、动机、和偏好得以实现的因素，是保证个体行为发生的实施基础和外在前提。强化要素（Enabling Factor）是个体或群体的态度、行为以及各种反馈信息等增强或减弱个体采取特定行为的因素，它通过干预行为结果影响个体再次采取该行为的概率，是行为的后续决定因素。进行变量（Proceed）是指应用政策、管制和组织的手段进行个体教育或环境干预。从前置—进行理论内容看，前置变量涉及了先倾因素、促成因素和强化因素等多种影响消费者行为的因素，不仅为干预者提供了具体的干预目标，而且也明确了评价计划目标的标准。前置—进行模型中进行变量则列明了政策制定、实施及评价的连续的步骤与工作程序。为深入理解绿色消费行为、进行绿色消费行为干预进而推动绿色发展提供了一定的理论借鉴。

可见，前置干预策略是在目标行为之前发生的，主要包括：目标设置、诱导承诺、信息传播和设立榜样等干预措施。其中，目标设置是通过绿色消费行为的相关目标设立，促进个体向这一方向努力的策略。根据目标进展理论，目标进展是指一种个体向目标靠近，减少与理想状态差异的感觉（Fishbach等，2005）。承诺是指个体公开或私下行为变革的保证（比如，家庭能源消费的绿色化、拒绝购买高耗能产品或降低能源消耗量等），为了降低心理失调，他/她也会按照先前的许诺相应地改变自身行为。信息传播是指通过向个体提供绿色消费的必要性、可行性和操作指南等信息时引发其行为改变。Bandura（1977）提出的代理学习理论为设立榜样这一干预策略提供了理论依据，二者都主张若对于被推荐人而言，所呈现的榜样样式行为是可理解的、有意义的和有价值的，就存在示范效应，他们就会跟着模仿。

（2）后继干预策略。后继干预策略是在目标行为之后发生的，包括：经济奖励和惩罚等结果反馈（Feedback）和正面/负面强化技术（Reinforcement）。其中，正面强化（Positive Reinforcement）是指对践行环保行为的个体给予金钱和社会赞誉等奖励或获得其他有价值的回报。通常来说，这种奖励可以被看作影响家庭能源绿色消费行为的外部刺激因素。是否给予奖励的标准既可以参考个体节约能源的数量，也可以参考一个固定的比例。负面强化（Negative Reinforcement）则是对践行非环保行为的个体予以特定的惩罚（比如，义务劳动或罚款等）。这种通过对行为结果的干预强化或弱化个体再次采取该行为的动机，进而促进或阻碍个体重复该行为，印证了心理学中的反馈效应（Feedback Effects）理论。绿色消费行为干预中的结果反馈策略是指在家庭进行能源消费行为后，通过提供其能源节约情况的评价信息，促进后续行为改变的干预办法。

Steg（2008）将绿色消费行为的干预策略分为：信息策略和结构策略。前者也被称为心理策略，主要是指通过信息传播、教育引导和榜样示范等促进个体动机、认知、情感和规范等心理变革，进而诱发绿色消费行为的策略。后者主要是指通过提供更加优质的绿色产品或服务、改善基础设施、改变绿色产品定价和颁布法律法规等改变个体决策制定的外部情境，进而提升绿色消费行为吸引力的策略。可见，Abrahamse 等（2005）、贝尔等（2009）和 Steg（2008）的分类稍微有点不同，但并没有实质根本性的差异。他们都将行为干预策略分为：前置策略与后继策略，或信息策略与结构策略两大类。其中，前置策略或信息策略以柔性干预措施为主，而后继策略和结构策略则以刚性干预措施为主。

6.1.2.2 具体的干预策略类型

（1）目标设置策略。从目标设置策略的内容来看，设置目标对个体具有激励作用。预设目标能促使个体朝一定的行为方向努力，并不断将自身行为结果与既定目标对比，并进行行为的调整和修正，最终实现目标（Locke 等，1990）。Becker（1981）分别给居民一个相对难度较高（20%）或相对容易（2%）的节电目标，研究发现适当的难度的目标（20%）激发了居民的节能动机，进而明显降低了其能源的消耗量。相反，过低的目标（2%）难以启动居民的节能动机，居民能源消减量并未出现明显变化。McCalley 等（2002）也把目标设置和结果反馈结合起来进行特定能源节约行为，研究发现联合干预策略比单独使用目标设置干预策略效果更显著，即在实验中同时被给予目标和反馈的被调查对象比仅被给予反馈的调查对象能源节约量更多。可见，未来应尝试联合使用目标设置和反馈等组合干预策略，以期实现更佳的能源节约效果。值得注意的是主动的目标设置与被动的目标设置对节能效果影响无显著差异。然而，社会价值取向与目标类型之间却存在显著的交互作用（McCalley 等，2002）。具体来说，指定目标比自我设置目标导致亲自我者（Pro-self）较少的能源削减量，而对亲社会者（Pro-social）而言，结果则恰好相反。Abrahamse 等（2007）研究发现目标设置能有效降低居民的能源消费量，而且联合使用目标设置、信息传播和结果反馈，尤其是定制化信息传播（Tailored information）、定制化反馈更能有效地促进居民践行绿色消费行为。

（2）诱导承诺策略。在前置干预策略中，诱导承诺是促进绿色消费行为的干预策略之一。承诺的有效性取决于个体对家庭能源绿色消费行为做出的承诺强度。贝尔等（2009）指出高强度承诺个体家庭能源绿色消费态度行为一致性越高，也越可能践行家庭能源绿色消费行为。Abrahamse 等（2005）将承诺分为私下承诺和公开承诺两种。其中，前者通过激活个人的道德责任等规范诉求促进个体的节能行为，而社会规范或他人的期望是促进后者进行节能行为至关重要的因素。Pallak 等（1976，1980）深入探究了诱导承诺对居民电力和燃气节约行为的促使效果。结果表明，签署传单公示等公共承诺的居民比签署私人承诺或控制组居民的能源消耗增长率低，且这一效果在干预结束后保持了六个月。

Abrahamse 等（2005）研究发现弱公共承诺却比强公共承诺更有效地促进了家庭节能行为，这与 Pallak 等的研究结论几乎完全相反。Heberlein 等（1983）针对居民电力消费从峰电到谷电转变问题，研究发现心理承诺（Psychological Commitment）对家庭节能行为的影响比价格更大。比如，已做出心理承诺的居民即使在低价格比率情况下仍然实现了从峰电到谷电的转变。Katzev 等（1983）运用登门槛技术（Foot-in-the-door Technique）测量了电力消费承诺的效果。其中，公众收到较小的请求要求其完成问卷填写，较大的请求要求其签署一个削减10%能源使用的承诺，或同时被请求问卷填写和签署削减10%能源使用的承诺，即登门槛技术组。研究结果发现，登门槛技术组中采纳节约行为的人数最多，控制组采纳节约行为的人数最少。值得注意的是节能效果是在干预结束后的一段时期内才显现出来。这说明虽然登门槛技术或最小调整技术（Minimal Justification Techniques）有利于促进能源节约，但它具有延迟效应。此外，Lokhorst 等（2013）利用荟萃分析（Meta-analysis）也研究发现诱导承诺是一种有效的环保干预策略。

（3）信息传播策略。信息传播是一种常见的绿色消费行为干预策略。所提供信息既可以是雾霾天气和环境危机等一般性信息，也可以是绿色生活方式指南等具体的信息。这些信息有助于提升家庭用户的环境危机意识，丰富他们的环保知识。家庭用户获取信息的途径既可能来自电视、网络和报纸等大众媒介，也可能来自杂志、传单等小众媒介。Winett 等（1985）研究发现电视榜样（类似于意见领袖）对普通用户的节能行为具有显著的正向影响。然而，由此引发的普通用户节能行为在一年后没有得到保持。Staats 等（1996）关于气候变化的大众传媒运动前后的测试结果显示，大众传媒运动对个体的环保认知和行为影响不大，且更为重要的是调查显示环境感知、环境知识和自我报告（Self-reported）的环保行为并不相关。换言之，即便大众传媒运动提高了公众对于气候变化的知识水平，却不会引起显著的行为变迁，即公众环保知识与环保行为之间存在缺口。可见，大众传媒信息并非修复绿色消费态度行为缺口的有效手段。也有学者研究了"碳排放标签"对家庭能源绿色消费行为的影响，发现展示"碳排放标签"能促进家庭用户践行节能行为。因此，未来应尝试通过设计科学的能源消耗标识提升家庭用户的能源节约潜力。

Staats 等（2004）运用生态小组项目（Eco Team Program，ETP）研究了联合使用信息传播、反馈和社会互动（Social interaction）等成套干预策略对家庭能源绿色消费行为的影响。研究发现，生态小组项目的参与者增加了家庭能源绿色消费行为的次数，而控制组的家庭能源消费情况没有变化，且在生态小组项目完成后这些绿色行为变革仍然得到了保持。由于 Staats 等（2004）联合使用了多项干预措施，因此很难判别各种干预策略的边际效果。Völlink 等（2010）联合运用电视信息、目标设定和反馈的组合干预策略对家庭用水和能源消费的影响，研究发现组合干预策略激发了更显著的节能效果，联合干预组的被调查对象比控制组节约了更多的家庭能源。Fisher 等（2010）回顾了群体参与（Group Participation）对减少居民能源使用和碳排放的潜在影响，发现群体干预措施在减少能源使用和碳排放的推广上具有显著成效。而且，更重要的是这一干预策略是长期奏效的，在最多长达三年时间里有些参与者仍在继续保持着先前的家庭能源绿色消费行为变革。Fisher 等（2010）进一步指出信息传播、反馈和团队所处的情境是群体干预和个体干预成功的共同元素。张萍等（2015）研究发现大众媒介通过信息传播和社会动员两种机制显著地影响城乡居民的环保行为。居民接触媒介越频繁，所获得的环境知识越多，越有可能采取环保行为，即大众媒介通过传播知识对居民的环保行为发挥一定的正向影响，且居民参与公共领域的环保事务，大众媒介的动员机制发挥的作用越大。赵万里等（2017）分析个体选择绿色消费行为的影响因素也发现，越多接触大众传媒越倾向于绿色的生活方式。

综上可见，大众化信息政策对促进家庭能源绿色消费是有效的，但往往停留于提高知识和改变心理，未必带来行为变革或能源节约效果（王建明，2016）。与之相反，很多研究证实小众化信息政策相对大众化信息政策更有效。孙岩等（2013）指出，相对于传统的大众化媒体宣传和说教，结合居民自身能源使用情况提供的具体信息反馈更有利于提升其节能意识并促进其践行节能行为。此外，特定信息政策的短期效应和长期效应可能不一致，这也值得研究者未来关注。

（4）结果反馈策略。结果反馈是后继干预措施中被用来干预家庭能源绿色消费行为的常用策略。所谓结果反馈策略是指在家庭进行能源消费行为后，通过提供其能源节约情况的评价信息，促进后续行为改变的干预办法。以往研究已经证实，反馈次数越频繁，家庭用户的节能效果越显著。Seligman 等（1979）针对空调耗电进行了每月 4 次的居民空调使用的结果反馈，研究发现实验组比控制组节约了更多的用电量。Bittle 等（1979）也研究证实结果反馈是降低电力消耗的有效干预策略，且被干预对象能源需求越小，干预效果越显著。

Winett 等（1979）研究了自我监控和反馈对居民电力消费的影响。结果显示，在 4 个月的干预期内，接受反馈的家庭用电量削减了 4.7%，而控制组的用电量却增加了 2.3%。值得注意的是在干预期内，接受了反馈的家庭能源消费出现了下降，但干预结束后的 2 个月内，他们的能源消费却会产生"报复性"反弹。Sexto 等（1987）在分时电价实验中，研究了持续的监控和反馈对居民峰电到谷电转变的影响，发现所设定的电价价差越大，家庭用户由峰电向谷电的转变越显著。值得注意的是实验也发现，家庭用户总的电力消费量并没有减少，这可能是由于家庭能源消费中普遍存在的回弹效应。

Bittle 等（1979，1980）比较了每小时用电量反馈、每小时用电费用反馈、每日反馈、前日用电量反馈、月度累积性反馈对居民用电消费的影响差异，研究发现高电力消耗家庭用电量的增长率更低，累积性反馈比每日反馈效果略佳，这可能是由于相较于小额的短期增量数据，大额的累积性增量数据对家庭用户的刺激更大，因此反应更强烈。Kantola 等（1984）针对用电量超过平均水平的家庭，通过提供信息和反馈组合干预策略，告知被调查对象虽然先前具有节能责任感，但目前却是高耗能者，借此触发他们的认知失调（Cognitive dissonance）。研究发现，在 2 周的干预期间和干预期结束后的 2 周，认知失调组比其他组的节电水平都要高。研究结论印证了消费心理学中的心理平衡理论。Hutton 等（1986）分析了相关成本反馈对个体知识与行为的影响，实地实验研究发现反馈对于消费者学习和激励是一种有用的信息工具。然而，干预后被调查对象的相关知识并未发生变化。Jensen（1986）以天然气消费为研究对象，通过实地实验研究发现，目标设置和激活比较程序（Activation of comparison processes）是获得能源反馈效应的必要条件。

比较性反馈是提供相对于他人表现的个体表现。比如，Midden 等（1983）通过实地实验研究了个体反馈、比较性反馈、强化和信息传播对家庭能源绿色消费行为的影响，研究发现仅给家庭提供一般信息毫无干预效果、比较性反馈未必比个体反馈更有效，但在特定条件下效果更佳。联合运用经济强化、个体反馈和比较性反馈能有效降低能源消费量。联合运用比较性反馈、个体反馈或奖励对节电行为干预效果更显著，而个体反馈或奖励对燃气节约行为干预效果更显著。代理学习理论和一致性理论为比较性反馈策略的有效性提供了解释依据。Brandon 等（1999）运用质化和量化相结合的实地研究，分析了比较性反馈、个体反馈、经济成本反馈和环境成本反馈对家庭能源消费量降低的差异化影响，研究发现，特定区域内平均能源消耗水平的反馈会降低高能源消耗者的能源消耗，却提高了低能源消耗者的能源消耗。可见，高耗能消费者具有较大的节能潜力，通过信息反馈降低能源消耗应主要以他们为被干预的目标对象。值得注意的是绿色消费态度是边际能源节约的重要预测因子。存在绿色消费态度行为缺口的个体在反馈期后更倾向于进行绿色消费行为变革。

Allen 等（2006）研究了实时（Real-time）能源使用反馈和持续能源使用监控等干预策略的效果，发现定制化能源使用情况的信息反馈、持续反馈和周期性反馈都会正向影响家庭能源绿色消费行为。此外，无论对高收入家庭还是低收入家庭，监控器对家庭能源绿色消费意识的影响比对家庭能源实际绿色消费行为的影响更大。Völlink 等（2010）比较了预付费能耗表（Prepayment meter）和提供笔记本对居民燃气节约行为的影响，发现前者引致年度燃气消耗量下降了 4.1%，后者未对居民燃气节约行为产生显著影响。Bekker 等（2010）研究发现反馈、视觉提示（Visual prompts）和激励等的组合干预策略显著降低了家庭的用电量。

Grønhøj 等（2011）基于对家庭的质化访谈和家庭电力消费记录，研究了给予家庭详细电力消费反馈，探究了能源节约行为的学习（Learning）和社会影响过程（Social influence processes），量化和质化的研究结果都表明反馈促进了家庭节电行为，且质化访谈显示反馈促进了更多的节电量。同时，反馈推进了家庭成员之间能源节约的相互影响及社会影响过程。Maan 等（2011）研究了基于外界光的醒目程度将反馈策略分为：数值反馈和灯光反馈，并研究了它们对空间采暖家庭能源消费行为（Space heating energy consumption）的影响，发现灯光反馈比数值反馈有更强的说服效应（Persuasive effects）。这可能是由于灯光反馈的认知处理更加容易，所以其干预效果更佳。

（5）经济激励策略。经济激励是家庭能源消费绿色化的重要干预策略。目前普遍的经济激励策略主要包括直接和间接两种手段，前者主要是指对具体产品或服务的补贴或对具体行为的奖罚；后者主要是指运用价格、税收抵免和低利率贷款等间接干预绿色消费行为。在早期这一研究主题吸引了大量学者的注意力。比如，McClelland 等（1980）研究发现奖励对公共交通出行和拼车行为都会产生显著的正向影响。由于，经济激励策略通常对刺激个体由非绿色消费行为转变为绿色消费行为比较有效。所以，后期学者们开始转向其他研究主题。

Hayes 等（1977）比较了货币性经济激励、提供信息和每日反馈对居民电力消费的影响，发现无论货币性经济激励的强度大小都显著降低了用电量，每日反馈也促进了电力节约，但提供信息（包括节约方式和不同家用电器的使用成本说明）并未导致电力节约。值得注意的是联合使用货币性经济激励与提供信息，或组合使用货币性经济激励与每日反馈并没有比单独的货币性经济激励引发更大的节能效应。McClelland 等（1980）进一步研究指出若忽略节能量测量的精确性欠佳，群体经济激励策略对基准电表公寓居民的能源节约的确具有促进效果，但也要考虑其较高的实施成本。Hutton 等（1981）评估了美国能源部的低成本/无成本节能项目，发现激励措施显著提升了家庭能源绿色消费行为反应。

Heberlein 等（1983）针对居民电力消费从峰电到谷电转变问题，研究发现心理承诺（Psychological commitment）对家庭节能行为的影响比价格更大。比如，已做出心理承诺的居民即使在低价格比率情况下仍然实现了从峰电到谷电的转变。Azevedo 等（2011）研究家庭节能时指出电力消费是缺乏价格弹性的，因此，未来干预策略不仅需要提供电力的零售价格，还需要鼓励低碳技术创新和引导我国家庭能源的绿色消费行为变革。

6.2 家庭能源绿色消费态度行为缺口的修复策略研究

6.2.1 基于研究方法的绿色消费态度行为缺口修复策略

6.2.1.1 科学测量绿色消费态度

基于测量的误差性造成的家庭能绿色消费态度对后续行为预测效度欠佳，需要采用更准确的测量方法，才能获得满意的结果。实验法一定程度上弥补了自我报告法的不足。由于，实验法中因变量是某项具体的绿色消费行为，而且操纵了自变量并控制了其他因素的干扰，因此得到自变量和因变量的因果关系。鉴于家庭能源绿色消费态度行为缺口最常见的解释是研究方法造成的，尤其是问卷调研中高估了绿色消费行为的社会接受度。未来可以尝试采用内隐联想测验（Implicit Association Test，IAT）技术，或者访谈、观察、实验等方式测量绿色消费的内隐态度，比较内隐态度和外显态度对绿色消费影响的差异性。

6.2.1.2 区分不同类型的绿色消费行为

绿色消费行为是一个弥散的综合范畴，包含大量的非同构行为。不同类型的绿色消费行为形成过程各异，造成绿色消费态度行为缺口的原因也不一而同，因此，深入分析特定绿色产品消费的态度行为转化过程是解决该类型绿色消费态度行为缺口的基本前提。同时，绿色消费行为是一种受到政府、社会、企业和个人等因素共同影响的复杂的消费者行为，这就导致绿色消费态度行为缺口的形成原因是错综复杂的。同一消费者因情境不同（比如，私下场合 VS 公开场合）和消费对象不同（比如，绿色食品 VS 新能源汽车）可能采用不同的行为逻辑（比如，利他选择 VS 利己选择）。而且利他和利己不是绝对的，有些行为可能是利他不利己、既利他又利己、利己不利他。理解绿色消费的决策过程是制定成功营销策略的先决条件。企业忽略绿色消费类型的差异，就会造成需求和广告宣传的错位。比如，消费者基于炫耀性心理购买新能源汽车，广告宣传其性价比和环境友好性则效果不佳。因为，他们更加注重产品是否具有稀缺、独占和可炫耀性。未来应该深入探索不同类型的绿色消费行为形成过程，挖掘造成其态度行为缺口的原因，逐步解开绿色消费态度行为不一致之谜，才能成功修复绿色消费态度行为缺口。

绿色消费行为的次数和种类繁多。从静态视角看，无论是行为过程，抑或是造成态度行为缺口的原因，同一个体进行的不同绿色消费行为或不同个体进行的同一绿色消费行为都未必相同。因此，针对某项绿色消费行为的具体态度行为关系进行研究才能得出科学的结论。从动态视角看，消费者致力于一种绿色消费行为未必会触发自身（或他人）进行其他绿色消费行为，即所谓的正面（或负面）溢出效应。正面溢出效应假设个体（间）同类行为一致性程度很高。但现实生活中，也存在截然相反的情况。比如，回弹效应就是负面溢出效应的例证。从现有文献看，对绿色消费行为系列行为触发、溢出效应及组合机制的研究非常少见。未来应深入探索绿色消费系列行为的正面或负面溢出效应，分析我国家庭能源消费中的"回弹效应"和非绿色消费行为导致的"锁定效应"，进而更加科学的评估绿色消费行为的环境效益水平。

6.2.1.3 区分不同类型的绿色消费态度行为缺口

绿色消费中存在普通态度、具体态度、普通行为和具体行为的差异。普通态度与具体的绿色消费行为不是对应关系，比如具体的行为（对驾车出行的习惯性行为）和普通态度（对全球环境的态度）是两个不同水平的测量，如果用后者预测前者则没有预测力。基于测量水平不一致造成的态度和行为缺口如表6-1所示，其中，第Ⅰ、Ⅳ象限是绿色消费态度行为无缺口的情况，Ⅱ、Ⅲ两象限都是绿色消费态度行为存在缺口的情况。

表6-1 基于测量水平不一致造成的态度和行为缺口

		绿色消费态度	
		具体态度	普通态度
绿色消费行为	具体行为	Ⅰ 具体态度、具体行为	Ⅱ 普通态度、具体行为
	普通行为	Ⅲ 具体态度、普通行为	Ⅳ 普通态度、普通行为

资料来源：根据相关文献整理。

Peattie（2001）指出消费者对绿色产品的正向态度和实际消费行为之间存在着巨大的缺口。但是，Tanner等（2004）指出针对某项行为的具体态度比普通态度更具预测力。因此，在未来家庭能源绿色消费研究中应区分对日常节能行为的态度和对购买购置绿色产品的态度。前者是指居民在日常生活中所进行节能行为持有的正面或负面评价，后者是指居民对购买绿色或新能源产品持有的看法和判断。可见，研究居民对特定绿色消费行为持有的态度对促进我国家庭能源绿色消费行为具有重要的现实意义。

6.2.2 绿色消费中强态度、弱行为缺口的修复策略

根据前文所述，消费者资金约束、环保价值不被优先考虑和结构性条件限制共同导致了绿色消费的强态度、弱行为，借此，本书主张应该从政府经济激励、生态启蒙、环保价值提升和启动绿色消费运动等方面修复我国家庭能源绿色消费中的强态度、弱行为缺口。

6.2.2.1 通过政府经济激励，降低绿色消费门槛

政府适当的经济激励措施无疑会降低消费的门槛，消费者进而愿意尝试购买绿色产品。经济激励是推动绿色消费的重要干预策略。所谓经济激励策

略是指依据市场经济规律，运用经济刺激手段，调节或影响个体行为以实现绿色发展的目标。其中，包括直接的物质奖酬，对具体行为的处罚收费和对具体产品或服务的补贴等直接手段，也包括运用价格和税收等间接手段。个体绿色消费的参与度往往受到经济因素的影响，比如，为了长期节约使用成本而购买节能电器，或者因为某些绿色产品的价格过高而拒绝购买。可见，限制绿色产品过高定价和适当提供经济激励是政府修复绿色消费态度行为缺口的有效策略。但很多学者都发现经济激励仅有短期效应（Dwyer 等，1993）。因此，要在长期内改变消费者的非绿色行为模型，还需要运用其他干预策略。从研究方法看，对经济激励政策的干预效果的研究大多基于有限样本和自我报告方法获取数据。比如，早期研究样本往往局限于特定区域的少量用户（一般不足 20 户）（Abreu 等，2012）。未来应尝试采用科学实验来评估经济激励政策对绿色消费行为的影响（王建明，2016）。此外，税收也是促进绿色消费的有效手段。比如，荷兰通过对非绿色能源征收生态税，将传统能源价格提升到与绿色能源价格相同的水平，进而促使绿色能源的购买人数增长至用能总人数的 20%（Tampier 等，2003）。

6.2.2.2 生态启蒙和环保价值提升并重

首先，从个体层面看，态度一般被看作预测或改变绿色行为的手段；从集体层面看，态度会聚合成公众舆论（Beniger，1992），为生态启蒙提供社会基础。政府一般性的宣传教育并不会对消费者的绿色消费行为产生太大影响。Asensio 等（2015）研究发现定制化信息比经济激励能更有效地促进居民节电行为。外部信息反馈的作用也取得了较多共识，且反馈频率越高，效果越好。然而，特定区域内平均能源消耗水平的反馈会降低高能源消耗者能源消耗，却提高了低能源消耗者的能源消耗。可见，高耗能消费者具有较大的节能潜力，通过信息反馈降低能源消耗应主要以他们为被干预的目标对象。另外一些研究比较了经济激励和信息传播在绿色消费中的作用，发现正面经济激励和回收知识传播都促进了回收行为，但信息传播更具有长期效应。此外，学者们还开始关注在实验设计中多种干预策略的联合使用（王建明，2016）。比如，芈凌云等（2016）研究指出应综合利用互联网、短信、手机客户端等信息干预方式引导居民绿色消费。

其次，促进绿色消费行为依赖于改善绿色产品属性。第一，对于价格偏低的绿色食品而言，环保价值要比产品性能、价格、品牌、便利性更重要，"动之以情"是修复绿色快速消费品消费态度行为缺口的最优策略（王建明，

2015）。第二，对于价格昂贵的绿色家用电器而言，消费者一般会进行理性的成本收益分析。此时，环保价值在决策中的重要性往往处于次要地位，而品牌、价格、便利性等常被优先考虑。这就需要企业努力提升产品的性价比来促进绿色消费行为。可见，随着绿色产品价格上升，绿色消费态度行为缺口也许会越来越大。

最后，从绿色产品供应来看，一方面，法规政策、产品溢价和绿色需求会驱动企业主动进行绿色认证；另一方面，销售渠道的多少，决定了绿色产品可得性。比如，Koos（2011）研究发现大型零售企业主导的渠道结构会提高绿色产品购买的可能性。

6.2.2.3 启动绿色消费运动

宏观行动是个体行为的基础。在生态意识仍在觉醒之中的发展中国家，浅绿色消费者仍是绿色市场的主要构成部分。由于炫耀性心理、面子意识和物质主义价值观，不仅导致绿色消费态度强度较低，而且他们显著地受到结构性条件的影响（吴波，2014）。促使结构性条件改变的方法之一是以社区为基础的社会营销，强调群体行动，这一方法已广泛应用于汽车共享、节水和节能促进项目。Friedman（1996）指出这种绿色消费运动不仅包括对非绿色产品的联合抵制行为（Boycotts），而且包括对绿色产品的联合购买行为（Buycotts）。

从个人、家庭、社区到社会层面是绿色消费运动参与范围逐步扩大的过程。显然，绿色消费运动的参与范围越大越有利于推进绿色发展的进程。目前，绿色消费运动项目还相对缺乏，因此，政府、非政府组织和企业等都应提倡、启动和开展各种类型的绿色消费运动。值得注意的是依托生态社区启动绿色消费运动在国外取得了较好的效果。比如，Moraes 等（2012）发现在英国的生态社区中，消费者对绿色产品的联合购买已经有效地修复了个体绿色消费态度行为缺口；Mintel（2007）发现由于绿色产品性价比和可得性的提升，绿色消费态度行为缺口已被部分修复。可见，尽管个体消费行为的环境影响程度都比较小，但集体性绿色消费运动则会对环境状况产生重大影响。

6.2.3 绿色消费中弱态度、强行为缺口的修复策略

6.2.3.1 提升绿色消费的心理性补偿效应

鉴于绿色消费对个人的社会地位有耀升作用，因此基于炫耀性心理进行绿色消费行为的个人希望通过绿色产品和品牌来构建、表达自我（杜伟强等，

2013)、获取面子（施卓敏，2014）。虽然，他们并非真正的环保主义者，但只要绿色产品像奢侈品一样具有稀缺、独占和可炫耀性，他们就会进行消费活动。而依据自我知觉理论，人们在一定程度上会根据自己的行为或行为所发生的情境来判断自己对特定事物的态度。这种基于补偿性心理的绿色消费行为也会增强个体环保自我知觉，进而促成他们对绿色产品的积极态度。行为学习层次理论也主张通过行为改变态度。比如，持续的环保行为会改变消费者原有的态度。这与消费者行为研究中态度和行为之间交互影响是一致的。可见，心理性补偿效应不仅能直接促发绿色消费行为，也会进一步提升消费者对绿色产品的积极态度，最终实现绿色消费态度行为缺口修复。

6.2.3.2 提升绿色消费的情感性补偿效应

情感对绿色消费行为存在显著的正向影响效应（Farley 等，2003），相对负面环境情感而言，正面环境情感对绿色消费行为的影响面和影响力更大（王建明，2015）。从情感补偿的视角看，自我情感性补偿机制带来的积极情绪，可能是人们进行绿色消费行为的重要原因（Dunn 等，2008）。因此，提升消费者对绿色产品的积极态度，不仅要提高个体对环保的认知水平，更要重视积极情感对绿色消费的重要作用。具体而言，情感产生的来源包括：消费经验、企业的营销信息和购买情境。其中，基于消费经验产生的情感对后续行为影响更显著。因此，倡导乐于助人也就是助人为乐，推动积极情感与绿色消费行为之间的正向循环关系，不仅是修复绿色消费态度行为缺口的重要途径，而且对于提高国民幸福指数都具有重要的现实意义。

6.2.3.3 促进绿色消费的心理性补偿向情感性补偿转变

基于心理性补偿的绿色消费行为主要源于个体追求自我表达和群体归属感，他们进行绿色消费行为的目的是为了获得社会赞誉。虽然行为本身是利他的，但动机是利己的。尤其是基于炫耀性心理、面子意识和物质主义价值观等进行的绿色消费行为仍具有某种程度的功利主义色彩。这种以自我标榜为目标的消费行为是以理性人假设作为基础的。但基于情感性补偿的绿色消费行为主要源于个体的利他动机，他们由衷地热爱自然环境，追求的是"赠人玫瑰，手有余香"。他们是真正的环保主义者，其决策基础是社会人假设。从绿色发展进程来看，绿色消费是社会公众对绿色消费由漠不关心、伪绿色消费者到真正绿色消费者逐渐演变的过程。加之，推进绿色消费，晓之以理，不如动之以情（王建明，2015）。因此，基于心理性补偿的绿色消费行为仅是绿色发展的一个过渡阶段而已,实现绿水青山的梦想最终依靠民众向真正的环保主义者转变。

6.3 外部干预对绿色消费态度行为缺口的修复效应研究

6.3.1 刚柔并济的绿色消费态度行为缺口修复策略分析

为了推进美丽中国建设,破解绿色消费态度行为不一致的难题,我国政府相关部门对推动家庭能源绿色消费行为非常重视,陆续出台了诸多相关的法律法规型干预策略。Linden 等(2006)基于政策类型将节能干预策略分为:信息传播、经济激励、行政政策和物理措施四种类型。其中,信息传播是向被干预对象传播节能相关的知识和信息;经济激励是指通过物质奖罚、补贴、价格、税收等诸多经济手段促进家庭能源的绿色消费;行政政策是指通过制定颁布规章制度和法律法规等手段促进家庭能源的绿色消费;物理措施主要是指对家庭能源消费进行实时反馈等。Coad(2009)将节能干预策略分为:信息政策和财政法律激励政策。其中,信息政策是通过向被干预对象提供环保相关的信息,促进其生活方式绿色化,降低其消费活动对环境的破坏。在充分参考以往研究成果和研究需要的基础上,本书将我国家庭能源绿色消费的干预策略分为刚性干预策略和柔性干预策略两种类型。

6.3.1.1 刚性干预策略

所谓刚性干预策略是指通过政策制定和经济激励等刚性干预措施促使消费者购买节能技术或产品(比如,购买隔热材料等),具有某种程度的强制性。行为干预可以通过经济刺激和法律等刚性策略以期改变情境因素为目标,也可以通过柔性策略影响认知、偏好和能力等以自愿行为改变作为目标。但岳婷(2014)指出,目前法律法规等刚性策略主要用于干预产业能源消费领域,较少用于家庭能源消费领域。从以往研究来看,法律的强制性往往导致社会支持感不足,因此本书提出"刚柔相济""以柔为主""以刚为辅"的政策建议修复我国城镇家庭能源的绿色消费态度行为缺口。我们将在本章后续内容中详细分析这两种策略对我国家庭能源绿色消费态度行为缺口的修复效应。

6.3.1.2 柔性干预策略

所谓柔性干预策略是指在现有使用条件不变的情况下通过舆论引导等柔性策略影响消费者的价值观、动机等心理因素，进而改变消费者的行为，消减能源使用量（比如，减少使用恒温器等），具有某种程度的自愿性。比如，龚长宇（2011）指出柔性政策是社会管理主体运用舆论宣传、说服教育和社会疏导等非强制性手段引导社会成员主动进行行为改变。随着社会经济发展，柔性政策在社会管理中的地位和作用将越来越突出。与之相对的刚性策略是指社会管理主体运用规章制度、法律法规和政权等强制性手段迫使社会成员被动进行行为改变。刚性策略更注重外化于形，柔性策略更注重内化于心。柔性策略更强调激发社会成员的自觉性，是一种引导式管理，被管理对象的行为改变是主动的。就家庭能源绿色消费而言，只有当绿色价值观念内化为社会成员的价值导向时，他们才会自觉践行节能行为，即使在私下场所也会主动践行绿色消费行为。

6.3.1.3 刚柔并济的干预策略

基于前文实证研究，本书主张源于住宅特征等结构性条件导致的家庭能源绿色消费态度行为缺口需要采取刚性干预策略予以修复，源于家庭用户心理因素导致的家庭能源绿色消费态度行为缺口需要采取柔性干预策略予以修复；源于情境因素导致的家庭能源绿色消费态度行为缺口需要采取刚柔并济的组合干预策略予以修复。其中，结构性条件是指短期内无法改变的且限制消费者行为选择的外部因素，它通常比态度更显著地影响着消费者行为。绿色消费障碍因素类型—修复策略匹配关系，如图6-1所示。

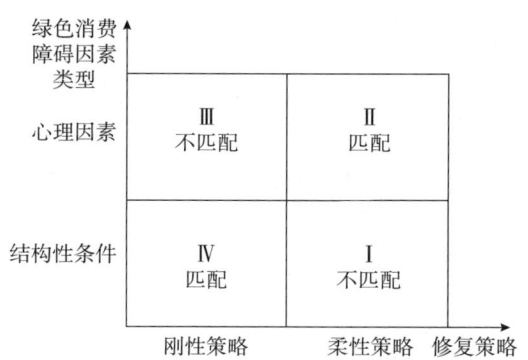

图 6-1　绿色消费障碍因素类型—修复策略匹配图

资料来源：根据相关文献整理。

从节能行为类型看，家庭能源绿色消费中购买、消费和处置环节的节能效果存在差异。比如，合理使用恒温材料比减少使用恒温器节约更多能源，改变购买行为一般比重复或循环使用现有产品具有更大的环境效益。减少恒温器或汽车使用比拒绝塑料袋使用对环境影响更大。虽然，购买节能技术或产品环保效果显著，但消费使用频率增加未必导致能源消耗减少，即所谓的"回弹效应"。从长期看，无论是购买、消费和处置环节，居民自愿改变高耗能的行为习惯是家庭能源绿色消费的终极手段。因此，柔性政策才是实现居民自愿性行为改变的干预方式。

从政策属性来看，柔性策略更适于改变态度，刚性策略更适于直接引发行为改变。比如，以往研究显示经济激励策略通常对刺激个体由非绿色消费行为转变为绿色消费行为比较有效。因此，本书主张通过刚性策略降低行为难度或消除行为障碍，弱化个体拒绝节能行为的理由，进而提升个体采纳节能行为的合理性水平，实现修复我国家庭能源绿色消费中的强态度、弱行为型缺口的干预目标；通过柔性策略促成个体对节能行为的积极态度，强化个体采纳节能行为的理由，进而提升个体采纳节能行为的合理性水平，实现修复我国家庭能源绿色消费中的弱态度、强行为型缺口的干预目标。绿色消费态度行为缺口类型—修复策略匹配关系，如图6-2所示。

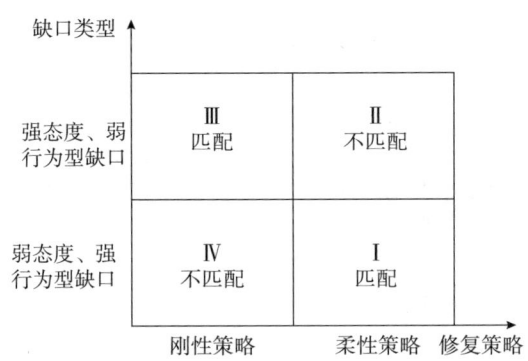

图6-2 绿色消费态度行为缺口类型—修复策略匹配图

资料来源：根据相关文献整理。

6.3.2 刚性策略对绿色消费态度行为缺口的修复效应研究

6.3.2.1 法律法规型干预策略

法律法规是我国家庭能源绿色消费的重要刚性干预策略。从20世纪80年代开始，随着能源、经济与环境问题之间的矛盾日益凸显，我国政府就已经开始逐步开展节能减排工作，并且陆续出台了一些相关的法律法规。比如，1979年国务院发布的《关于提高我国能源利用效率的几个问题的通知》，对提高我国能源利用效率等提出了具体要求。1986年国务院发布的《节约能源管理暂行条例》，明确了我国各级政府如何通过管理考核制度实现节能减排目标。1998年实施的《中华人民共和国节约能源法》，标志着我国政府已经将解决环境污染问题放在我国家庭能源绿色消费工作的首位。之后，我国政府又相继发布了《节约用电管理办法》等法律法规，我国家庭能源绿色消费工作逐渐进入纵深发展阶段。

2000年后，我国节能减排工作的重点开始转向家庭能源消费领域。比如，从2003年开始每年一次的"全国节能宣传周"活动；2007年颁布的《关于印发节能减排全民行动实施方案的通知》；2013年开始的每年一次的"全国低碳日活动"。这些政府行动大幅度提升了居民的节能环保意识，对于提高我国家庭能源绿色消费起到了极大的促进作用。此外，通过低碳技术创新和绿色节能产品供应提升能源利用效率也得到了政府的高度重视。比如，1999年我国政府颁布了有关推进绿色产品认证工作的《中国节能产品认证管理办法》。最后，我国政府还陆续推出了《家电以旧换新实施办法》、阶梯电价、阶梯水价、阶梯气价等节能产品惠民工程。可见，我国政府早期推出的节能减排干预策略多针对生产型企业而非家庭或个体居民。

近年来，中共中央、国务院印发了《生态文明体制改革总体方案》《废弃电子电器产品回收处理管理条例》《关于建立统一的绿色产品标准、认证、标识体系的意见》《"十三五"节能减排综合工作方案》《关于加快推进生态文明建设的意见》等文件，国务院相关部门印发了《关于促进绿色消费的指导意见（2016年）》《"十三五"全民节能行动计划》《循环发展引领行动》《促进绿色建材生产和应用行动方法》《工业绿色发展规划（2016-2020年）》《关于开展"节能产品惠民工程"的通知》《关于加快推动生活方式绿色化的实施意见》《关于鼓励和规范互联网租赁自行车发展的指导意见（2017年）》《新能源汽车动力蓄电池回收利用管理暂行办法（2018年）》《企业绿色采购指南（试行）》等文件。这些政策文件大多数并不是完全针对绿色消费的，但或多或少涉及绿色消费问题。比如，《关于加快推进生态文明建设的意见（中发〔2015〕12号）》，明确提出"广泛开展绿色生活行动，推动全民在衣、食、住、行、游等方面加快向勤俭节约、绿色低碳、文明健康的方式转变"。这些政策文件的施行，使中国初步形成了推动绿色消费的法规政策体系，对强化绿色消费理念、推动绿色消费行为产生了重要作用。

其中，2016年发改委、中宣部等十部门联合发布的《关于促进绿色消费的指导意见》（发改环资〔2016〕353号）对绿色转型、绿色产品消费、绿色服务供给、金融扶持等进行了全面部署，特别是针对绿色消费中的新现象、新行为、新特点、新趋势都提出了相应的政策建议。具体包括：支持发展共享经济，鼓励个人闲置资源有效利用，有序发展网络预约拼车、自行车辆租赁、民宿出租、旧物交换利用等；大力推广利用"互联网+"促进绿色消费，推动电子商务企业直销或与实体企业合作经营绿色产品和服务，鼓励利用网络销售绿色产品，推动开展二手产品在线交易，满足不同主题多样化的绿色消费需求；鼓励电子商务企业积极开展网购商品包装物减量化和再利用；研究建立绿色消费积分制等。这对于未来全面推进我国家庭能源绿色消费具有重要作用。下面我们将分析经济型策略这一刚性干预手段对家庭能源绿色消费的影响效应。

6.3.2.2 经济型干预策略

经济型干预策略是指通过物质奖罚、补贴、价格、税收等诸多经济手段促进家庭能源的绿色消费。最初，家庭能源绿色消费或日常生活节能行为属于经济学范畴，因此价格和税收一直是西方国家调节能源及相关产品的主要政策工具。目前，绿色消费行为研究是应用经济学、消费者行为学和环境科学等领域学者共同关注的焦点。相应地，家庭能源消费绿色化的干预手段也变得越来越丰富。Sardianou（2005）将家庭能源消费绿色化的干预手段分为：正向激励、反向激励和限制激励。其中，正向激励主要是指通过对清洁能源等新能源系列产品进行财政补贴或税收减免，促进更多的家庭用户选择绿色能源，进而实现拉动绿色产业发展的目标。反向激励是指通过提高非绿色能源的价格和征收传统能源税等提高消费者的支付成本来降低居民的传统能源消费。

西方发达国家采取了一系列经济型干预策略促进家庭能源消费的绿色化。其中，美国主要采用税收优惠和现金补贴等，比如，进行对绿色建筑、绿色家用电器和家庭太阳能发电项目减免税收；对获得"能源之星"认证家用电器产品进行现金补贴等；特别针对低收入家庭的节能投资和使用进行补贴等。欧盟国家主要采用低碳技术创新和税收优惠等，比如，针对交通、建筑和家用产品等多种产业领域进行能效改进和税收优惠等。英国同时采用正向激励和反向激励对新能源汽车购买行为进行干预，具体内容包括对购买新能源汽车的价格折扣和消费税减免，对购买大排量高污染汽车加征额外税收（赵书新，2011）。

虽然，学者们针对经济型策略对家庭能源消费绿色化的干预问题进行了大量研究，但就干预的效果问题尚未达成一致性结论。比如，Amstalden 等（2007）研究发现经济补贴、收入税减免和税收等财政政策和预期的能源价格都显著影响到瑞典家庭住宅领域的能效改造投资行为。Zhao 等（2012）采用问卷调研对美国佛罗里达州的家庭节能和新能源产品消费行为的政策干预效果进行了研究，发现户主更偏爱财政补贴和税收减免，而非零利率贷款。Yang 等（2015）针对中国新能源设备购买相关的补贴政策进行了研究，发现补贴政策显著地促进了高收入群体能效投资态度向投资意向的转化，但对低收入家庭影响效应并不显著。但也有学者通过研究发现经济型策略对家庭能源消费绿色化的干预效果不显著。比如，Walsh（1989）针对美国加利福尼亚州的家庭能效改进问题进行了研究，发现对新能源的税收优惠没有显著地促进他们进行能源效率提升。Egmond 等（2005）通过荷兰的多个家庭协会进行问卷调查，研究发现税收激励对于当地居民节能行为的促进效果比较微弱。

我们推断，学者们就经济型干预策略的效果尚未达成一致意见的原因如下：首先，不同学者针对不同国家或地区的研究设计、内容和经济激励力度各不相同，导致经济型干预策略的效果也存在差异。其次，不同国家或地区家庭收入水平各异，享受政策补贴产品对个体的可得性也不尽相同，这些情境因素也显著地影响着经济型策略干预的效果。再次，先前研究未严格区分自觉节能行为和引致节能行为。一般而言，作为外部诱因的经济型干预策略仅对引致节能行为存在显著影响，而对自觉节能行为作用比较微弱（Cameron，1985）。最后，从现实情况看，西方实现家庭能源绿色化的途径主要依靠对住宅进行节能改造或选择可再生能源等（Niemeyer，2010）。这是因为西方国家住宅的所有权模式以及用户在住宅建造和建筑材料选择等方面较大的自主性共同决定了其进行住宅节能改造的可能性，同样，他们一般也能自主选择能源供给来源。然而，我国城镇家庭居民对能源类型的选择权和住宅节能效果的自主性都非常低。这是因为我国住宅建造一般由房地产建筑公司完成，且能源供给方式是相对垄断的。因此，我国家庭能源购买购置行为一般是指用户对新能源或节能家居产品的购买选择行为，相应的家庭能源绿色消费态度行为缺口的刚性修复策略作用范围是新能源或节能家居产品的购买选择行为。

6.3.2.3 推进我国家庭能源绿色消费改革的具体刚性策略

（1）通过刚性策略改善我国既有建筑总体的能源效率，创建绿色交通系统。住宅是家庭能源绿色消费的基本驱动因素。我国房屋节能效率低下造成了大量能源浪费。鉴于通过建筑法规实现能源节约才刚刚起步，政府必须强化管理，尤其是着力推进相关法规执行。从推行节能建筑的角度，在建筑减排方面，可借鉴发达国家的政策工具，比如建筑物能源守则（Building Energy Codes，BEC），以降低建筑领域的长期能源需求。BEC 在建筑的设计阶段对能源需求设置一个最低值（Pan 等，2012），强制性建筑能源准则，减少建筑的生命周期成本；设置零能耗的建筑目标，鼓励建筑行业建设零能耗的房屋。在居民住宅建设中推广节能技术与节能材料，对现有住宅实施节能技术改造，提高整体用能效率。建议提高既有建筑的墙壁和屋顶的绝缘水平，以及安装双层玻璃窗来提高能源效率。既然住宅能够使用数十年，所以此类翻修成本一般能在房屋使用生命周期内通过能源节约得以补偿。我国政府应向市民传送这类信息并提供低息贷款、补贴或面向户主的信息咨询等鼓励措施，通过以上刚性策略能够改善我国既有建筑总体的能源效率，缩小我国家庭能源绿色消费态度行为缺口。

针对家庭绿色出行问题，建议政府对新汽车实行严格的排放标准。加紧牌照控制政策，推广新能源汽车，增加公共汽车站点，改善公交车空调系统、鼓励人们减少自驾、多使用公共交通工具，通过汽车购买价格税和燃料税等限制私家车需求的快速增长。地铁出行可有效减少大城市的交通拥堵，减少污染，因此鼓励家庭居民利用地铁系统实现家庭绿色出行目标，并且推广共享交通工具，比如共享单车、共享电动车、共享汽车等作为拥挤地铁的补充工具。

（2）引入按成本计价的集中供暖系统，从整体上改善家庭采暖的能源效率。我国家庭用户对舒适室温需求渐增引致更多的家庭能源消费。在北部加热区，高度的采暖补贴破坏了生产者和消费者的节能动机。因此，政府应调整供暖价格以使其反映居民实际使用成本。政府在实施过程中也应考虑弱势群体和社会公平。目前基于居住面积的计费系统并不一定反映真正的耗热量。"十二五"期间我国累计完成既有居住建筑供热计量及节能改造面积7.5亿平方米。未来可以在北部加热区将这一项目发展为按实际消费量计价以市场为主导的集中供暖系统。这种按成本计价的集中供暖系统能从整体上改善家庭采暖的能源效率。

（3）大力提倡利用清洁能源、再生能源和低碳技术创新降低家庭能源消费的环境污染。燃料替代显著提升了我国家庭的室内空气质量。然而，煤炭仍是发电和中央供暖的主导能源。电力和采暖需求上涨会相应地造成煤炭需求上升。以煤炭为主导能源的现状将进一步恶化我国许多城市的空气质量。因此，我国大力提倡利用再生能源和清洁煤技术进行发电。此外，我国供暖燃料应逐渐从煤炭转向清洁高效的天然气以缓解大气污染和雾霾天气。

政府利用绿色标签认证策略促进家电产品的低碳化，乃至企业将绿色标签融入绿色品牌战略，并最终通过家庭用户绿色产品购买修复我国家庭能源绿色消费态度行为缺口。具体而言，政府制定实施针对电视机、电冰箱、荧光灯、洗衣机等电器的节能标准，为符合节能标准的企业颁发节能标签、绿色标签或生态标签。绿色标签通常包含视觉提示和文本信息，提供产品成分、生产方法或生产过程的能源效率等，可以弥补消费者环保知识不足、生产消费的信息不对称以及防止媒体负面报道等。因此，绿色标签降低了消费者对绿色产品的认知障碍，为其购买行为提供了充分理由。因此，我们建议政府实施绿色标签认证、企业将绿色标签融入绿色品牌战略，这些都是修复我国家庭能源绿色消费态度行为缺口的关键举措。

（4）依托生态社区推进生活方式绿色化改革。随着收入增长，我国家庭正在经历消费升级。尤其是新兴中产阶级通过购买汽车、大房子和节省劳力的电器竞相模仿西方高耗能的生活方式。虽然，农村家庭相对落后，但他们若也追求高耗能生活方式也将引致巨大的能源需求。根据《国家新型城镇化规划（2014-2020年）》，2020年我国城市人口比例将上升至60%。城镇化有望缩小城乡收入差距并为满足国内需求提供丰富的产品和服务。城市人口渐增和收入导致的生活方式转向将进一步助推家庭能源消费上涨。值得注意的是在英国的生态社区中，消费者对绿色产品的联合购买已经有效地修复了个体绿色消费态度行为缺口。生态社区成员秉承自愿的极简主义，拥有绿色生活方式。这些社区共享环保价值观，并倾向于逐步形成一套影响其成员消费行为的规范。这些社区致力于降低物质资料消耗，通过道德选择促进责任消费，比如减少肉类消费。他们减少某些产品消费，减少浪费，追求能效水平较高的产品，比如通过社区大批量购买降低包装和运输的环境影响。可见，未来可以尝试依托生态社区推进生活方式绿色化改革。

中共十九大报告明确指出继续贯彻绿色发展理念，坚持人与自然和谐共生，倡导简约适度、绿色低碳的生活方式，开展创建绿色家庭、绿色社区和绿色出行等行动，最终推动绿色发展与美丽中国建设。同时，我国正在鼓励个人消费推动经济增长。因此，指导居民生活方式绿色化是未来我国能源节约的关键战略。绿色消费需要政府、家庭和民间团体的共同努力。政府是促进绿色消费的核心，因此其应积极贯彻落实更严格的建筑法规和节能电器标准。我国政府也应协调对居民决策具有潜在环境影响的跨部门政策，进而向消费者传递一致性的支持绿色消费的信号。家庭对绿色产品的需求将会相应地刺激这类产品的供应。因此，我国应提升绿色产品认证系统的公信力和独立性。如果住宅和家用电器生态标签以及公众节能意识得以高度提升，居民将会更关心如何实现更加可持续的生活方式。我国也需要鼓励非政府组织变成企业和家庭的信息中介者。

6.3.3 柔性策略对绿色消费态度行为缺口的修复效应研究

6.3.3.1 柔性干预策略回顾

（1）柔性管理策略历史演变。"柔"与"刚"或"硬"相对，有"软，不硬""软弱""温和"之意。由此顾名思义，柔性管理也可以简单地定义为软式管理或温和式管理，与之相对的是刚性管理或硬性管理。在中国，柔性管理政策的思想可谓是历史悠长。从道家老子在《道德经》第四十三章主张"天下之至柔，驰骋天下之至刚"到儒家孔子在《论语·为政》中提出的"为政以德，譬如北辰，居其所而众星拱之"都体现了"以人为本"的守柔思想。而西方现代管理学思想中则体现了刚柔并济的发展特点。早期泰罗在《科学管理原理》主张的经济人假设是刚性管理的典型代表，梅奥在霍桑试验后提出的社会人假设开启了人本主义管理阶段。这种人本主义管理可以看作柔性管理的萌芽和基础。

在经济学、管理学领域对于柔性管理的研究中，斯蒂格勒提出柔性是指能够支撑较大产出变动的生产技术特性；哈特认为柔性是企业对不确定性的反应，尤其是企业对需求波动和市场不完善性的反应。Mills（1984）认为在企业竞争中，更加具有柔性的企业可以在与静态高效性的大型企业竞争中占有一席之地。可见，经济学、管理学领域对柔性管理的早期研究主要集中于特定的柔性方法，后来进一步丰富了柔性管理的内涵，涉及企业对所有动荡经营环境的反应。如企业定位、不确定性、有机式组织和机械式组织、企业变革、柔性生产等诸多领域。可见，经济学、管理学领域对于柔性管理的运用还是侧重于企业战略及生产能力如何与外部环境相适应和协调，其本质内涵在于组织的适应和组织体的柔韧性。

在人力资源管理领域，舒尔茨等发现，富有柔性的工资计划和较高的员工参与度比柔性信息技术更能促进制造柔性。所以，有些学者认为在人力资源管理中，柔性组织架构应打破传统的层级结构。最近，甚至有学者主张应用优盘式组织安排，即每个员工都不被安排固定角色，项目小组随时根据工作任务组建或解散。可见，无论是在组织管理领域强调的组织柔性，以及在人力资源管理领域强调的员工的职能和技能的柔性，都是为了提升企业面对不确定环境的竞争能力，当面临外在风险时，能够快速有效地做出反应，进行战略调整，进而提升企业抗风险能力。这些研究的视角，还是将柔性管理作用于物的过程，而忽视了人不同于物，不仅有其物质属性，同时还具有心理属性。总的来说，柔性管理概念内涵有两种：一种着重于组织与外部环境的联系，强调组织在动荡的市场环境中，灵活组织资源、技术和人力，获取竞争优势；另一种着重于组织内部各种要素的相互联系，强调人本管理，追求员工个人需要与组织意志的协调统一（闫秀敏等，2008）。本书主张柔性干预策略主要指后一种，即以人为中心、一种人性化的管理策略。

（2）柔性干预策略的内涵和特征。余绪缨（1998）指出柔性管理本质上是一种人本管理，是在尊重人性、人格和尊严的前提下促进员工对企业的凝聚力和归属感，并以此为基础进行的分权式管理。龚长宇（2011）指出柔性政策是社会管理主体运用舆论宣传、说服教育和社会疏导等非强制性手段引导社会成员主动进行行为改变，其治理主体具有多元性；手段具有非强制性；本质是以人为本；目标是维持社会秩序。孙悦等（2013）也同意柔性管理是一种人本管理的观点，并进一步指出柔性管理是在充分理解人们需求的基础上，通过教育、引导和帮扶等非强制性培养人们的自觉行为。郑其绪（2014）也赞同余绪缨（1998）与孙悦等（2013）的观点，认为与"以法律法规为中心"的刚性管理不同，柔性管理是一种人本管理。它在遵循人的心理和行为规律的前提下，运用非强制手段引导员工个人目标服从组织意志的自觉行动。

可见，刚性策略更注重外化于形，柔性策略更注重内化于心。柔性策略更强调激发社会成员的自觉性,是一种引导式管理,被管理对象的行为改变是主动的。本书在总结众多领域对柔性干预策略的基础上,将柔性干预策略的基本特征概括为如下几点:①人本性。柔性干预策略的核心是人本性管理,在柔性干预策略的干预过程中,强调人不仅作为政策干预的物的重要性,同时更为重要的是其心理的重要性。增强社会公众的归属感、向心力。②非强制性。相比较刚性管理政策,柔性干预策略具有非强制性的特征。与刚性管理政策的法律、法规以及命令等相比较,柔性干预策略更多从社会公众的社会心理视角进行干预,社会公众的行为产生不是受到外在力量干扰产生,而是其从内心自觉产生的行为。③一致性。柔性干预策略体系具有一致性特点。刚性管理政策一般涉及到的仅仅是社会公众的某一类具体的行为干预,而柔性干预策略由于干预的是社会公众的价值观等内在的心理变量,使其外化成具体的行为,故而在其行为结构中具有较强的一致性特点,更为长期和稳定。

(3)柔性干预策略应用。从社会管理领域的应用来看,柔性管理理论最先运用于企业管理领域,随着新公共管理改革推进,逐渐成为政府公共管理领域的关注焦点。比如,在我国工商行政管理和城市管理综合执法中摒弃原有的强制性行政执法,采用柔性的行政指导与鼓励。自从2010年以来,"柔性社会管理""社会管理柔性化""柔性化工作法"越来越被媒体报道,这种社会舆论导向预示着柔性管理广阔的应用前景。比如,侯杨(2011)提出将柔性管理思想融入现代政府管理,具体表现为教育、协调、激励和互补四个职能。柔性管理有助于政府管理理念创新,也是行政权力之外政府可运用的另一社会管理的重要手段(龚长宇,2011;郑其绪,2014)。

政府公共管理的手段应该刚柔并济,柔性策略和刚性策略结合既具有理论上的科学性,又具有现实的适用性。从政府政策工具类型看,既包括法律法规和政府管制等强制性工具,又包括舆论引导和倡导绿色出行等自愿性工具,这分别与刚性策略和柔性策略的内容是一致的。柔性策略和刚性策略相结合,有利于推进政策工具创新,增加政府政策工具的备择选项,丰富政府政策目标的实现路径,实现多样化管理。人性化这一特征促使柔性干预策略的研究边界拓展到更广阔的领域。相比较刚性管理政策的以法律、规章、命令与指令等强制性的政策规范,柔性干预策略更加强调通过外在干预的手段引导社会成员的价值观和行为方式过程,进而规范社会行为促进社会认同。社会成员的价值观和行为方式是多样性和一致性的统一(龚长宇,2011)。

可见,柔性管理方法已广泛应用于管理领域,越来越成为现代管理的潮流和趋势。在移动互联网和大数据时代，家庭能源消费行为日益个性化、独特性、差异化（zhou 等，2016）。大众化、公共化、集中化的信息干预策略越来越不能适应时代的要求，定制化信息等柔性干预策略更加值得重视。然而柔性干预策略的现有研究大都是从企业生产和组织管理的视角对柔性管理进行描述，而将柔性干预策略作为一种政策工具运用在社会管理领域的研究相对甚少。相对而言，刚性干预策略强调"以法律法规为中心"的强制性管理，因此引发的抵触和反对会更多，实施成本、执行成本和管理成本也会更高。而柔性管理方法强调人本管理，通过思想渗透和自我学习达到激励人的目的，由此柔性干预策略的实施成本和执行成本更低。可见，柔性干预策略相对刚性管理来说其政策成本更低，负面作用更小，政策效应也更持久。

目前，关于柔性干预策略具体内容、规律和有效性机制的研究还很少。特别是社会管理政策为什么要提高政策柔性度，政策柔性度的目标定位和发展趋势如何，如何有效提高政策柔性度，从什么视角或路径提高政策柔性度，如何评价政策柔性度等问题值得进一步地深入研究。最后，在绿色消费行为理论和实践中，柔性干预策略更多的是表现为一种理念或思想，还缺乏系统的研究。目前在绿色消费行为理论研究中，符合柔性干预策略理念的政策其实很多，目标设置、诱导承诺、提供信息、结果反馈等都具有柔性干预策略特征，部分经济激励政策一定程度上也有柔性干预策略特征。但目前对于柔性干预策略的系统梳理、分类及其柔性度评估等还缺乏充分的研究。

6.3.3.2 柔性政策对我国家庭能源绿色消费态度行为缺口的修复效应研究

本书对柔性干预策略作出如下界定，是指在现有使用条件不变的情况下，通过舆论引导等柔性策略影响消费者的认知、动机、情感和社会规范等心理因素，进而改变消费者的行为，消减能源使用量（比如，减少使用恒温器），具有某种程度的自愿性。柔性政策在推动家庭能源绿色消费中的应用，更多的是表现为一种管理思想，而非明文呈现出的政策性文件。符合柔性干预策略理念的除了上面提到的使用目标设置、诱导承诺和提供信息等前置政策外，结果反馈也具有柔性干预策略的特征。对这些管理政策我们不再重复回顾和评述。具体而言，本书将我国家庭能源绿色消费态度行为缺口的柔性修复策略分为：认知提升型干预策略、情感激发型干预策略、动机驱动型干预策略、规范激活型干预策略和柔性组合干预策略等几种类型。

（1）认知提升型干预策略。认知提升型干预策略（或信息干预策略）是指通过信息干预等柔性策略影响消费者的家庭能源绿色消费知识,进而改变其行为,消减能源使用量的策略。根据干预时机不同,可以将信息干预分为两类:事前干预和事后干预。事前干预是指宣传和教育等方式来影响个体认知,进而诱发行为改变;事后干预是指通过记录并反馈家庭用户的能源使用情况,诱发个体再次采取该行为的策略。根据干预方式不同,可以将信息干预分为:节能宣传教育、设备监控和外部反馈三类。节能宣传教育应用于节能行为发生前的引导;设备监控应用于节能行为发生期间的提示;外部反馈应用于行为结果对后续行为的影响。其中,学者们就外部反馈的效果已经基本达成共识,但尚未对节能宣传教育的效果达成一致结论。

根据信息内容的侧重点不同,可以将信息反馈分为:标准信息反馈、评估信息反馈、对比信息反馈和环境信息反馈四类。标准信息反馈是指向家庭用户传达其在特定时期能源使用的数量和费用,它是最经常被使用的方式;评估信息反馈是指以某一家庭能源使用的数量和费用为基础,对其用能习惯和能耗结构进行分析说明;对比信息反馈是指通过自对比反馈和社会对比反馈,让居民了解其所在社会(或社区)的相对水平和自家能耗的历史变化;环境信息反馈是通知家庭用户其当期能源消费可能对环境造成的潜在影响。

虽然,宣传教育、公益广告、户外横幅、能效标识等在一定程度上影响了受众的知识、态度、意识和价值观念,却未能显著地实质性修复家庭绿色消费态度行为缺口。比如,Frederiks 等(2015)研究发现传统信息政策的需求侧响应并不完全奏效。实际上,传统信息政策大多属于一般化或大众化信息,而不是定制化或个性化信息(Abrahamse 等,2007)。先前研究表明定制化信息比传统信息政策的需求侧响应效果更好。因此,本书建议应该充分发挥定制化信息对我国家庭能源绿色消费的影响效应。

为了有效提升人们的环保认知水平,我们建议普及家庭能源绿色消费的基本知识和行为指南。首先,要运用各种线上、线下媒介工具,采取多种形式(如户外文字图画宣传、主题展览、参观考察、社区咨询、知识竞赛、有奖问答、从小学到大学的课堂教育等)向居民进行多方面的家庭能源绿色消费基本知识传播。其次,充分重视微观、具体、定制化信息等对我国家庭能源绿色消费的影响效应。比如,向消费者传播关于特定产品的碳排放量、低碳认证标志、可循环回收垃圾、环境友好型产品等方面的具体知识。最后,对消费者进行家庭能源绿色消费知识的传播教育不是一劳永逸的过程。事实上，不断对消费者进行家庭能源绿色消费知识教育，这既有信息告知的作用，也有说服影响的作用，更有实时提醒和消费引导的作用。它有助于强化消费者的家庭能源绿色消费意识，时时提醒消费者在消费过程（包括购买和使用、处理）中注意产品消费的节约与环保问题，把家庭能源绿色消费行为变成"潜意识"或"习惯"。

（2）情感激发型干预策略。在体现柔性管理思想的相关政策中，情感（感性）信息诉求被认为是一种典型的柔性干预策略。Mattila（1999）研究发现感性信息诉求能引发个体的情绪反应，若情绪与绿色消费心理匹配则会进一步激发消费者的绿色产品购买意向。Chan（1996）分别选择15种高融入度/低融入度的产品或服务，然后分别为每种产品或服务制作一个理性信息诉求和情感信息诉求，并测试消费者对这两种信息诉求的反应，结果发现无论对于汽车等高融入度产品，还是零售店中的快速消费品等低融入度产品，情感信息诉求的效果均优于理性信息诉求。消费者反映理性信息诉求是"单调""乏味""容易忘记"，而情感诉求信息是"有趣""吸引人""有创造力"，所以，消费者更喜欢情感信息诉求（王怀明，1999）。Hartmann等（2012）也指出，就绿色消费而言，突出情感绿色信息诉求比突出理性绿色信息诉求的效果更好，消费者基于情感绿色信息诉求更容易形成积极的绿色消费态度。Matthes等（2014）通过对比情感型、功能型、情感功能型三种绿色信息的效果发现，情感型绿色信息能够通过消费者信息态度这个中介变量显著影响其品牌态度，而功能型绿色信息只影响绿色融入度高的消费者的品牌态度。

黎建新等（2014）基于绿色产品类型（利己型绿色产品和利他型绿色产品）和信息诉求类型（理性信息诉求和情感信息诉求）的2×2矩阵，研究发现理性信息诉求/情感信息诉求会更显著地影响消费者对利己型/利他型绿色产品的信息态度和购买意向。毛振福等（2017）从绿色广告诉求类型和自我建构类型出发研究消费者绿色购买意向的形成机制，研究发现相对于理性诉求/感性诉求，面对感性诉求/理性诉求时，独立自我/互依自我的购买意向更高。余真真等（2017）指出，随着研究的不断发展，理性研究路径展现出很大的局限性，情感的作用越来越受到关注。积极和消极情感作为绿色消费行为的影响因素发挥不同作用，情感融入对亲环境行为也具有重要影响，由此今后的亲环境行为研究应走向"情理合一"的研究路径。

情感对绿色消费行为存在显著的正向影响效应（Farley等，2003）。推进绿色消费，晓之以理，不如动之以情。比如，王建明等（2016）研究发现隐含情感、复合情感和特定情感等都会积极正向地影响绿色行为。相对而言，针对环境的正面情感比负面情感对绿色消费行为的影响更显著（王建明，2015）。鉴于态度由认知、情感和意动三要素构成，因此，积极的绿色消费态度营造不仅要求提升个体的环保认知水平，更需要提升人们对环境的热爱程度。比如，Dunn等（2008）研究发现自我情感性补偿机制带来的积极情绪，可能是人们进行绿色消费行为的重要原因。情感产生的来源包括：消费经验、企业的营销信息和购买情境。其中，基于消费经验产生的情感对后续行为影响最显著。首先，号召人们进行绿色消费，宣扬"赠人玫瑰，手有余香"的环保观念。先前研究证实绿色消费经验激发的积极情绪，可能是人们选购绿色产品的重要原因。其次，企业可以通过环保广告等感性绿色信息诱发消费者的某种积极情感情绪（如愉快、激动、兴奋或自豪等）或消极情感情绪（如恐惧、内疚、罪恶或羞耻等），这些情感情绪因素能激发期望的行为、抑制非期望的行为。最后，厂商也可以通过营造出令人感动的情境（关爱家人、热爱生活、为家人营造环保的生活环境等），来激发消费者对绿色产品的积极情感。可见，倡导乐于助人也就是助人为乐，推动积极情感与绿色消费行为之间的正向循环关系，不仅是修复我国家庭能源绿色消费态度行为缺口的重要途径，而且对于提高国民幸福指数都具有重要的现实意义。

（3）动机驱动型干预策略。目前，学者们针对利己信息诉求和利他信息诉求对绿色消费行为的影响展开了广泛的研究，但尚未达成一致性结论。比如，Iyer等（1992）针对广告信息诉求类型（利己信息诉求VS利他信息诉求）进行研究，发现大多数有关绿色产品的广告普遍应用利他信息诉求。但Schuhwerk等（1995）却研究发现，利己信息诉求比利他信息诉求更能激起消费者对绿色产品的购买欲望。林美吟（2009）以绿色汽车为对象，研究发现以自身利益为重的利己信息诉求会显著正向影响消费者对绿色产品广告和品牌的态度。但利他/利己绿色信息诉求类型对绿色产品购买意向的影响并不存在显著差异（林子锟，2009）。吴淑玉（2010）以环境知识为调节变量，研究发现利他绿色信息诉求更会激发具备丰富环境知识消费者的绿色产品购买意向，而利他/利己绿色信息诉求对环境知识贫乏的消费者影响不存在显著差异。

Griskevicius等（2010）研究发现在社会外显性高的公开场合，利他信息诉求对绿色产品购买的促进效果更好。Peloza等（2013）研究发现利他诉求会激发高道德身份个体的内疚感，进而促进其绿色产品购买意向。Kareklas等

(2014)以绿色有机食品为对象,利用实验方法研究发现同时包含利他、利己绿色信息诉求的广告会最显著地影响绿色有机食品的购买意向。有些学者进一步研究了情境因素在信息诉求方式与绿色购买意向之间的调节作用。比如,吴波(2014)研究发现在利他/利己诉求信息背景下,道德认同与绿色消费倾向关系显著/不显著,且环保自我担当会/不会充当二者的中介变量。熊小明等(2015)基于印象管理理论和自我概念理论,研究发现在公开场合,利他信息诉求会更显著地影响绿色购买意向;在私下场合利己信息诉求会更显著地影响绿色购买意向。可见,绿色信息诉求对绿色购买意向影响效果不同问题,可能的原因是还存在一些显著影响二者关系的中介变量和调节变量尚未被发现,这也是未来进一步研究的方向。

很多学者还从许多不同的角度对不同绿色诉求信息的营销效果进行了研究,其分析维度包括:对绿色和非绿色诉求(Ku 等,2012)、环境利益和经济利益诉求(Xu 等,2015)、自我利益和他人利益诉求(Kareklas 等,2014;吴波,2014;杨智等,2017)、长期利益诉求和短期利益诉求(Xu 等,2015)、抽象诉求和具体诉求(Yang 等,2015)、强制诉求和建议诉求(Kronrod 等,2012)、强势诉求和非强势诉求(陈凯等,2017)、理性诉求和感性诉求(Hartmann 等,2012;Matthes 等,2014;毛振福等,2017)、真实环境诉求和虚假环境诉求(孙蕾等,2016)等。其实这些绿色信息诉求都或多或少带有柔性干预策略特点。

基于利己动机进行家庭能源绿色消费的个体是为了获得社会赞誉。尤其是基于炫耀性心理、面子意识和物质主义价值观等进行的绿色消费行为仍具有某种程度的功利主义色彩。这种以自我标榜为目标的消费行为是以理性人假设作为基础的。朱富强(2015)将这种行为逻辑称为"为己利他",即个体为了整体利益或长期利益而选择放弃局部利益或短期利益的理性行为逻辑。它可以解释大量的互惠合作行为,比如基于利己动机进行的绿色消费行为就是很好的例证。但基于情感性补偿的绿色消费行为主要源于个体的利他动机,他们由衷地热爱自然环境,是真正的环保主义者,其决策基础是社会人假设。从绿色发展进程来看,绿色消费是社会公众对绿色消费由漠不关心、伪绿色消费者到真正绿色消费者逐渐演变的过程。因此,基于利己型绿色消费仅是绿色发展的一个过渡阶段而已,实现绿水青山的梦想最终依靠民众向利他型绿色消费者,即真正的环保主义者转变。

值得注意的是在新时代背景下,共享经济打破了"利己""利他"边界。

因此，倡导共享经济是推进家庭能源绿色消费的有效举措。我们认为共享经济，代表了一种绿色的生活方式。它倡导个人闲置资源有效利用、社会大众互帮互助和最大限度地提高资源利用率。我们认为共享必然意味着绿色，而绿色未必是共享的。比如，节水、节电和生活垃圾分类处理等都属于绿色行为，但并不属于共享行为。而有些绿色消费体现为个体与他人共享资源。比如，有序发展网络预约拼车、自有车辆租赁、民宿出租、旧物交换利用等，这些共享行为都是节约资源，绿色之举。共享经济为促进绿色消费、绿色发展提供了不竭的动力。共享经济是一种带有互联网基因的新经济模式，其主要特征是社会成员分享各自的资源，共同享受经济红利。从发展势头迅猛的手机约车软件 Uber、滴滴，到备受投资人青睐的房屋分享服务 Airbnb、住百家，都是分享经济的典型代表。换言之，很多秉承共享理念的企业实际行动践行了绿色消费理念。比如，约车软件的流行，缓解了城市高峰期运力不足的矛盾，减少了私家车出行总量，既让民众出行变得便捷，又促进了节能减排。

（4）规范激活型干预策略。Cialdini 等（1990）的规范行为焦点理论主张社会规范对个体行为具有指导作用。根据前文所述，社会规范有利于揭示绿色消费中"言行不一"背后的原因。根据内容可将社会规范分为：描述性规范和指令性规范。其中，前者会简单地告诉个体，哪些行为是适当的，即个体在特定情境下应该做什么；后者会告知个体什么是被社会赞同或者是反对的行为，并详细说明个体在特定情境下必须做什么。虽然两种规范都显著影响绿色消费，但学者们更倾向于研究描述性规范的作用。比如，Barr（2007）发现回收利用之所以被广泛接受是因为居民将其作为一种日常规范，而削减消费量则通常被认为是受价值观驱动的自愿行为。Goldstein 等（2008）研究发现，规范诉求（比如，大多数顾客重复使用了他们的毛巾）比简单描述环保收益更能有效驱动绿色消费。有趣的是越具体的规范性信息（比如，这个房间大多数顾客重复使用了他们的毛巾）对消费者的影响越大，这也许因为这种描述方式更有利于消费者想象当下行为所处的情境。

深入研究我国城镇家庭能源绿色消费问题还需关注我们自身文化的核心元素。中国社会偏向于集体主义社会文化，这导致中国人对社会心理因素异常敏感。加之，在消费导向、发展导向的社会主导范式下，推进绿色生活方式的实际效果仍旧没有达到预期。虽然很多家庭有了节能意识或认知，但我国家庭能源绿色消费态度行为缺口依然较大。总体上，家庭能源绿色消费尚未成为民众自觉行为，绿色生活方式的社会氛围还未形成。值得注意的是社会规范唤起对家庭节能行为的促进作用已经得到大量实证研究的支持。比如，Schultz 等（2007）研究发现公布社区家庭平均用电量能降低高出平均水平家庭的用电量。相对而言，经济激励和低碳技术创新等绿色消费干预策略既费时又费力，规范信息不仅成本更低且行之有效。尽管规范焦点理论已提出二十余年，但它的重要性在实践中往往被低估，尤其是在促进环保行为方面的应用价值，最近几年才受到学界和业界的广泛关注。鉴于规范唤起的干预策略能够从社会心理角度使家庭能源绿色消费由外在驱动转化为内在驱动，因此它有助于从根本上推动我国家庭能源绿色消费变革。

树立"环境保护，人人有责"的社会道德规范，促成居民对其家庭用能行为的自我约束。首先，转变居民的"无责任"心理，强调家庭节能"责无旁贷"，树立"环境保护，人人有责"的社会道德规范。特别是要让居民明确意识到家庭能源绿色消费是个体"应尽的责任和义务"，而不是个体对社会"额外的付出和贡献"。其次，时刻提醒居民承担家庭节能的责任，并且需要立即采取行动。这就要求对居民进行长期的提示式教育和提醒式传播。通过转变居民的"无责任""政府责任""他人责任""责任逃避"等心理，使每个家庭居民都意识到自己对节能环保的责任，逐步树立其社会责任感和伦理道德观。最后，从具体措施看，可以借助单位、学校、企业、街道、社区及各类环保组织，开展丰富多彩的实践体验活动，比如环保主题教育、绿色摄影展览、低碳知识竞赛、环保参观访问、实地体验宣传等。

（5）柔性组合干预策略。在我国家庭能源绿色消费态度行为缺口的柔性干预策略研究中，除了需要分析柔性干预策略对我国家庭能源绿色消费的影响效应外，还需要重点分析不同维度柔性干预策略对家庭能源绿色消费态度行为缺口的影响效应，进而修复家庭能源的绿色消费态度行为缺口。不同柔性干预策略对绿色消费的作用机理如表6-2所示。本书将柔性干预策略分为认知提升型策略、情感激发型策略、动机驱动型策略、规范唤起型策略这四类，不同柔性干预策略引致的个体需求侧响应及其发生机制、发展过程必然不同，这需要针对性地进行分析。此外，我们还需要评估揭示柔性干预策略相对刚性管理政策的作用机理差异，比较不同维度柔性管理工具之间的作用机理差异，并进一步比较总结四类柔性干预策略对推动绿色消费行为的作用路径和机制的差异并进行实证检验。

表 6-2　不同柔性干预策略对绿色消费的作用机理

柔性干预策略类型	具体的柔性干预策略	柔性干预策略对绿色消费的作用内涵
针对个体行为的柔性干预策略	认知提升型	通过柔性干预策略丰富个体绿色消费相关知识
	情感激发型	通过柔性干预策略提升个体对绿色消费偏好
	动机驱动型	通过柔性干预策略提升个体选择绿色消费的内在驱动力
	规范唤起型	通过柔性干预策略唤醒个体的社会规范
针对群体行为的柔性干预策略	认知提升型	通过柔性干预策略丰富群体绿色消费相关知识
	情感激发型	通过柔性干预策略提升群体对绿色消费偏好
	动机驱动型	通过柔性干预策略提升群体选择绿色消费的内在驱动力
	规范唤起型	通过柔性干预策略唤醒群体的社会规范

如前文所述，群体行动是绿色消费态度行为缺口修复的有效措施。比如，Moraes 等（2012）研究发现在英国生态社区中联合购买绿色产品有效地修复了个人绿色消费态度行为缺口。因此，未来通过柔性策略唤醒大众生态价值观，塑造绿色生活方式，引导群体行为改变是实现可持续发展的必然选择。

以往研究已证实多种干预措施联合使用比单一干预措施能更显著地影响居民降低能源消费行为。基于柔性干预策略框架分析，柔性干预策略组合有如下情况：二维组合（即两两组合）、三维组合（三三组合）、四维组合（四四组合），未来研究的柔性干预策略组合模式如表 6-3 所示。

表 6-3　柔性组合干预策略

组合模式	具体的柔性政策组合	模式内涵
二维组合	认知+情感	通过柔性干预策略丰富个体绿色消费相关知识与对绿色消费偏好
	认知+动机	通过柔性干预策略丰富个体绿色消费相关知识与选择绿色消费的内在驱动力
	认知+规范	通过柔性干预策略丰富个体绿色消费相关知识与唤醒个体绿色消费相关的主观规范

续表

组合模式	具体的柔性政策组合	模式内涵
二维组合	情感+动机	通过柔性干预策略提升个体对绿色消费偏好与选择绿色消费的内在驱动力
	情感+规范	通过柔性干预策略提升个体对绿色消费偏好与唤醒个体绿色消费相关的主观规范
	动机+规范	通过柔性干预策略提升个体选择绿色消费的内在驱动力与唤醒个体绿色消费相关的主观规范
三维组合	认知+情感+动机	通过柔性干预策略丰富个体绿色消费相关知识、提升个体对绿色消费偏好、提升个体选择绿色消费的内在驱动力
	认知+情感+规范	通过柔性干预策略丰富个体绿色消费相关知识、提升个体对绿色消费偏好、构建个体绿色消费相关情境唤醒个体绿色消费相关的主观规范
	认知+动机+规范	通过柔性干预策略丰富个体绿色消费相关知识、提升个体选择绿色消费的内在驱动力、唤醒个体绿色消费相关的主观规范
	情感+动机+规范	通过柔性干预策略提升个体对绿色消费偏好、提升个体对绿色消费偏好、唤醒个体绿色消费相关的主观规范
四维组合	认知+情感+动机+规范	通过柔性干预策略丰富个体绿色消费相关知识、提升个体对绿色消费偏好、提升个体选择绿色消费的内在驱动力、唤醒个体绿色消费相关的主观规范

6.4 本章小结

本章是我国城镇家庭能源绿色消费态度行为缺口的修复策略研究。本章首先分析了家庭能源绿色消费态度行为缺口的修复理论和修复策略，然后在前文实证研究的基础上重点从刚性策略和柔性策略两个视角讨论了外部干预对我国家庭能源绿色消费态度行为缺口的修复策略。对每个部分内容的具体小结如下：

6.4.1 家庭能源绿色消费态度行为缺口修复理论和修复策略的研究小结

（1）不同干预策略对绿色消费行为的作用机制并不一样。总的来说，信息传播、目标设置、诱导承诺和榜样设定等前置干预策略通过影响个体的动机、态度和行为意向等心理因素进而实现消费行为调整和促进绿色消费行为的结果，经济激励、外部约束、结果反馈等后继政策通过改变经济和非经济的成本收益进而实现消费行为调整和促进绿色消费行为。从学习理论来看，前者属于认知学习的范畴，后者属于行为学习的范畴。

（2）行为干预的相关理论有很多，但没有一个行为干预理论得到普遍认同。改变行为非常困难，但仍然可以通过适当的外部管理政策或干预策略改变个体行为，因此行为干预的相关理论就非常重要。基于前述文献梳理发现以往相关干预理论研究还比较零散，也未见得到理论界一致认同的行为干预理论。这为后续研究提供了发展空间。

（3）干预策略的影响还受到文化情境因素的调节作用，但目前这方面的研究偏少。文化对个人的影响是一个长期的潜移默化的过程。特定文化中的个体如同鱼水关系。中国文化源远流长，个体在其熏陶下，集体主义和面子意识等中国特有的文化特征会逐渐引发个体的心理变化。社会文化会内化为个体的价值观。这属于默会性学习范畴，但这种学习模式背后的机制还需要进一步探讨。

6.4.2 外部干预对绿色消费态度行为缺口修复效应的研究小结

合理性是本书的研究焦点与核心内容。鉴于合理性的主观性，因此能够通过外部干预策略进行塑造。基于前文所述可知，柔性策略更适于改变态度，刚性策略更适于直接引发行为改变。比如，以往研究显示经济激励策略通常对刺激个体由非绿色消费行为转变为绿色消费行为比较有效。因此，本书主张通过刚性策略降低行为难度或消除行为障碍，弱化个体拒绝节能行为的理由，进而提升个体采纳节能行为的合理性水平，实现修复我国家庭能源绿色消费中的强态度、弱行为型缺口的干预目标；通过柔性策略促成个体对节能行为的积极态度，强化个体采纳节能行为的理由，进而提升个体采纳节能行为的合理性水平,实现修复我国家庭能源绿色消费中的弱态度、强行为型缺口的干预目标。从绿色消费障碍因素类型与修复策略匹配关系看,源于住宅特征导致的家庭能源绿色消费态度行为缺口需要采取刚性策略予以修复;源于家庭用户心理因素导致的家庭能源绿色消费态度行为缺口需要采取柔性干预策略予以修复,源于情境因素导致的家庭能源绿色消费态度行为缺口需要采取组合干预策略予以修复。

  本书将柔性干预策略分为认知提升型策略、情感激发型策略、动机驱动型策略、规范唤起型策略和柔性组合干预策略这五类,不同柔性干预策略引致的个体需求侧响应及其发生机制、发展过程必然不同,未来我们不仅需要评估揭示柔性干预策略相对刚性管理政策的作用机理差异,而且需要比较不同维度柔性管理工具之间的作用机理差异并进行实证检验。比如,就认知提升型策略而言,相较于大众化信息政策,定制化信息能更显著地实质性修复家庭绿色消费态度行为缺口。就情感激发型策略而言,倡导"赠人玫瑰,手有余香",不仅是修复我国家庭能源绿色消费态度行为缺口的重要途径,而且对于提高国民幸福指数都具有重要的现实意义。

7 结论建议与研究展望

7.1 研究结论

中共十九大报告明确指出继续贯彻绿色发展理念，坚持人与自然和谐共生，倡导简约适度、绿色低碳的生活方式，开展创建绿色家庭、绿色社区和绿色出行等行动，最终推动绿色发展与美丽中国建设。然而，巨量的能源消费导致了环境质量严重恶化。其中，家庭用户是温室气体排放的重要主体，乃至全球气候变暖的根源。随着工业化向纵深方向推进，西方发达国家经历了家庭能源消费快速增长的发展历程，我国终端能源消费结构也必然会出现类似的变化。我国家庭生活能源消费（包括交通用能）将逐渐替代工业用能最为主要的能源消耗主体。在中国，一些学者估计，目前居民消费导致的直接和间接能源消费可能占能耗总量的50%~60%。高耗能生活方式对家庭能源消费的"锁定效应"正逐步显现。可见，家庭能源消费行为变革对推动能源消费绿色化的作用越来越不容小觑。

国内外很多学者研究表明绿色消费态度对绿色消费行为有很好的预测作用，但也有研究指出绿色消费态度和行为之间没有显著的关系。而且现实生活中，很多消费者都认为绿色消费行为是"说易行难"的。从现实情况看，绿色消费尚未成为民众自觉行为，我国家庭能源的绿色消费态度行为缺口仍然较大。为了解决我国城镇家庭能源绿色消费中的"说易行难"问题，本书基于行为推理理论，从行为合理性出发，构建我国城镇家庭能源绿色消费态度行为缺口形成机理模型，对绿色消费态度转化为绿色行为这个过程的影响进行研究。并以此为基础，从刚性和柔性两个方面提出了态度行为缺口的修复策略，尤其重点阐述了如何利用柔性策略对我国城镇家庭能源绿色消费态

度行为缺口予以修复。本书在理论研究和实证研究的基础上,得出了以下主要结论:

7.1.1 探明了造成我国家庭能源绿色消费态度行为缺口的原因

从以往研究看,少数学者探索了合理性的维度及其对新能源采纳行为的影响,但这些研究主要以西方居民为样本,测量合理性的问项相对比较简单。因此,为挖掘我国城镇家庭能源的绿色消费态度行为缺口的成因,本书选取杭州、徐州、合肥和淮南等城市的家庭用户为访谈对象,运用扎根理论探明我国城镇家庭能源的绿色消费态度行为缺口的成因。研究发现家庭能源绿色消费行为的影响因素包括:家庭特征、结构性条件和情境因素,以此为基础形成居民采纳与拒绝节能行为的理由,而采纳理由会通过态度的中介作用间接正向地影响绿色消费行为,拒绝理由则由于心理捷径直接负向地影响绿色消费行为,二者的不协调共存导致我国家庭能源的绿色消费态度行为缺口。

7.1.2 揭示了我国家庭能源绿色消费态度行为缺口的形成机理

本书基于行为推理理论,从行为合理性出发,构建我国城镇家庭能源绿色消费态度行为缺口修复模型,对绿色消费态度转化为绿色行为的过程进行研究。针对新能源汽车消费中的态度行为缺口问题,通过网络共成功收回325份有效问卷,基于行为推理理论对绿色消费的影响机制进行了实证研究。结果表明:态度对绿色消费行为意向影响显著,价值观对绿色消费行为意向影响不显著,情境因素在行为合理性、态度和绿色消费行为意向的关系中起调节作用,履行绿色消费的理由促成积极的绿色消费态度,拒绝绿色消费的理由导致绿色消费行为规避,二者不协调共存导致了绿色消费态度行为缺口。本书不仅拓展了传统的理性行为理论,而且能为政府和企业设计绿色消费态度行为缺口修复对策提供参考。

行为推理理论将个人绿色价值观、行为合理性、绿色消费态度和行为有机整合起来,揭示了个体绿色消费行为的产生机理。这一机理主要体现在以下四个方面:①消费者基于驱动因素形成绿色家庭能源采纳理由,并形成对绿色家庭能源的正向态度,消费者基于障碍因素形成绿色家庭能源拒绝理由,并形成绿色消费的拒绝行为,二者的不协调发展导致了绿色消费的态度—行为缺口。②城镇家庭能源的绿色消费态度是绿色消费行为意向的主要预测因子。消费者在面临采纳/拒绝绿色消费的理由时,绿色消费价值观是执行绿色消费行为的基础。③个体如何加工和城镇家庭能源的绿色消费价值观有关的信息将直接影响其如何解释自身绿色消费行为的合理性，一旦个体怀有强烈的采纳/拒绝绿色消费行为的理由，也就会对这一行为选择产生积极的/消极的态度和行为意向。④由于追求心理捷径的原因，绿色消费价值观会直接影响家庭能源的绿色消费态度。

7.1.3　提出了我国家庭能源绿色消费态度行为缺口的修复策略

柔性策略更适于改变态度，刚性策略更适于直接引发行为改变。比如，以往研究显示经济激励策略通常对刺激个体由非绿色消费行为转变为绿色消费行为比较有效。因此，本书主张通过法律法规型和经济干预型等若干刚性干预策略降低行为难度或消除行为障碍，弱化个体拒绝节能行为的理由，进而提升个体采纳节能行为的合理性水平，实现修复我国家庭能源绿色消费中的强态度、弱行为型缺口的干预目标；通过利用认知提升型、情感激发型、动机驱动型、规范激活型和柔性组合型等几种柔性干预策略促成个体对节能行为的积极态度，强化个体采纳节能行为的理由，进而提升个体采纳节能行为的合理性水平，实现修复我国家庭能源绿色消费中的弱态度、强行为型缺口的干预目标。从绿色消费障碍因素类型与修复策略匹配关系看，源于住宅特征导致的家庭能源绿色消费态度行为缺口需要采取刚性策略予以修复；源于家庭用户心理因素导致的家庭能源绿色消费态度行为缺口需要采取柔性干预策略予以修复；源于情境因素导致的家庭能源绿色消费态度行为缺口需要采取组合干预策略予以修复。由于目前法律法规等刚性策略主要用于干预产业能源消费领域，较少用于家庭能源消费领域。加之，法律的强制性往往导致社会支持感不足，因此本书提出"刚柔相济""以柔为主""以刚为辅"的政策建议修复我国城镇家庭能源的绿色消费态度行为缺口。

7.2　绿色消费态度行为缺口修复的关键政策建议

目前，经济发展、刺激消费与环境保护乃至绿色消费等都是当代中国面临的重大社会问题。2018年埃森哲的《中国消费者洞察报告》显示，中国居民消费支出稳步上升。其中，2017年国民最终消费对经济增长的贡献率达到

58.8%,连续第四年成为拉动经济增长的第一驱动力。然而,家庭能源绿色消费尚未成为民众自觉行为,家庭节能的社会氛围尚未形成。因此,家庭能源绿色消费亟待政府的科学干预。本书的最终目标是为降低家庭能源消费量或实现家庭能源绿色消费提供科学建议。1987~2010 年,我国家庭能源消费从 4.09 亿吨煤当量上升至 10.05 亿吨煤当量,增长率为 146%。其间,农村家庭人均能源消费从 253 千克标准煤当量上升至 425 千克标准煤当量,城市家庭则从 731 千克标准煤当量上升至 1075 千克标准煤当量。城乡居民能源消费差异也进一步扩大。而且,我国家庭能源消费量严重落后于日本和美国。我国居民对更大居住面积、电器、采暖和制冷、出行等需求的日益增长显示能源消费越来越趋近于欧美风格。生活方式转变不仅会增强家庭能源消费,而且将导致相应产业结构的重置。自从 2002 年以来,产业投入组合和消费偏好变化共同提升了家庭间接能源消费。我国经济已转向到初级钢铁生产的高耗能产业方向。家庭消费日益转向高能耗产品。值得一提的是工业能源效率提升大部分抵消了家庭消费的增长。但是,有利于提升能源效率的资本投资渐亏。随着我国家庭能源消费模型越来越趋近于西方标准,其增长潜力日益凸显,我国城镇家庭能源消费增长潜力巨大。考虑到我国家庭能源消费长期内仍处于不断攀升阶段,并且"知易行难"现象十分普遍。因此,政府政策应该尤其聚焦于如何修复我国家庭能源绿色消费态度行为缺口问题。下面我们分别从刚性策略和柔性策略两个方面提出推进我国家庭能源绿色消费改革的一些关键政策建议。

7.2.1 推进我国家庭能源绿色消费改革的刚性策略

7.2.1.1 通过刚性策略改善我国既有建筑总体的能源效率,创建绿色交通系统

住宅是家庭能源绿色消费的基本驱动因素。我国房屋节能效率低下造成了大量能源浪费。鉴于通过建筑法规实现能源节约才刚刚起步,政府必须强化管理,尤其是着力推进相关法规执行。从推行节能建筑的角度,在建筑减排方面,可借鉴发达国家的政策工具,比如建筑物能源守则(Building Energy Codes, BEC),以降低建筑领域的长期能源需求。BEC 在建筑的设计阶段对能源需求设置一个最低值(Pan 等,2012),强制性建筑能源准则,减少建筑的生命周期成本;设置零能耗的建筑目标,鼓励建筑行业建设零能耗的房屋。在居民住宅建设中推广节能技术与节能材料,对现有住宅实施节能技术改造,

提高整体用能效率。建议提高既有建筑的墙壁和屋顶的绝缘水平,以及安装双层玻璃窗来提高能源效率。既然住宅能够使用数十年,所以此类翻修成本一般能在房屋使用生命周期内通过能源节约得以补偿。我国政府应向市民传送这类信息并提供低息贷款、补贴或面向户主的信息咨询等鼓励措施,通过以上刚性策略能够改善我国既有建筑总体的能源效率,缩小我国家庭能源绿色消费态度行为缺口。

针对家庭绿色出行问题,建议政府对新汽车实行严格的排放标准。加紧牌照控制政策,推广新能源汽车,增加公共汽车站点,改善公交车空调系统、鼓励人们减少自驾、多使用公共交通工具,通过汽车购买价格税和燃料税等限制私家车需求的快速增长。地铁出行可有效减少大城市的交通拥堵,减少污染,因此鼓励家庭居民利用地铁系统实现家庭绿色出行目标,并且推广共享交通工具,比如共享单车、共享电动车、共享汽车等作为拥挤地铁的补充工具。

7.2.1.2 引入按成本计价的集中供暖系统,从整体上改善家庭采暖的能源效率

我国家庭用户对舒适室温需求渐增引致更多的家庭能源消费。在北部加热区,高度的采暖补贴破坏了生产者和消费者的节能动机。因此,政府应调整供暖价格以使其反映居民实际使用成本。政府在实施过程中也应考虑弱势群体和社会公平。目前基于居住面积的计费系统并不一定反映真正的耗热量。"十二五"期间我国累计完成既有居住建筑供热计量及节能改造面积7.5亿平方米。未来可以在北部加热区将这一项目发展为按实际消费量计价以市场为主导的集中供暖系统。这种按成本计价的集中供暖系统能从整体上改善家庭采暖的能源效率。

7.2.1.3 大力提倡利用清洁能源、再生能源和低碳技术创新降低家庭能源消费的环境污染

燃料替代显著提升了我国家庭的室内空气质量。然而,煤炭仍是发电和中央供暖的主导能源。电力和采暖需求上涨会相应地造成煤炭需求上升。以煤炭为主导能源的现状将进一步恶化我国许多城市的空气质量。因此,我国大力提倡利用再生能源和清洁煤技术进行发电。此外,我国供暖燃料应逐渐从煤炭转向清洁高效的天然气以缓解大气污染和雾霾天气。

政府利用绿色标签认证策略促进家电产品的低碳化,乃至企业将绿色标

签融入绿色品牌战略，并最终通过家庭用户绿色产品购买修复我国家庭能源绿色消费态度行为缺口。具体而言，政府制定实施针对电视机、电冰箱、荧光灯、洗衣机等电器的节能标准，为符合节能标准的企业颁发节能标签、绿色标签或生态标签。绿色标签通常包含视觉提示和文本信息，提供产品成分、生产方法或生产过程的能源效率等，可以弥补消费者环保知识不足、生产消费的信息不对称以及防止媒体负面报道等。因此，绿色标签降低了消费者对绿色产品的认知障碍，为其购买行为提供了充分理由。因此，我们建议政府实施绿色标签认证、企业将绿色标签融入绿色品牌战略都是修复我国家庭能源绿色消费态度行为缺口的关键举措。

7.2.1.4　依托生态社区推进生活方式绿色化改革

随着收入增长，我国家庭正在经历消费升级。尤其是新兴中产阶级通过购买汽车、大房子和节省劳力的电器竞相模仿西方高耗能的生活方式。虽然，农村家庭相对落后，但他们若也追求高耗能生活方式也将引致巨大的能源需求。根据国家新型城镇化规划（2014-2020年），2020年我国城市人口比例将上升至60%。城镇化有望缩小城乡收入差距并为满足国内需求提供丰富的产品和服务。城市人口渐增和收入导致的生活方式转向将进一步助推家庭能源消费上涨。值得注意的是在英国的生态社区中，消费者对绿色产品的联合购买已经有效地修复了个体绿色消费态度行为缺口。生态社区成员秉承自愿的极简主义，拥有绿色生活方式。这些社区共享环保价值观，并倾向于逐步形成一套影响其成员消费行为的规范。这些社区致力于降低物质资料消耗，通过道德选择促进责任消费，比如减少肉类消费。他们减少某些产品消费，减少浪费，追求能效水平较高的产品，比如通过社区大批量购买降低包装和运输的环境影响。可见，未来可以尝试依托生态社区推进生活方式绿色化改革。

中共十九大报告明确指出继续贯彻绿色发展理念，坚持人与自然和谐共生，倡导简约适度、绿色低碳的生活方式，开展创建绿色家庭、绿色社区和绿色出行等行动，最终推动绿色发展与美丽中国建设。同时，我国正在鼓励个人消费推动经济增长。因此，指导居民生活方式绿色化是未来我国能源节约的关键战略。绿色消费需要政府、家庭和民间团体的共同努力。政府是促进绿色消费的核心，因此其应积极贯彻落实更严格的建筑法规和节能电器标准。我国政府也应协调对居民决策具有潜在环境影响的跨部门政策，进而向消费者传递一致性的支持绿色消费的信号。家庭对绿色产品的需求将会相应地刺激这类产品的供应。因此，我国应提升绿色产品认证系统的公信力和独立性。如果住宅和家用电器生态标签以及公众节能意识得以高度提升，居民将会更关心如何实现更加可持续的生活方式。我国也需要鼓励非政府组织变成企业和家庭的信息中介者。

7.2.2　推进我国家庭能源绿色消费改革的柔性策略

7.2.2.1　通过提升居民对节能行为的认知水平，普及家庭能源绿色消费的基本知识和行为指南，推进家庭能源绿色消费改革

从根本上来说，政府扭转消费导向、发展导向的社会主导范式是实现家庭能源绿色化的基本前提。从影响节能认知水平的具体策略来看，虽然宣传教育、公益广告、户外横幅、能效标识等在一定程度上影响了受众的知识、态度、意识和价值观念，却未能显著地、实质性修复家庭绿色消费态度行为缺口。在移动互联网和大数据时代，家庭能源消费行为日益个性化、独特性、差异化。大众化、公共化、集中化的信息干预策略越来越不能适应时代的要求。所谓定制化信息是指仅向消费者提供有限的可持续选择，是一个较新的研究主题。先前研究表明定制化信息比传统信息政策的需求侧响应效果更好。因此，我们本书建议应该充分发挥定制化信息对我国家庭能源绿色消费的影响效应。

为了有效提升人们的环保认知水平，我们建议普及家庭能源绿色消费的基本知识和行为指南。首先，要运用各种线上、线下媒介工具，采取多种形式（如户外文字图画宣传、主题展览、参观考察、社区咨询、知识竞赛、有奖问答、从小学到大学的课堂教育等）向居民进行多方面的家庭能源绿色消费基本知识传播。其次，充分重视微观、具体、定制化信息等对我国家庭能源绿色消费的影响效应。比如，向消费者传播关于特定产品的碳排放量、低碳认证标志、可循环回收垃圾、环境友好型产品等方面的具体知识。最后，对消费者进行家庭能源绿色消费知识的传播教育不是一劳永逸的过程。事实上，不断对消费者进行家庭能源绿色消费知识教育，这既有信息告知的作用，也有说服影响的作用，更有实时提醒和消费引导的作用。它有助于强化消费者的庭能源绿色消费意识，时时提醒消费者在消费过程（包括购买和使用、处理）中注意产品消费的节约与环保问题，把家庭能源绿色消费行为变成"潜意识"或"习惯"。

7.2.2.2 倡导乐于助人也就是助人为乐，推动积极情感与绿色消费行为之间的正向循环关系，逐步实现家庭能源消费的绿色化

情感对绿色消费行为存在显著的正向影响效应。推进绿色消费，晓之以理，不如动之以情。而且，针对环境的正面情感比负面情感对绿色消费行为的影响更显著。鉴于态度由认知、情感和意动三要素构成，因此，积极的绿色消费态度营造不仅要求提升个体的环保认知水平，更需要提升人们对环境的热爱程度。情感产生的来源包括：消费经验、企业的营销信息和购买情境。其中，基于消费经验产生的情感对后续行为影响最显著。首先，号召人们进行绿色消费，宣扬"赠人玫瑰，手有余香"的环保观念。先前研究证实绿色消费经验激发的积极情绪，可能是人们选购绿色产品的重要原因。其次，企业可以通过环保广告等感性绿色信息诱发消费者的某种积极情感情绪（如愉快、激动、兴奋或自豪等）或消极情感情绪（如恐惧、内疚、罪恶或羞耻等），这些情感情绪因素能激发期望的行为、抑制非期望的行为。最后，厂商也可以通过营造出令人感动的情境（关爱家人、热爱生活，为家人营造环保的生活环境等），来激发消费者对绿色产品的积极情感。因此，倡导乐于助人也就是助人为乐，推动积极情感与绿色消费行为之间的正向循环关系，不仅是修复我国家庭能源绿色消费态度行为缺口的重要途径，而且对于提高国民幸福指数都具有重要的现实意义。

7.2.2.3 倡导共享经济，推动个体由"为己利他"向"真正的环保主义者"转变

利己/利他动机的相对显著性是行为分类的首要依据。基于利己动机进行绿色消费的个体是为了获得社会赞誉。尤其是基于炫耀性心理、面子意识和物质主义价值观等进行的绿色消费行为仍具有某种程度的功利主义色彩。这种以自我标榜为目标的消费行为是以理性人假设作为基础的。这种行为逻辑被称为"为己利他"，即个体为了整体利益或长期利益而选择放弃局部利益或短期利益的理性行为逻辑。它可以解释大量的互惠合作行为，比如基于利己动机进行的绿色消费行为就是很好的例证。基于情感性补偿的绿色消费行为主要源于个体的利他动机，他们由衷地热爱自然环境，是真正的环保主义者，其决策基础是社会人假设。从绿色发展进程来看，绿色消费是社会公众对绿色消费由漠不关心、伪绿色消费者到真正绿色消费者逐渐演变的过程。因此，基于利己型绿色消费仅是绿色发展的一个过渡阶段而已，实现绿水青山的梦

想依赖于民众向利他型绿色消费者,即真正的环保主义者转变。

值得注意的是在新时代背景下,共享经济打破了"利己""利他"边界。因此,倡导共享经济是推进家庭能源绿色消费的有效举措。我们认为共享经济,代表了一种绿色的生活方式。它倡导个人闲置资源有效利用、社会大众互帮互助和最大限度地提高资源利用率。我们认为共享必然意味着绿色,而绿色未必是共享的。比如,节水、节电和生活垃圾分类处理等都属于绿色行为,但并不属于共享行为。而有些绿色消费体现为个体与他人共享资源。比如,有序发展网络预约拼车、自有车辆租赁、民宿出租、旧物交换利用等,这些共享行为都是节约资源,绿色之举。共享经济为促进绿色消费、绿色发展提供了不竭的动力。共享经济是一种带有互联网基因的新经济模式,其主要特征是社会成员分享各自的资源,共同享受经济红利。从发展势头迅猛的手机约车软件 Uber、滴滴,到备受投资人青睐的房屋分享服务 Airbnb、住百家,都是分享经济的典型代表。换言之,很多秉承共享理念的企业实际行动践行了绿色消费理念。比如,约车软件的流行,缓解了城市高峰期运力不足的矛盾,减少了私家车出行总量,既让民众出行变得便捷,又促进了节能减排。

7.2.2.4 通过树立"环境保护,人人有责"的社会道德规范,推动非绿色消费行为向绿色消费行为的转变

社会规范唤起对家庭节能行为的促进作用已经得到大量实证研究的支持。先前研究证实公布社区家庭平均用电量能降低高出平均水平家庭的用电量。相对而言,经济激励和低碳技术创新等绿色消费干预策略既费时又费力,规范信息不仅成本更低且行之有效。值得注意的是规范焦点理论已提出二十余年,但它的重要性在实践中往往被低估,尤其是在促进环保行为方面的应用价值,最近几年才受到学界和业界的广泛关注。鉴于规范唤起的干预策略能够从社会心理角度使家庭能源绿色消费由外在驱动转化为内在驱动,因此它有助于从根本上推动我国家庭能源绿色消费变革。

树立环境保护,人人有责的社会道德规范,促成居民对其家庭用能行为的自我约束。首先,转变居民的"无责任"心理,强调家庭节能"责无旁贷",树立环境保护,人人有责的社会道德规范。特别是要让居民明确意识到家庭能源绿色消费是个体"应尽的责任和义务",而不是个体对社会"额外的付出和贡献"。其次,时刻提醒居民承担家庭节能的责任,并且需要立即采取行动。这就要求对居民进行长期的提示式教育和提醒式传播。通过转变居民

的"无责任""政府责任""他人责任""责任逃避"等心理，使每个家庭居民都意识到自己对节能环保的责任，逐步树立其社会责任感和伦理道德观。最后，从具体措施看，可以借助单位、学校、企业、街道、社区及各类环保组织，开展丰富多彩的实践体验活动，比如环保主题教育、绿色摄影展览、低碳知识竞赛、环保参观访问、实地体验宣传等。此外，以往研究已证实多种干预措施联合使用比单一干预措施能更显著地影响居民降低能源消费行为。因此，未来应更多地通过柔性组合干预策略，推进我国家庭能源绿色消费行为变革。

本书提出的"以柔导行""以柔促绿"不仅有利于走出我国家庭能源消费绿色化的"知易行难"困境（即绿色消费态度行为缺口），而且"以柔导行""以柔治国"可以推动其他公共治理领域的管理方式变革，为很多政府机构、公共部门或非营利组织（比如，环保局、发改委、宣教部门、街道办、电力公司、燃气公司等）影响公众行为、推动家庭能源消费变革提供了一条重要管理路径，也是习近平总书记"法安天下，德润人心"思想的贯彻落实和具体应用。

7.3 绿色消费态度行为缺口的研究展望

7.3.1 深入探究内隐态度对我国家庭能源绿色消费的影响机制

目前，问卷调研是测量绿色消费态度行为缺口的常用方法。由于这种自我报告测量手段不完善以及社会道德规范等影响，消费者会刻意隐藏自己对绿色产品的真实态度和购买行为。这种外显性的绿色消费态度很可能与后续行为并不一致。值得注意的是内隐态度与行为的一致性较高。内隐联想测试（Implicit Association Test, IAT）是被使用最多的测量内隐态度的方法。Greenwald 等（1998）以及在此基础上改进的 Go/No-go 联想任务测验（Go/No-go Association Task, GNAT）。IAT 是通过对目标词和属性词之间自动化联结强度的评价来对个体无意识，自动化的内隐社会认知进行的间接测量，通过"相容任务"和"不相容任务"的平均反应时之差获得测量指标。该指标间接反映了被试内隐认知中对客体的相对态度或观念（Greenwald 等，1998）。在 IAT 之外，还发展出了建立在信号检测论基础上的 Go/No-go 联想任务测验 GNAT。GNAT 和 IAT 的主要区别在于 GNAT 实现了对两类产品的内隐态度测量的分离。

夏天生（2017）围绕绿色消费采用调查法和实验法探究了面子意识与态度对绿色消费的影响机理，研究发现面子意识与人们对绿色产品的外显态度显著相关，面子意识较高者会表达出更高的对绿色产品的外显偏好，但面子意识的高低与绿色产品的内隐态度并无显著相关。更重要的是，消费者对绿色产品的购买意向与内隐态度显著相关，而与外显态度不显著相关。这为绿色消费态度行为缺口提供了可能的解释。该研究丰富了中国本土消费行为的研究并对中国商家推广绿色产品有较好的实践指导意义。后来，夏天生（2017）又对绿色消费的内隐态度进行了 ERP 研究。该研究围绕绿色消费，采用问卷法、以 Go/No-go 联想测验任务（Go/No-go Association Task，GNAT）与事件相关电位（event-related potentials）方法研究了人们对绿色产品的外显与内隐态度，以及两者对消费者购买意向的影响。研究结果表明，在 GNAT 感受性指标上，任务条件的主效应显著，与非绿色产品相比，人们对绿色产品的内隐态度表现出偏好；在 N2 和 P300 的潜伏期和振幅上，任务条件的主效应均显著。此外，人们对绿色产品的消费意向与绿色产品的内隐态度显著相关，而与外显态度的相关不显著。结果表明了消费者在内隐态度上是偏好绿色产品的，并且这种偏好是基于信息的深度加工，是多脑区参与的同步系列活动。以上研究初步探究了绿色消费内隐态度的电生理证据，为相关理论的发展提供了经验性证据。可见，人们对绿色产品存在着双重态度，即外显态度与内隐态度的分离，与外显态度相比，内隐态度与个体真实的购买意向相关度更高。未来应该通过更多的创新性研究技术方法深入探究内隐态度对绿色消费行为的影响机制。

7.3.2 消费文化变迁对我国家庭能源绿色消费的影响机制研究

个体决策无不受到外界因素影响。其中，文化因素的作用是潜移默化和显著的。价值观不仅是文化的核心内容，而且是个体动机、决策的根本性影响因素（Gutman，1982）。潘煜等（2014）指出营销 3.0 时代是价值观驱动的时代，对中国消费者价值观的研读成为营销研究和实践的重中之重。绿色消费是一个受社会文化环境影响的复杂行为过程。比如，陈启杰等（2008）指出消费主义泛滥、政府倡导消费自由和企业追求短期利润等是实施绿色消费的主要障碍；Kilbourne等（2005）强调在工业化国家潜在的社会主导范式是消费导向的，所以，提高消费者的环保知识和态度未必会导致行为改变；施卓敏等（2014）指出面子意识会逆转亲自我个体的自私行为，促进其实施绿色消费行为；Strizhakova等（2013）也发现新兴市场中物质主义价值观作为独立的自变量经过全球文化认同的调节作用，可能会逆转消费者的自私行为。

长期以来，绿色消费理论主要是以西方文化背景为基础建立起来的，客观上决定了研究结论的普适性不足。随着我国经济文化环境的变化，社会消费文化和个体消费价值观也都发生了变迁。尽管也有许多学者关注到了这一重要社会现象，但尚未见到学者实证研究消费文化变迁对绿色消费行为的影响。加之，以往研究主要聚焦于少量具有累积性环境收益的行为，比如，购买有机食品，回收利用，减少汽车使用或采纳绿色电力收费率等。虽然，消费文化深刻影响着人们的消费心理和行为（王建国等，2012），但对消费文化乃至后工业社会中消费主导范式变迁研究甚少。鉴于已有一些学者研究了集体主义、阳刚/阴柔指数等霍氏文化维度对绿色消费的影响，未来可以尝试从集体主义/个人主义、权力距离指数、不确定性规避、阳刚/阴柔指数和长期/短期导向等文化维度系统研究消费文化变迁对我国家庭能源绿色消费的影响。

7.3.3 对绿色消费行为的个体行为决策和群体行为塑造进行整合研究

传统上多数文献偏向单独关注个体行为，少数文献则单独关注群体行为，整合考虑个体行为和群体行为规律的研究相对少见。少数文献则单独关注群体行为，但主要是从狭义角度关注游行、罢工等消极性"群体行动"或"集群行为"，相对忽视了广义视角下联合购买绿色产品等积极性"群体行为"，整合考虑个体行为和群体行为规律的研究更是相对少见。事实上，群体可以成为"减压器"和"减震器"，有助于阻止社会裂解为原子化、相互割裂、彼此孤立的个体，可以成为绿色消费行为培育的公共空间。以往研究已经证实，生态社区对绿色产品的联合购买以及对非绿色产品的联合抵制、住宅节能改造和生活方式绿色化等群体行动的实施效果都比个体单独行动效果更佳。因此，未来有必要综合考虑个体行为和群体行为两个层面，对绿色消费中个体行为决策和群体行为塑造进行整合研究。

这里就存在两个值得深入研究的问题：一是如何理解绿色消费行为的个

体行为规律。绿色消费行为是一个弥散的综合范畴，包含大量的非同构行为。消费者致力于一种绿色消费行为未必会触发自身（或他人）进行其他绿色消费行为，即所谓的正面（或负面）溢出效应。正面溢出效应假设个体（间）同类行为一致性程度很高。但现实生活中，也存在截然相反的情况。比如，回弹效应就是负面溢出效应的例证。从现有文献看，对绿色消费行为系列行为触发、溢出效应及组合机制的研究非常少见。分析绿色消费行为系列行为的正面或负面溢出效应，分析家庭能源消费中的"回弹效应"和非绿色消费行为导致的"锁定效应"。从理论模型看，解释个体绿色消费行为规律的模型有理性行为理论模型、计划行为理论模型、态度—情境—行为模型、动机—机会—能力理论模型、价值观—信念—规范理论、知—信—行模型等模型，但目前公认、权威的个体绿色消费行为模型并没有建构起来或得到普遍认可。中国文化情境下的个体绿色消费行为规律还需要借鉴国外的理论框架或模型基础上进行本土化修正，并基于中国数据进行检验或验证这一理论框架或模型。二是上述解释绿色消费行为的个体行为规律的模型并不能有效解释绿色消费行为的群体行为规律。事实上，群体行为塑造和个体行为决策完全不同。例如，和个体行为发展阶段不同，群体行为发展可以分为五阶段群体模型：形成、震荡、规范化、执行任务和终止。由此，特定阶段的群体绿色消费行为塑造规律还需要我们进行探索性研究。

7.3.4 情感对我国家庭能源绿色消费的影响效应研究

虽然，绿色消费研究强调知识和经济合理性等客观因素，而在实践中直觉和情感因素对行为塑造影响更大。即"晓之以理，不如动之以情"。尽管恐惧、气愤、愧疚、耻辱或骄傲等情绪反应会显著影响绿色消费行为，但除了广告之外的绿色消费研究甚少考虑情感因素的作用。从情感补偿的视角看，个体选购绿色产品由于"赠人玫瑰，手留余香"会更快乐，且适当降低消费量也能提升个体的健康幸福水平。以往有关绿色消费态度行为缺口的研究主要聚焦于拒绝绿色产品的消费者，而相对忽略了已购买绿色产品的消费者。虽然，这部分消费者进行绿色消费是因为快乐或社会声誉的补偿效应。因此，情感因素对绿色消费行为的影响有待进一步挖掘。比如，敬畏感会鼓励人们做出更合乎道德的决定来降低他们的权利意识，并且拥有更多忠实于既定社会道德准则的价值观，即他们更关注其他人的需求。因此，对生态环境应怀敬畏之心有益于环境保护。彭凯平等（2016）研究发现敬畏感产生的同时，人们报告了更加强烈的集体主义倾向。未来可以尝试进一步研究敬畏感和幸福感等情感因素对绿色消费行为的作用机制。

7.3.5 柔性策略对我国家庭能源绿色消费影响效应的实证研究

本书将柔性干预策略分为认知提升型策略、情感激发型策略、动机驱动型策略、规范唤起型策略这四类，不同柔性干预策略引致的个体需求侧响应及其发生机制、发展过程必然不同，这需要针对性地进行分析；接着，我们需要评估揭示柔性干预策略相对刚性管理政策的作用机理差异，比较不同维度柔性管理工具之间的作用机理差异。未来还需要进一步比较总结四类柔性管理政策对推动我国家庭能源绿色消费的作用路径和机制的差异；另外，未来还需要分析长期时间维度下柔性管理政策对我国家庭能源绿色消费的作用机理是否发生演变及其演变趋势。总结建构柔性管理政策对我国家庭能源绿色消费的作用机理理论模型并进行实证检验，通过严谨的量化研究和质化研究论证"以柔导行""以柔促绿""以情促思，以思导行""以情促行""以柔治国"等学术理念和学术思想，构建以"以柔导行""以柔促绿"为核心的柔性管理政策理论和方法体系。

参考文献

[1] Abrahamse, W., Steg, L., Vlek, C, et al. A Review of Intervention Studies Aimed at Household Energy Conservation [J]. Journal of Environmental Psychology, 2005, 25 (3): 273-291.

[2] Abrahamse, W., Steg L., Vlek., C., and Rothengatter, T. The Effect of Tailored Information, Goal Setting, and Tailored Feedback on Household Energy Use, Energy-related Behaviors, and Behavioral Antecedents [J]. Journal of Environmental Psychology, 2007, 27 (4): 265-276.

[3] Abreu, P. H., Silva, D. C., Amaro, H., and Rui, M. Identification of Residential Energy Consumption Behaviors [J]. Journal of Energy Engineering, 2016, 142 (4): 04016005-1-10.

[4] Acker, V. V., Goodwin, P., Witlox, F. Key Research Themes on Travel Behavior, Lifestyle, and Sustainable Urban Mobility [J]. International Journal of Sustainable Transportation, 2016, 10 (1): 25-32.

[5] Adams, J., and Nettle, D. Time Perspective, Personality and Smoking, Body Mass, and Physical Activity: An Empirical Study [J]. British Journal of Health Psychology, 2009, 14 (1): 83-105.

[6] Ajzen, I. Nature and Operation of Attitudes [J]. Annual Review of Psychology, 2001, 52: 27-58.

[7] Ajzen, I. Perceived Behavioral Control, Self-efficacy, Locus of Control, and the Theory of Planned Behavior [J]. Journal of Applied Social Psychology, 2002, 32: 665-683.

[8] Ajzen, I. The Theory of Planned Behavior [J]. Organizational Behavior and Human Decision Processes, 1991, 50 (2): 179-211.

[9] Aknin, L. B., Hamlin, J. K., and Dunn, E. W. Giving Leads to Happiness

in Young Children [J]. PLOS One, 2012, 7 (6).

[10] Albert Bandura. Self-Efficacy in Changing Societies [M]. Cambridge University Press, 1995.

[11] Aldhous, P. Energy: China's Burning Ambition [J]. Nature, 2005, 435: 1152-1154.

[12] Allen, D., and Janda, K. The Effects of Household Characteristics and Energy Use Consciousness on the Effectiveness of Real-time Energy Use Feedback: A Pilot Study [C]. Proceedings of the ACEEE Summer Study on Energy Efficiency in Buildings, 2006.

[13] Anderson, J. R., and Pirolli, P. L. Spread of activation [J]. Journal of Experimental Psychology: Learning, Memory, and Cognition, 1984, 10: 791-798.

[14] Antonetti, P., Maklan, S. How Categorisation Shapes the Attitude-behaviour Gap in Responsible Consumption [J]. International Journal of Market Research, 2015, 57 (1): 51-72.

[15] Aronson, E., and Carlsmith, J. M. Experimentation in Social Psychology. In G. Lindzey 8r E. Aronson (Eds.), The Handbook of Social Psychology [M]. Reading, MA: Addison-Wesley, 2nded., 1968, 2: 1-79.

[16] Asensio, O. I., Delmas, M. A. Nonprice Incentives and Energy Conservation [J]. Proceedings of the National Academy of Science, 2015, 112 (6): 510-515.

[17] Autio, M., Heiskanen, E., Heinonen, V. Narratives of 'green' Consumers: the Antihero, the Environmental Hero and the Anarchist [J]. Journal Consumer Behavior, 2009, 8: 40-53.

[18] Aydinalp, M., Ugursal, V. I., Alan, S., Fung, A. S. Modeling of the Appliance, Lighting, and Space-cooling Energy Consumptions in the Residential Sector Using Neural Networks [J]. Applied Energy, 2002, 71: 87-110.

[19] Aydinalp, M., Ugursal, V. I., Fung, A. S. Modeling of the Space and Domestic Hot-water Heating Energy-consumption in the Residential Sector Using Neural Networks [J]. Applied Energy, 2004, 79 (2): 159-178.

[20] Azevedo, I. M., L, Morgan M. G., Lave L. Residential and Regional Electricity Consumption in the US and EU: How Much Will Higher Prices Reduce CO_2 Emissions [J]. The Electricity Journal, 2011, 24 (1): 21-29

[21] Bagozzi, R. P., Dholakia, U. M., & Basuroy, S. How Effortful Decisions Get Enacted: The Motivating Role of Decision Processes, Desires, and Anticipated

Emotions [J]. Journal of Behavioral Decision Making, 2003, 16: 273-295.

[22] Bagozzi, R., Gurnao-Canli, Z., Priester, J. The Social Psychology of Consumer Behavior [M]. Buckingham, UK: Open University Press, 2002.

[23] Bamberg, S., Schmidt, P. Incentives, Morality, or Habit? Predicting Students' Car Use for University Routes with the Models of Ajzen, Schwartz, and Triandis [J]. Environment and Behavior, 2003, 35: 264-285.

[24] Bandura, A. Social Learning Theory [M]. New York: Prentice-Hall, 1977.

[25] Barr, S. Factors Influencing Environmental Attitudes and Behaviors: A U. K. Case Study of Household Waste Management [J]. Environment and Behavior, 2007, 39: 435-473, 119.

[26] Barr, S., Gilg, A. W., Ford, N. The Household Energy Gap: Examining the Divide between Habitual and Purchase-related Conservation Behaviours [J]. Energy Policy, 2005, 33: 1425-1444.

[27] Bartelings, H., Sterner, T. Household Waste Management in a Swedish Municipality: Determinants of Waste Disposal, Recycling and Composting [J]. Environmental and Resource Economics, 1999, 13: 473-491.

[28] Bearden, W. O., Haws, K. L. and Netemeyer, R. G. Handbook of Marketing Scales: Multi-Item Measures for Marketing and Consumer [J]. Thousand Oaks, CA: Sage Publications Ltd, 2011.

[29] Bearden, W. O., Money, R. B. and Nevins, J. L. A Measure of Long-term Orientation: Development and Validation [J]. Journal of the Academy of Marketing Science, 2006, 34 (3): 456-467.

[30] Beck, L. J., Seligman, C., Fazio, R. H., Darley, J. M. Relating Attitude to Residential Energy Use [J]. Environment and Behavior, 1981, 13: 590-609.

[31] Bekker, M. J., Cumming, T. D, Osborne, N. K., et al. Encouraging Electricity Savings in a University Residential Hall Through a Combination of Feedback, Visual Prompts, and Incentives [J]. Journal of Applied Behavior Analysis, 2010, 43 (2): 327-331.

[32] Belz, F. M., and Peattie, K. Sustainability Marketing: A Global Perspective [M]. Chichester: Wiley, 2009.

[33] Beniger, J. The Impact of Polling on Public Opinion: Reconciling Foucault, Habermas, and Bourdieu [J]. International Journal of Public Opinion Research, 1992,

4：204-219.

［34］Biesiot, W., Noorman, K. J. Energy Requirements of Household Consumption：A Case Study ofthe Netherlands ［J］. Ecological Economics, 1999, 28：367-383.

［35］Biswas, A., Licata, J. W., McKee, D., Pullig, C., Daughtridge, C. The Recycling Cycle：An Empirical Examination of Consumer Waste Recycling and Recycling Shopping Behaviors ［J］. Journal Public Policy Mark, 2000, 19：93-105.

［36］Bittle, R. G., Valesano, R. M., Thaler, G. M. The Effects of Daily Feedback on Residential Electricity Usage as a Function of Usage Level and Type of Feedback Information ［J］. Journal of Environmental Systems, 1979~1980, 9 (2)：275-287.

［37］Bittle, R. G., Valesano, R. M., Thaler, G. M. The Effects of Daily Cost Feedback on Residential Electricity Consumption ［J］. Behavior Modification, 1979, 3 (2)：187-202.

［38］Bono, J. E., and Judge, T. A. Personality and Transformational and Transactional Leadership：A Meta-analysis ［J］. Journal of Applied Psychology, 2004, 89 (5)：901-910.

［39］Borin, N., Cerf, D. C. and Krishnan, R. Consumer Effects of Environmental Impact in Product Labeling ［J］. Journal of Consumer Marketing, 2011, 28 (1)：76-86.

［40］Boulstridge, E., and Carrigan, M. Do Consumers Really Care about Corporate Responsibility? Highlighting the Consumer Attitude-behaviour gap ［J］. Journal of Communication Management, 2000, 4 (4)：355-368.

［41］Brandon, G., Lewis, A. Reducing Household Energy Consumption：A Qualitative and Quantitative Field of Study ［J］. Journal of Environmental Psychology, 1999, 19 (11)：75-85.

［42］Bray, J., Johns, N., and Kilburn, D. An Exploratory Study into the Factors Impeding Ethical Consumption ［J］. Journal of Business Ethics, 2011, 98 (4)：597-608.

［43］Brough, A. R., Wilkie, J. E. B., Ma, J., Isaac, M. S. and Gal, D. Is Eco-Friendly Unmanly? The Green-Feminine Stereotype and Its Effect on Sustainable Consumption ［J］. Journal of Consumer Research, 2016, 43 (4)：567-582.

［44］Burger, J. Introduction to Personality ［M］. Wadsworth/Cengage

Learning, 2011.

[45] Burgess, J. Sustainable Consumption: Is it Really Achievable? [J]. Consumer Policy Review, 2003, 13: 78-84.

[46] Bushman, B. J. What's in a Name? The Moderating Role of Public Self-consciousness on the Relation between Brand Label and Brand Preference [J]. Journal of Applied Psychology, 1993, 78 (5): 857-861.

[47] Carlson, K. D., Connerley, M. L., and Mecham, R. L. Recruitment Evaluation: The Case for Assessing the Quality of Applicants Attracted [J]. Personnel Psychology, 2002, 55: 461-490.

[48] Carrigan, M., and Attalla, A. The Myth of the Ethical Consumer-Do Ethics Matter in Purchase Behaviour? [J]. Journal of Consumer Marketing, 2001, 18 (7): 560-578.

[49] Carrington, M. J., Neville, B. and Whitwell, G. Why Ethical Consumers don't Walk their Talk: towards a Framework for Understanding the Gap between the Ethical Purchase Intentions and Actual Buying Behaviour of Ethically Minded Consumers [J]. Journal of Business Ethics, 2010, 97: 139-158.

[50] Cavanaugh, L. A., Bettman, J. R. and Luce M. F. Feeling Love and Doing More for Distant Others: Specific Positive Emotions Differentially Affect Prosocial Consumption [J]. Journal of Marketing Research, 2015, 52 (5): 657-673.

[51] Chaiken, S., Liberman, A., Eagly, A. H. Heuristic and Systematic Processing Within and Beyond the Persuasion Context. In Uleman J S, Bargh J A. (Eds.). Unintended Thought (pp. 212-252) [M]. New York: Guilford Press, 1989.

[52] Chan, R. Y. K. Determinants of Chinese Consumer' Green Purchase Behavior [J]. Psychology and Marketing, 2001, 18 (4): 389-413.

[53] Chan, T. S. Concerns for Environmental Issues and Consumer Purchase Preferences: A Two-Country Study [J]. Journal of International Consumer Marketing, 1996, 9 (1): 43-55.

[54] Chatzidakis, A., Hibbert, S., and Smith, A. P. Why People don't Take their Concerns about Fair Trade to the Supermarket: The Role of Neutralization [J]. Journal of Business Ethics, 2007, 74 (1): 89-100.

[55] Cialdini, R. B., Reno, R. R., Kallgren, C. A. A Focus Theory of Normative Conduct: Recycling the Concept of Norms to Reduce Littering in Public Places [J]. Journal of Personality and Social Psychology, 1990, 58 (6): 1015-1026.

[56] Clary, E., Snyder, M., Ridge, R. D., Copeland, J., Stukas, A. A., Haugen, J., et al. Understanding and Assessing the Motivations of Volunteers: A Functional Approach [J]. Journal of Personality and Social Psychology, 1998, 74: 1516-1530.

[57] Claudy, M. C., Peterson, M., O'Driscoll, A. Understanding the Attitude-behavior Gap for Renewable Energy Systems Using Behavioral Reasoning Theory [J]. Journal of Macromarketing, 2013, 33 (4): 273-287.

[58] Clive Seligman, Lawraence, J., Becker. Encouraging Residential Energy Conservation through Feedback [C]. Advances in Environmental Psychology, ed. By Andrew Baum and Jerome E. Singer, London: Psychology Press, 1981: 93-111.

[59] Crawford, L. A., and Novak, K. B. The Effects of Public Self-consciousness and Embarrassability on College Student Drinking: Evidence in Support of a Protective Self-presentational Model [J]. Journal of Social Psychology, 2013, 153 (1): 109-122.

[60] Collins, A. M., and Loftus, E. F. A Spreading-activation Theory of Semantic Processing [J]. Psychological Review, 1975, 82: 407-428.

[61] Davis, F. D., Bagozzi, R. P., and Warshaw, P. R. User Acceptance of Computer Technology: A Comparison of Two Theoretical Models [J]. Management Science, 1989, 35: 982-1003.

[62] Davies, J., Foxall, G. R., and Pallister, J. Beyond the Intention-behaviour Mythology: An Integrated Model of Recycling [J]. Marketing Theory, 2002, 2: 29-113.

[63] Daugherty, J. R., and Brase, G. L. Taking Time to be Healthy: Predicting Health Behaviors with Delay Discounting and Time Perspective [J]. Personality and Individual Differences, 2010, 48 (2): 202-207.

[64] Dembkowski, S., and Hanmer-lioyd, S. The Environmental Value-Attitude-System Model: A Framework to Guide the Understanding of Environmentally-Conscious Consumer Behavior [J]. Journal of Marketing Management, 1994, 10 (7): 593-603.

[65] De Pelsmaker, P., Driesen, L., and Rayp, G. Do Consumers Care abour Ethics? Willingness to Pay for Fair-trade Coffee [J]. Journal of Consumer Affairs, 2005, 39 (2): 363-385.

[66] Derksen, L., and J. Gartrell. The Social Context of Recycling [J]. American Sociological Review, 1993, 58: 434-442.

[67] Diamantopoulos, A., Schlegelmilch, B. B., Sinkovics, R. R., et al. Can Socio-demographics Still Play a Role in Profiling Green Consumers? A Review of the Evidence and an Empirical Investigation [J]. Journal of Business Research, 2003, 56 (6): 465-480.

[68] Dietzenbacher, E., A. Hoen and B. Los. Labor Productivity in Western Europe 1975-1985: An Intercountry, Interindustry Analysis [J]. Journal of Regional Science, 2000, 40: 425-452.

[69] Dunlap, R., and R. Scarce. The Polls-Poll Trends: Environmental Problems and Protection [J]. Public Opinion Quarterly, 1991, 55: 651-672.

[70] Dunn, E. W., Aknin, L. B., and Norton, M. I. Spending Money on Others Promotes Happiness [J]. Science, 2008, 319 (5870): 1687-1688.

[71] Dwyer, W. O., Frank, C. L., Melissa, K., et al. Critical Review of Behavioral Interventions to Preserve the Environment [J]. Environment and Behavior, 1993, 25 (5): 275-321.

[72] Eccles, J. S., and WigWeld, A. Motivational Beliefs, Values, and Goals [J]. Annual Review of Psychology, 2002, 53: 109-132.

[73] Eden, S., Bear, C., Walker, G. Mucky Carrots and other Proxies: Problematising the Knowledge-fix for Sustainable and Ethical Consumption [J]. Geoforum, 2007, 39: 1044-1057.

[74] Egri, C. P., and Ralston, D. A. Generation Cohorts and Personal Values: A Comparison of China and the United States [J]. Organization Science, 2004, 15 (2): 210-220.

[75] Elgaaied, L. Exploring the Role of Anticipated Guilt on Pro-environmental Behavior-A Suggested Typology of Residents in France Based on Their Recycling Patterns [J]. Journal of Consumer Marketing, 2012, 29 (5): 369-377.

[76] Ellemers, N., Kortekaas, P., Ouwerkerk, J. W. self-Categorisation, Commitment to the Group and Gourp Self-Esteemas Related but Distinct Aspect of Social Identity [J]. European Journal of Social Psychology, 1999: 29.

[77] Ellingson, J. E., Gruys, M. L., and Sackett, P. R. Factors Related to the Satisfaction and Performance of Temporary Employees [J]. Journal of Applied Psychology, 1998, 83: 913-921.

[78] Farley, S. D., Stasson, M. F. Relative Influences of Affect and Cognition on Behavior: Are Feelings or Beliefs More Related to Blood Donation Intentions? [J].

Experimental Psychology, 2003, 50 (1): 55-62.

[79] Fazio, R. H., Jackson, J. R., Dunton, B. C., and Williams, C. J. Variability in Automatic Activation as an Unobstructive Measure of Racial Attitudes: A Bona Fide Pipeline? [J]. Journal of Personality and Social Psychology, 1995, 69: 1013-1027.

[80] Feng, K., Y. Siu, D. Guan and K. Hubacek. Analyzing Drivers of Regional Carbon Dioxide Emissions for China [J]. Journal of Industrial Ecology, 2012, 16: 600-611.

[81] Fishbach, A., Dhar, R. Goals as Excuses or Guides: The Liberating Effect of Perceived Goal Progress on Choice [J]. Journal of Consumer Research, 2005, 32 (3): 370-377.

[82] Fishbein, M., and Ajzen, I. Belief, Attitude, Intention, and Behavior: An Introduction to Theory and research [J]. Philosophy and Rhetoric, 1975, 41 (4): 842-844.

[83] Fisher, J., Irvine, K. Reducing Household Energy Use and Carbon Emissions: The Potential for Promoting Significant and Durable Changes through Group [C]. Proceedings of Conference: IESD PhD Conference: Energy and Sustainable Development Institute of Energy and Sustainable Development. Queens Building, De Montfort University, Leicester, UK, 2010.

[84] Fisk, G. Marketing and the Ecological Crisis [M]. New York: Harper and Row, 1974.

[85] Fraj, E., Martinez, E. Influence of Personality on Ecological Consumer Behavior [J]. Journal of Consumer Behaviour, 2006, 5: 167-181.

[86] Frederiks, E. R., and Stenner, K., and Hobman, E. V. Household Energy Use: Applying Behavioural Economics to Understand Consumer Decision-Making and Behaviour [J]. Renewable and Sustainable Energy Reviews, 2015, 41: 1385-1394.

[87] Friedman, M. A Positive Approach to Organized Consumer Action: The 'Buycott' as an Alternative to Boycott [J]. Journal of Consumer Policy, 1996, 19 (4): 439-451.

[88] Froming, W. J., and Carver, C. S. Divergent Influences of Private and Public Self-consciousness in a Compliance Paradigm [J]. Journal of Research in Personality, 1981, 15 (2): 159-171.

[89] Fulton, D. C., Manfredo, M, J., and Lipscomb, J. Wildlife Value Orienta-

tions: A Conceptual and Measurement Approach [J]. Human Dimensions of Wildlife, 1996, 1 (2): 24-47.

[90] Furnham, A., Petrides, K. V., Tsaousis, I., Pappas, K. and Garrod, D. A Cross-cultural Investigation into the Relationships between Personality Traits and Work Values [J]. Journal of Psychology, 2005, 139 (1): 5-32.

[91] Galotti, K. M. Approaches to Studying Formal and Everyday Reasoning [J]. Psychological Bulletin, 1989, 105: 331-351.

[92] Garcia, X., Muro, M., Ribas, A., et al. Attitudes and Behaviours towards Water Conservation on the Mediterranean Coast: The Role of Socio-demographic and Place-attachment Factors [J]. Water International, 2013, 38 (3): 283.

[93] Geng, J., Long, R., Chen, H., Li, W. Exploring the Motivation-behavior Gap in Urban Residents' Green Travel Behavior: A Theoretical and Empirical Study [J]. Resources Conservation and Recycling, 2017, 125: 282-292.

[94] Gershoff, A. D., and Frels, J. K. What Makes It Green? The Role of Centrality of Green Attributes in Evaluations of the Greenness of Products [J]. Journal of Marketing, 2015, 79 (1): 97-110.

[95] Giebelhausen, M., Chun, H. E. H., Jr J. J. C. and Hult, G. T. M. Adjusting the Warm-Glow Thermostat: How Incentivizing Participation in Voluntary Green Programs Moderates Their Impact on Service Satisfaction [J]. Journal of Marketing, 2016, 80 (4): 56-71.

[96] Glaser, B. G., and Strauss, A. L. The Discovery of Grounded Theory [M]. Chicago: Aldine, 1967.

[97] Gleim, M. R., Smith, J. S., Andrews, D., Joseph, Cronin Jr. J. Against the Green: A Multi-method Examination of the Barriers to Green Consumption [J]. Journal of Retailing, 2013, 89 (1): 44-61.

[98] Glicksman, L. R., L. K. Norford and L. V. Greden. Energy Conservation in Chinese Residential Buildings: Progress and Opportunities in Design and Policy [J]. Annual Review of Energy and the Environment, 2001, 26: 83-115.

[99] Goldstein, N. J., Cialdini, R. B., Griskevicius, V. A Room with a Viewpoint: Using Social Norms to Motivate Environmental Conservation in Hotels [J]. Journal of Consumer Research, 2008, 35: 472-482.

[100] Golley, J., and X. Meng. Income Inequality and Carbon Dioxide Emissions: The Case of Chinese Urban Households [J]. Energy Economics, 2012, 34:

1864-1872.

[101] Gosling, S. D., Rentfrow, P. J. and Swann, W. B. J. A very Brief Measure of the Big-5 Personality Domains [J]. Journal of Research in personality, 2003, 37 (6): 504-528.

[102] Greening, L. A., Ting, M., Krackler, T. J. Effects of Changes in Residential End-uses and Behavior on Aggregate Carbon Intensity: Comparison of 10 OECD Countries for the Period 1970 through 1993 [J]. Energy Economics, 2001, 23 (2): 153-178.

[103] Green, L. W., Kreuter, M. W. Health Promotion Planning: An Educational and Ecological Approach (3rd edition) [M]. Mountain View, Mayfield Publishing Company, 1999.

[104] Greenwald, A. G., McGhee, E., Schwartz, J. L. K. Measuring Individual Differences in Implicit Cognition: The Implicit Association Test [J]. Journal of Personality and Social Psychology, 1998, 74 (5): 181-198.

[105] Greve, W. Traps and gaps in action explanation: Theoretical Problems of a Psychology of Human Action [J]. Psychological Review, 2001, 108: 435-451.

[106] Grimmer, M., Miles, M. P., Polonsky, M. J. and Vocino, A. The Effectiveness of Life-cycle Pricing for Consumer Durables [J]. Journal of Business Research, 2015, 68 (7): 1602-1606.

[107] Griskevicius, V., Tybur, J. M., Van den B. Going Green to be Seen: Status, Reputation, and Conspicuous Conservation [J]. Journal of Personality and Social Psychology, 2010, 98: 392-404.

[108] Grønhøj, A. Communication about Consumption: A Family Process Perspective on Green Consumerpractices [J]. Journal of Consumer behavior, 2006, 5: 491-503.

[109] Grønhøj, A., Thøgersen, J. Feedback on Household Electricity Consumption: Learning and Social Influence Processes [J]. International Journal of Consumer Studies, 2011, 35 (2): 138-145.

[110] Grunert, S. C., Kristensen, K. The Green Consumer: Some Danish Evidence [J]. Marketing Review, 1994, 19 (2): 138-145.

[111] Guagnano, G. A., Stern, P. C., Dietz, T. Influences on Attitude-behavior Relationships: A Natural Experiment with Curbside Recycling [J]. Environment and Behavior, 1995, 27 (5): 699-718.

[112] Guevarra, D. A., and Howell, R. T. To Have in Order to Do: Exploring the Effects of Consuming Experiential Products on Well-being [J]. Journal of Consumer Psychology, 2015, 25 (1): 28-41.

[113] Gupta, S., Ogden, D. T. To Buy or not to Buy? A Social Dilemma Perspective on Green Buying [J]. Journal of Consumer Marketing, 2009, 26 (6): 376-391.

[114] Gutman, Jonathan. A Means-end Chain Model Based on Consumer Categorization Processes [J]. Journal of Marketing, 1982, 46 (2): 60-72.

[115] Harrison, D. A. Volunteer Motivation and Attendance Decisions: Competitive Theory Testing in Multiple Samples from a Homeless Shelter [J]. Journal of Applied Psychology, 1995, 80: 371-385.

[116] Harrison, D. A., and Liska, L. Z. Promoting Regular Exercise in Organizational Fitness Programs: Health Related Differences in Motivational Building Blocks [J]. Personnel Psychology, 1994, 47: 47-71.

[117] Hartmann, P., Apaolaza-Ibáñez, V. Consumer Attitude and Purchase Intention toward Green Energy Brands: The Roles of Psychological Benefits and Environmental Concern [J]. Journal of Business Research, 2012, 65 (9): 1254-1263.

[118] Haws, K. L., Winterich, K. P., Naylor, R. W. Seeing the World through Green-tinted Glasses: Green Consumption Values and Responses to Environmentally Friendly Products [J]. Journal of Consumer Psychology, 2014, 24 (3): 336-354.

[119] Hayes, S. C., Cone, J. D. Reducing Residential Electrical Energy Use: Payments, Information, and Feedback [J]. Journal of Applied Behavior Analysis, 1977, 10 (3): 424-435.

[120] He, Y., Chen, Q., and Alden, D. L. Time will Tell: Managing Post-purchase Changes in Brand Attitude [J]. Journal of the Academy of Marketing Science, 2016, 44 (6): 791-805.

[121] Heberlein, T. A., Warriner, G. K. The Influence of Price and Attitude on Shifting Residential Electricity Consumption from On-to-off-peak Periods [J]. Journal of Economic Psychology, 1983, 4 (1-2): 107-130.

[122] Heiskanen, E., Lovio, R. User-producer Interactionin Housing Energy Innovations: Energy Innovation as a Communication Challenge [J]. Journal Industrial Ecology, 2010, 14: 91-102.

[123] Henion, K. E., Kinnear, T. C. Ecological Marketing [M]. Chicago, IL: American Marketing Association, 1976.

[124] Hines, J. M., Hungerford, H. R., Tomera, A. N. Analysis and Synthesis of Research on Responsible Environmental Behavior: A Meta-Analysis [J]. The Journal of Environmental Education, 1987, 18 (2): 1-8.

[125] Hobson, K. Consumption, Environmental Sustainability and Human Geography in Australia: A Missing Research Agenda? [J]. Australia Geography Study, 2003, 41: 148-155.

[126] Huang, Y. A., and Lin, C., Phau, I. Idol attachment and human brand loyalty [J]. European Journal of Marketing, 2015, 49 (7/8): 1234-1255.

[127] Hubacek, K., K. Feng and B. Chen. Changing Lifestyles towards a Low Carbon Economy: An IPAT Analysis for China [J]. Energies, 2011, 5: 22-31.

[128] Huber, O., and Seiser, G. Accounting and Convincing: The Effect of Two Types of Justification on the Decision Process [J]. Journal of Behavioral Decision Making, 2001, 14: 69-85.

[129] Hutton, R. B., Mauser, G. A., Filiatrault, P., et al. Effects of Cost-related Feedback on Consumer Knowledge and Consumption Behavior: A Field Experimental Approach [J]. Journal of Consumer Research, 1986, 13 (3): 327-336.

[130] Hutton, R. B., McNeill, D. L. The Value of Incentives in Stimulating Energy Conservation [J]. Journal of Consumer Research, 1981, 8 (3): 291-298.

[131] Inglehart, R. Modernization and Post Modernization: Cultural, Economic, and Political Change in 43 Societies [M]. Princeton: Princeton University Press, 1997.

[132] Iyer, E., Banerjee, B. Anatomy of Green Advertising [J]. Advances in Consumer Research, 1992, 20 (3): 494-501

[133] Jackson, T. Motivating Sustainable Consumption: A Review of Evidence on Consumer Behaviour and Behavioural Change [M]. London: Policy Stud. Inst, 2005.

[134] Janis, I., Hovland, C. Personality and Persuasibility [M]. New Haven: Yale University Press, 1959.

[135] Janis, I. L., and Mann, L. Decision Making: A Psychological Analysis of Conflict, Choice and Commitment [M]. New York: Free Press, 1977.

[136] Janz, N. K., and Becker, M. H. The Health Belief Model: A Decade Later [J]. Health Education Quarterly, 1984, 11: 1-47.

[137] Jap, W. Confucius Face Culture on Chinese Consumer Consumption Values toward Global Brands [J]. The Journal of International Management Studies, 2010, 5 (1): 183-192.

[138] Jensen, T. D. Comparison Processes in Energy Conservation Feedback Effects [J]. Advances in Consumer Research, 1986, 13 (1): 486-491.

[139] John, O. P., and Srivastava, S. The Big Five Trait Taxonomy: History, Measurement, and Theoretical Perspectives [J]. Handbook of personality: Theory and research, 1999, 4: 102-138.

[140] Jotzo, F., and F. Teng. China's Climate and Energy Policy, Chapter 9. In: L. Song, R. Garnaut, and C. Fang (eds.) Deepening Reform for China's Long-term Growth and Development [M]. Canberra, Australian National University Press, 2014: 207-228.

[141] Kaiser, Florian G., Gundula Hubner, and Franz X. Bogner. Contrasting the Theory of Planned Behaviorwith the Value-Belief-Norm Model in Explaining Conservation Behavior [J]. Journal of Applied Social Psychology, 2005, 35 (10): 2150-2170.

[142] Kalafatis, S., Pollard, M. Green Marketing and Adjen's Theory of Planned Behavior: A Cross-market Examination [J]. Journal of Consumer Marketing, 1999, 16 (65): 441-460.

[143] Kantola, S. J., Syme, G. J., Campbell, N. A. Cognitive Dissonance and Energy Conservation [J]. Journal of Applied Psychology, 1984, 69 (3): 416-421.

[144] Kardash, W. J. Corporate Responsibility and the Quality of Life: Developing the Ecologically Concerned Consumer. 1976. See Ref. 117: 5-9.

[145] Kareklas, I., Carlson, J. R., Muehling, D. I Eat Organic for My Benefit and Yours: Egoistic and Altruistic Considerations for Purchasing Organic Food and Their Implications for Advertising Strategists [J]. Journal of Advertising, 2014, 43 (1): 18-32.

[146] Karmarkar, U. R., and Bollinger, B. BYOB: How Bringing Your Own Shopping Bags Leads to Treating Yourself and the Environment [J]. Journal of Marketing, 2015, 79 (4): 1-15.

[147] Katzev, R. D., Johnson, T. R. A Social Psychological Analysis of Residential Electricity Consumption: The Impact of Minimal Justification Techniques [J]. Journal of Economic Psychology, 1983, 3 (3-4): 267-284.

[148] Katz, D. The Functional Approach to the Study of Attitudes [J]. Public Opinion Quarterly, 1960, 24: 163-204.

[149] Kazdin A. E. Psychological Science's Contributions to a Sustainable Environment: Extending our Reach to a Grand Challenge of Society [J]. American Psychologist, 2009, 64 (5): 339-356.

[150] Kilbourne, W. E., Beckmann, S. C., Thelen, E. The Role of the Dominant Social Paradigm in Environmental Attitudes: A Multinational Examination [J]. Journal Business Research, 2002, 55: 193-204.

[151] Kilbourne, W., and Pickett, G. How Materialism Affects Environmental Beliefs, Concern, and Environmentally Responsible Behavior [J]. Journal of Business-Research, 2008, 61 (9): 885-893.

[152] Kilbourne, W. E., Polonsky, M. J. Environmental Attitudes and their Relation to the Dominant Social Paradigm among University Students in New Zealand and Australia [J]. Australasian Marketing Journal, 2005, 13: 37-48.

[153] Kim, S., and Rucker, D. D. Bracing for the Psychological Storm: Proactive versus Reactive Compensatory Consumption [J]. Journal of Consumer Research, 2012, 39 (4): 815-830.

[154] Knussen, C., Yule, F., Mackenzie, J., Wells, M. An Analysis of Intentions to Recycle Household Waste: The Roles of Past Behavior, Perceived Habit, and Perceived Lack of Facilities [J]. Journal of Environmental Psychology, 2004, 24: 237-246.

[155] Knussen, S. Factors Influencing Environmental Attitudes and Behaviors: A U. K. Case Study of Household Waste Management [J]. Environment Behavior, 2007, 39: 435-473.

[156] Koo, M., Fishbach, A. Dynamics of Self-regulation: How (Un) Accomplished Goal Actions Affect Motivation [J]. Journal of Personality and Social Psychology, 2008, 94 (2): 183-195.

[157] Koos, S. Varieties of Environmental Labelling, Market Structures, and Sustainable Consumption across Europe: A Comparative Analysis of Organizational and Market Supply Determinants of Environmental-labelled Goods [J]. Journal of Consumer Policy, 2011, 34 (1): 127-151.

[158] Kronrod, A., Grinstein, A., Wathieu, L. Go Green! Should Environmental Messages Be So Assertive? [J]. Journal of Marketing, 2012, 76 (1):

95-102.

[159] Ku, H. H., Wu, C. Y. Communicating Green Marketing Appeals Effectively: The Role of Consumers´ Motivational Orientation to Promotion Versus Prevention [J]. Journal of Advertising, 2012, 41 (4): 41-50.

[160] Kunda, Z. The Case for Motivated Reasoning [J]. Psychological Bulletin, 1990, 108: 480-498.

[161] Laport, E. R., Nath, R. Role of Performance Goals in Prose Learning [J]. Journal of Educational Psychology, 1976, 68 (3): 260-264.

[162] Lazer, W. Lifestyle Concepts and Marketing [J]. Toward Scientific Marketing, 1963, 15 (4): 130-139.

[163] Lebel, L., Lorek, S. Enabling Sustainable Production-consumption Systems [J]. Social Science Electronic Publishing, 2008, 33: 241-275.

[164] Lee, T. W., and Mitchell, T. R. An Alternative Approach: The Unfolding Model of Voluntary Employee Turnover [J]. Academy of Management Review, 1994, 19: 51-89.

[165] Lenzen, M., Murray, S. The Ecological Footprint: Issues and Trends [EB/OL]. Integrated Sustainability Analysis, University Sydney, 2003: 01-03.

[166] Lewin, K. Field Theory in Social Science [M]. New York: Harper and Row, 1951.

[167] Lin, Y., and Chang, C. A. Double Standard: The Role of Environmental Consciousness in Green Product Usage [J]. Journal of Marketing, 2012, 76 (5): 125-134.

[168] Linden, A. L., Carlsson-Kanyama, A., Eriksson, B. Efficient and Inefficient Aspects of Residential Energy Behavior: What are the Policy Instruments for Change? [J]. Energy Policy, 2006, 34: 1918-1927.

[169] Locke, E. A., Bryan, J. F. Goal-Setting as a Determinant of the Effect of Knowledge of Score on Performance [J]. The American Journal of Psychology, 1968, 81 (3): 398-406.

[170] Locke, E. A., Latham, G. P. A Theory of Goal Setting & Task Performance [M]. Prentice Hall in Englewood Cliffs, NJ, 1990.

[171] Lokhorst, A. M., Werner, C., Staats, H., Dijk, E. v., Gale, J. L. Commitment and Behavior Change: A Meta-Analysis and Critical Review of Commitment-Making Strategies [J]. Environment & Behaviour, 2013, 45 (1): 3-34.

［172］Luchs, M. G., Naylor, R. W. and Irwin, J. R. The Sustainability Liability: Potential Negative Effects of Ethicality on Product Preference［J］. Journal of Marketing, 2010, 74（5）: 18-31.

［173］Lyon, T. P. and Montgomery, A. W. The Means and End of Greenwash［J］. Organization and Environment, 2015, 28: 223-249.

［174］Maan. S., Merkus, B., and Ham, J., et al. Making it Not Too Obvious: The Effect of Ambient Light Feedback on Space Heating Energy Consumption［J］. Energy Efficiency, 2011, 4（2）: 175-183.

［175］MacGillivray, A., Levett-Therivel. Consumer Expenditure and Environmental Impact: Finding the Right UK Model［M］. London: Sustainable Consumption Roundtable, 2004.

［176］Martin Binder Ann-Kathrin Blankenberg. Green Lifestyles and Subjective Well-being: More about Self-image than Actual Behavior［J］. Journal of Economic Behavior and Organization, 2017, 137: 304-323.

［177］Mattila, A. S. Do Emotional Appeals Work for Services［J］. International Journal of Service Industry Management, 1999, 10（3）: 292-306.

［178］McMakin, A. H., Malone, E. L. Lundgren, R. E. Motivating Residentsto Conserve Energy without Financial Incentives［J］. Environment and Behavior, 2002, 36（4）: 848-863.

［179］Maloney, M. and M. Ward. Ecology: Let's Hear from the People; an Objective Scale for the Measurement of Ecological Attitudes and Knowledge［J］. American Psychologist, 1973, 28: 583-586.

［180］Mainieri, T., Barnett, E. G., Valdero, T. R., Unipan, J. B. and Oskamp, S. Green Buying: the Influence of Environmental Concern on Consumer Behavior［J］. Journal of Social Psychology, 1997, 137（2）: 189-204.

［181］Matthes, J., Wonneberger, A., Schmuck, D. Consumers' Green Involvement and the Persuasive Effects of Emotional Versus Functional Ads［J］. Journal of Business Research, 2014, 67（9）: 1885-1893.

［182］McCalley, L. T., Midden, C. J. H. Energy Conservation Through Product-integrated Feedback: The Roles of Goal-setting and Social Orientation［J］. Journal of Economic Psychology, 2002, 23（5）: 589-604.

［183］McClelland, L., Cook, S. W. Promoting Energy Conservation in Master-Metered Apartmentsthrough Group Financial Incentives［J］. Journal of Applied Social

Psychology, 1980, 10 (1): 20-31.

[184] McDonald, S., Oates, C. J., Alevizou, P. J., Young W., Hwang, K. 2006. Communication Strategies for Sustainable Technologies: Identifying Patterns in Consumer Behavior [EB/OL]. The 13th International Conference of the Greening of Industry Network-Integration and Communication: A Clear Route to Sustainability? 2006, 7: 2-6, http://gin.confex.com/gin/2006/techprogram/P1684.HTM.

[185] McDonald, S., Oates, C., Thyne, M., Alevizou, P., McMorland, L. Comparing Sustainable Consumption Patterns Across Product Sectors [J]. International Journal of Consumer Study, 2009, 33: 137-145.

[186] Mckenzie-Mohr, D., Nemiroff, L. S., Beer, L., Desmarais, S. Determinants of Responsible Environmental Behavior [J]. Journal of Social Issues, 1995, 51: 139-156.

[187] Midden, C. J. H., Meter, J. F., Weenig, M. H., et al. Using Feedback, Reinforcement and Information to Reduce Energy Consumption in Households: A Field-Experiment [J]. Journal of Economic Psychology, 1983, 3 (1): 65-86.

[188] Miller, R. E., and P. D. Blair. Input-output Analysis: Foundations and Extensions [M]. Cambridge, Cambridge University Press, 2009.

[189] Mills, D. E. Demand Fluctuation and Endogenous Firm Flexibility [J]. Journal of Industrial Ecolomics, 1984: 55-71.

[190] Moll, H. C., Noorman, K. J., Kok, R., Engstrom, R., Throne-Holst, H., Clark, C. Pursuing More Sustainable Consumption by Analyzing Household Metabolism in European Countries and Cities [J]. Journal of Industrial Ecology, 2005, 9 (1): 259-276.

[191] Moraes, C., Carrigan, M., and Szmigin, I. The Coherence of Inconsistencies: Attitude-behaviour Gaps and New Consumption Communities [J]. Journal of Marketing Management, 2012, 28: 103-128.

[192] Mostafa, M M. Gender Differences in Egyptian Consumers' Green Purchase Behaviour: The Effects of Environmental Knowledge, Concern and Attitude [J]. International Journal of Consumer Studies, 2007, 31 (3): 220-229.

[193] Muralidharan, S., Mostafa, S., La Ferle, S., and Sung, Y. Are we a Product of our Environment? Assessing Culturally Congruent Green Advertising Appeals, Novelty, and Environmental Concern in India and the U. S. A. [J]. Asian Journal of Communication, 2017, 27 (4): 396-414.

［194］Netemeyer, R. G., Burton, S. and Lichtenstein, D. R. Trait Aspects of Vanity: Measurement and Relevance to Consumer Behavior［J］. Journal of Consumer Research, 1995, 21 (4): 612-626.

［195］Newman, G. E., Margarita, G. and Ravi, D. When Going Green Backfires: How Firm Intentions Shape the Evaluation of Socially Beneficial Product Enhancements［J］. Journal of Consumer Research, 2014, 41 (3): 823-839.

［196］Nicholls, A., & Lee, N. Purchase Decision-making in Fair Trade and the Ethical Purchase 'Gap': 'is there a Fair Trade Twix?'［J］. Journal of Strategic Marketing, 2006, 14 (4): 369-386.

［197］Nolan, J. M., Schultz, P. W., Cialdini, R. B., et al. Normative Social Influence is Under detected［J］. Personality and Social Psychology Bulletin, 2008, 34 (7): 913-923.

［198］Nordlund, A. M., Garvill, J. Value Structures behind Pro-environmental Behaviour［J］. Environment and Behavior, 2002, 34: 740-756.

［199］Ölander, F., Thøgersen, J. Understanding of Consumer Behaviour as a Prerequisite for Environmental Protection［J］. Journal of Consumer Policy, 1995, 18 (4): 345-385.

［200］Olli, E., Grendstad, D., Wollebark, D. Correlates of Environmental Behaviors: Bringing back Social Context［J］. Environment and behavior 2001, 33: 181-208.

［201］Olsen, M. C., Slotegraaf, R. J., Chandukala, S. R. Green Claims and Message Frames: How Green New Products Change Brand Attitude［J］. Journal of marketing, 2014, 78 (9): 119-137.

［202］Onwezen, M. C., Bartels, J., Antonides, G. Environmentally Friendly Consumer Choices: Cultural Differences in the Self-regulatory Function of Anticipated Pride and Guilt［J］. Journal of Environmental Psychology, 2014, 40: 239-248.

［203］Ottman, J. A. Industry's Response to Green Consumerism［J］. Journal of Business Strategy, 1992 (4): 3-7.

［204］Ottman, J. A, Stafford, E. R., Hartman, C. L. Avoiding Green Marketing Myopia: Ways to Improve Consumer Appeal for Environmentally Preferable Products［J］. Environment, 2006, 48: 22-36.

［205］Pallak, M. S., Cummings, N. Commitment and Voluntary Energy Conservation［J］. Personality and Social Psychology Bulletin, 1976, 2 (1): 27-31.

[206] Pan W., Garmston H. Compliance with Building Energy Regulations for New-build Dwellings [J]. Energy, 2012, 48 (1): 11-22.

[207] Papaoikonomou, E., Ryan, G., and Ginieis, M. Towardsa Holistic Approach of the Attitude Behaviour Gap in Ethical Consumer Behaviours: Empirical Evidence from Spain [J]. International Advances in Economic Research, 2011, 17 (1): 77-88.

[208] Park, J., Hedgcock, W. M. Thinking Concretely or Abstractly: The Influence of Fit between Goal Progress and Goal Construal on Subsequent Self-regulation [J]. Journal of Consumer Psychology, 2016, 26 (3): 395-409.

[209] Peattie, Kenneth. Green Consumption: Behavior and Norms [J]. Annual Review of Environment and Resources, 2010, 35 (1): 195-228.

[210] Peattie, Kenneth. Towards Sustainability. The Third Age of Green Marketing [J]. The Marketing Review, 2001, 2 (2): 129-146.

[211] Pedersen, E. R., Neergaard, P. Caveat Emptor-let the Buyer Beware! Environmental Labeling and the Limitations of Green Consumerism [J]. Business Strategy Environment, 2006, 15: 15-29.

[212] Peloza, J., White, K., Shang, J. Z. Good and Guilt-Free: The Role of Self-Accountability in Influencing Preferences for Products with Ethical Attributes [J]. Journal of Marketing, 2013, 77 (1): 104-119.

[213] Pennington, N., and Hastie, R. Explanation-based Decision Making: Effects of Memory Structure on Judgment [J]. Journal of Experimental Psychology: Learning, Memory, and Cognition, 1988, 14: 521-533.

[214] Peters, G., C. Weber, D. Guan and K. Hubacek. China's Growing CO_2 Emissions: A Race between Increasing Consumption and Efciency Gains [J]. Environmental Science and Technology, 2007, 41: 5939-5944.

[215] Petty, R. E., Cacioppo, J. T., Heesacker, M. Effects of Rhetorical Questions on Persuasion: A Cognitive Response Analysis [J]. Journal of Personality and Social Psychology, 1981, 40 (3): 432-440.

[216] Pickett-Baker, J., Ozaki, R. Pro-environmental Products: Marketing Influence on Consumer Purchase Decision [J]. Journal of Consumer Marketing, 2008, 25 (2): 281-293.

[217] Pierro, A., Mannetti, L., Kruglanski, A. W. Relevance Override: On the Reduced Impact of "Cues" Under High-Motivation Conditions of Persuasion Studies

[J]. Journal of Personality and Social Psychology, 2004, 86 (2): 251-264.

[218] Poortinga, W., Steg, L., Vlek, C., Wiersma, G. Household Preferences for Energy-saving Measures: A Conjoint Analysis [J]. Journal of Economic Psychology, 2003, 24: 49-64.

[219] Poortinga, A. Green Consumerism and the Societal Marketing Concept: Marketing Strategies for the 1990's [J]. Journal of Marketing Management, 1990, 6 (2): 87-103.

[220] Poortinga, Wouter and Linda Steg and Charles Vlek, Values. Environmental Concern and Environmental Behavior: A Study into Household Energy Use [J]. Environment and Behavior, 2004, 36 (1): 70-93.

[221] Prochaska, J. O., Velicer, W. F., Rossi, J. S., Goldstein, M. G., Markus, B. H., Rakowski, W., et al. Stages of change and decisional balance model for 12 problem behaviors [J]. Health Psychology, 1994, 13: 39-46.

[222] Quoidbach, J., Gilbert, D. T. and Wilson, T. D. The end of history illusion [J]. Science, 2013, 339 (6115): 96-98.

[223] Rees, W., Wackernagel, M. Ecological Footprints and Appropriated Carrying Capacity: Measuring the Natural Capital Requirements of the Human Economy [J]. Focus, 1996, 6 (2): 121-130.

[224] Rentfrow, P. J., Gosling, S. D., Jokela, M., Stillwell, D. J., Kosinski, M. and Potter, J. Divided we Stand: Three Psychological Regions of the United States and Their Political, Economic, Social, and Health Correlates [J]. Journal of Personality and Social Psychology, 2013, 105 (6): 996-1012.

[225] Richins, M. L., Dawson, S. A Consumer Values Orientation for Materialism and Its Measurement: Scale Development and Validation [J]. Journal of Consumer Research, 1992, 19 (3): 303-316.

[226] Ritchie, B., Mcdougall, G., Claxton, J. Complexities of Household Energy Consumption and Conservation [J]. Journal of Consumer Research, 1981, 8: 233-242.

[227] Roe, R. M., Busemeyer, J. R., & Townsend, J. T. Multialternative decision Weld theory: A Dynamic Connectionist Model of Decision Making [J]. Psychological Review, 2001, 108: 370-392.

[228] Rex, E., Baumann, H. Beyond Ecolabels: What Green Marketing can Learn from Conventional Marketing [J]. Journal of Cleanerr Production, 2007, 15:

567-576.

[229] Roberts, J. A. Green Consumers in 199os: Profile and Implications for Advertising [J]. Journal of Business Research, 1996, 36 (3): 217-231.

[230] Samdahl, M. D., Robertson, R. Social Determinants of Environmental Concern: Specification and Test of the Model [J]. Environment and Behavior, 1989, 21 (1) January: 57-81.

[231] Samuelson, C., Biek, M. Attitudes toward Energy Conservation: A Confirmatory Factor Analysis [J]. Journal of Applied Social Psychology, 1991, 21 (7): 549-568.

[232] Sanne, C. The Consumption of our Discontent [J]. Business Strategy Environment, 2005, 14: 315-323.

[233] Schaffrin, A., and Reibling, N. Household Energy and Climate Mitigation Policies: Investigating Energy Practices in the Housing Sector [J]. Energy Policy, 2015, 77 (2): 1-10.

[234] Schuhwerk, M. E., Lefkoff-Hagius, R. Green or Non-green? Does Type of Appeal Matter When Advertising a Green Product [J]. Journal of Advertising, 1995, 24 (2): 45-54.

[235] Schultz, P. W., Nolan, J. M., Cialdini, R. B., et al. The Constructive, Destructive, and Reconstructive Power of Social Norms [J]. Psychological Science, 2007, 18 (5): 429-434.

[236] Schwartz, S. Normative Influences on Altruism [J]. Advance in Experimental Social Psychology, 1977, 10: 222-279.

[237] Scott, D., Parker, P., Rowlands, I. H. Determinants of Energy Efficiency Behaviours in the Home [J]. Environments, 2000, 28 (3): 73-96.

[238] Sears, D, O., Freedman, J. L., Peplau, L. A. Social Psychology (5th ed) [M]. Englewood Cliffs. NJ: Prentice Hall, 1985.

[239] Seidman, G. Self-presentation and belonging on Facebook: How Personality Influences Social Media Use and Motivations [J]. Personality and Individual Differences, 2013, 54 (3): 402-407.

[240] Seijts, G. H., Latham, G. P. The Construct of Goal Commitment: Measurement and Relationships with Task Performance [M]. Problems and Solutions in Human Assessment, the Netherlands: Kluw er Academic, 2000.

[241] Seligman, C., Kriss, M., Darley, J. M., et al. Predicting Summer Energy

Consumption from Homeowners' Attitudes [J]. Journal of Applied Social Psychology, 1979, 9 (1): 70-90.

[242] Sexton, R. J., Johnson, N. B., Konakayama, A. Consumer Response to Continuous-display Electricity-use Monitors in a Time-of-use Pricing Experiment [J]. Journal of Consumer Research, 1987, 14 (1): 55-62.

[243] ShaWr, E., and LeBoeuf, R. A. Rationality [J]. Annual Review of Psychology, 2002, 53: 491-517.

[244] Sheppard, B. H., Hartwick, J., and Warshaw, P. R. The Theory of Reasoned Action: A Meta-analysis of Past Research with Recommendations for Modifications and Future Research [J]. Journal of Consumer Research, 1988, 15: 325-343.

[245] Sherman, S. J., Rose, J. S., Koch, K., et al. Implicit and Explicit Attitudes toward Cigarette Smoking: The Effects of Context and Motivation [J]. Journal of Social and Clinical Psychology, 2003, 22 (1): 13-40.

[246] Shove, E. Converging Conventions of Comfort, Cleanliness and Convenience [J]. Journal Consumer Policy, 2003, 26: 395-418.

[247] Spaargaren, G., van Vliet BJM. Lifestyles, Consumption and the Environment: The Ecological Modernisation of Domestic Consumption [J]. Environmental Politics, 2000, 9: 50-77.

[248] Spangenberg, J., Lorek, S. Environmentally Sustainable Household Consumption: From Aggregate Environmental Pressures to Priority Fields of Action [J]. Ecological Economics, 2002, 43: 127-140.

[249] Staats, H. J., Wit, A. P., Midden, C. Y. H. Communicating the Greenhouse Effect to the Public: Evaluation of a Mass Media Campaign from a Social Dilemma Perspective [J]. Journal of Environmental Management, 1996, 46 (2): 189-203.

[250] Staats, H., and Harland, P., and Wilke, H. A. M. Effecting Durable Change: A Team Approach to Improve Environmental Behavior in the Household [J]. Environment and Behavior, 2004, 36 (3): 341-367.

[251] Steg, L. Promoting Household Energy Conservation [J]. Energy Policy, 2008, 36 (12): 4449-4453.

[252] Stern, P. C., Gardner, G. T. Psychological research and energy policy [J]. American Psychologist, 1981, 36 (4): 329-342.

[253] Stern, PC, Dietz, T, Abel, T, Guagnano, G A, Kalof, L. A Value-belief-norm Theory of Support for Social Movements: The Case of Environmental

Concern [J]. Human Ecology Review, 1999, 6: 81-97.

[254] Stern, P. C. Oskamp S. Managing Scare Environmental Resources [M]. Handbook of Environmental Psychology, New York: Wiley, 1987.

[255] Stern, P. C. Toward a Coherent Theory of Environmentally Significant Behavior [J]. Journal of Social Issues, 2000, 56 (3): 407-424.

[256] Straughan, R. D., Roberts, J. A. Environmental Segmentation Alternatives: A Look at Green Consumer Behaviour in the New Millennium [J]. Journal of Consumer Marketing, 1999, 16: 558-575.

[257] Strizhakova, Y., and Coulter, R. A. The "Green" Side of Materialism in Emerging BRIC and Developed Markets: The Moderating Role of Global Cultural Identity [J]. International Journal of Research in Marketing, 2013, 30 (1): 69-82.

[258] Tajfel, H. Differentiation between Social Groups: Studies in the Social Psychology of Intergroup Relations. Chapters 1 - 3 [M]. London: Academic Press, 1978.

[259] Tampier, M. Emissions Credit Trading and Renewables: An Assessment of Present and Future Opportunities [J]. Refocus, 2003, 4 (2): 46-49.

[260] Tanner, C., Kaiser, F. G., Kast, S. W. Contextual Conditions of Ecological Consumerism: A Food Purchasing survey [J]. Environment and Behavior, 2004, 36: 94-111.

[261] Theotokis, A., and Manganari, E. The Impact of Choice Architecture on Sustainable Consumer Behavior: The Role of Guilt [J]. Journal of Business Ethics, 2015, 131 (2): 423-437.

[262] Tobias Schaefers. Standing out from the Crowd-niche Product Choice as a Form of Conspicuous Consumption [J]. European Journal of Marketing, 2014, 48 (9): 1805-1827.

[263] Thøgersen, J., Olander, F. To what Degree are Environmentally Beneficial Choices Reflective of a " general Conservation Stance? Environment and behavior, 2006, 38: 550-569.

[264] Trapnell, P. D. and Campbell, J. D. Private Self-consciousness and the Five-factor Model of Personality: Distinguishing Rumination from Reflection [J]. Journal of Personality and Social Psychology, 1999, 76 (2): 284-304.

[265] Trudel, R. and Argo, J. J. The Effect of Product Size and Form Distortion on Consumer Recycling Behavior [J]. Journal of Consumer Research, 2013, 40 (4):

632-643.

［266］ Trudel, R., Argo, J. J., and Meng, M. D. The Recycled Self: Consumers' Disposal Decisions of Identity-Linked Products ［J］. Journal of Consumer Research, 2016, 43 (2): 246-264.

［267］ Tucker, P., Speirs, D. Attitudes and Behavioral Change in Household Waste management behaviors ［J］. Journal of Environmental Planning and Management, 2003, 46: 289-307.

［268］ Tversky, Amos, and Daniel Kahneman. Judgmentunder Uncertainty: Heuristics and Biases ［J］. Science, 1974, 185 (4157): 1124-1131.

［269］ Ungar, S. Apples and Oranges Probing the Attitude-behaviour Relationship for the Environment ［J］. Canad. Rev. SOC. & Anth., 1994, 31 (3): 288-304.

［270］ Upmeyer, A., Six B, et al. Attitudes and Behavioral Decisions ［M］. Springer-Verlag New York Inc, 1989.

［271］ Van Diepen, A. Households and their Spatial-energetic Practices Searching for Sustainable Urban Forms ［D］. Doctoral Dissertation, University of Groigen, the Netherlands, 2000.

［272］ Van Raaij, Verhallen, T. A Behavioral Model of Residential Energy Use ［J］. Journal of Economic Psychology, 1983, 3: 39-63.

［273］ Van Vugt, M. Community Identification Moderating the Impact of Financial Incentives in a Natural Social Dilemma: Water Conservation ［J］. Personality and Social Psychology Bulletin, 2001, 27 (11): 1440-1449.

［274］ Vinson, D. E., Scott, J. E., Lawrence, M. L. the Role of Personal Values in Marketing and Consumer Behavior ［J］. Journal of Marketing, 1977, 41 (2): 44-50.

［275］ Viscusi, W. K., Huber, J. and Bell, J. Promoting Recycling: Private Values, Social Norms, and Economic Incentives ［J］. American Economic Review, 2011, 101 (3): 65-70.

［276］ Völlink, T., Meertens, R. The Effect of a Prepayment Meter on Residential Gas Consumption ［J］. Journal of Applied Social Psychology, 2010, 40 (10): 2556-2573.

［277］ Waggoner, P. E., Ausubel, J. H. A framework for Sustainability Science: A Renovated IPAT Identity ［J］. Proceedings of the National Academy of Science, 2002, 99 (12): 7860-7865.

[278] Wang, W., Krishna, A., and Mcferran, B. Turning Off the Lights: Consumers' Environmental Efforts Depend on Visible Efforts of Firms [J]. Journal of Marketing Research, 2017, 54 (3): 478-494.

[279] Westaby, J. D., and Fishbein, M. Factors Underlying Behavioral Choice: Testing a New Reasons Theory Approach [J]. Journal of Applied Social Psychology, 1996, 13: 1307-1323.

[280] Westaby, James D. Behavioral Reasoning Theory: Identifying New Linkages Underlying Intentions and Behavior [J]. Organizational Behavior and Human Decision Processes, 2005, 98 (2): 97-120.

[281] Winett, R. A., Leckliter, I. N., Chinn, D. E., et al. Effects of Television Modeling on Residential Energy Conservation [J]. Journal of Applied Behavior Analysis, 1985, 18 (1): 33-44.

[282] Winett, R. A., Neale, M. S., Grier, H. C. Effects of Self-monitoring and Feedback on Residential Electricity Consumption [J]. Journal of Applied Behavior Analysis, 1979, 12 (2): 173-184.

[283] White, K. and Simpson, B. When Do (and Don't) Normative Appeals Influence Sustainable Consumer Behaviors? [J]. Journal of Marketing, 2013, 77 (2): 78-95.

[284] Wicker, A. W. Attitudes versus Actions: The Relationship of Verbal and Overt Behavior Response to Attitude Objects [J]. Journal of Social Issues, 1969, 25 (4): 41-78.

[285] Widegren, O. The New Environmental Paradigm and Personal Norms [J]. Environment and Behavior, 1998, 30 (1): 75-100.

[286] Wilson, T. D., Dunn, D. S., Kraft, D., and Lisle, D. J. Introspection, Attitude Change, and Attitude-behavior Consistency: The Disruptive Effects of Explaining Why we Feel the Way we Do [J]. Advances in Experimental Social Psychology, 1992, 22: 287-343.

[287] Wray-Lake, L., Flanagan, C. A., Osgood, D. W. Examining Trends in Adolescent Environmental Attitudes, Beliefs and Behaviors across Three Decades [J]. Environment and behavior, 2010, 42: 61-68.

[288] Wong, V. C. and Wyer, R. S. Mental traveling along Psychological Distances: The Effects of Cultural Syndromes, Perspective Flexibility, and Construal Level [J]. Journal of Personality and Social Psychology, 2016, 111 (1): 17-33.

[289] Wu, C. H., Parker, S. K. and Jong, J. P. Need for Cognition as an Antecedent of Individual Innovation Behavior [J]. Journal of Management, 2014, 40 (6): 1511-1534.

[290] Xu, X., Arpan, L. M., Chen, C. F. The Moderating Role of Individual Differences in Responses to Benefit and Temporal Framing of Messages Promoting Residential Energy Saving [J]. Journal of Environmental Psychology, 2015, 44: 95-108.

[291] Yang, D., Lu, Y., Zhu, W., et al. Going green: How Different Advertising Appeals Impact Green Consumption Behavior [J]. Journal of Business Research, 2015, 68 (12): 2663-2675.

[292] Young, W., Hwang, K., McDonald, S., & Oates, C. J. Sustainable Consumption: Green Consumer Behaviour when Purchasing Products [J]. Sustainable Development, 2010, 18 (1): 20-31.

[293] Yang, L. and M. Lahr. Sources of Chinese Labor Productivity Growth: A Structural Decom-position Analysis, 1987-2005 [J]. China Economic Review, 2010, 21: 557-570.

[294] Zaccaï, E. Assessing the Role of Consumers in Sustainable Product Policies [J]. Environment, Development and Sustainability, 2008, 10: 51-67.

[295] Zeiglerhill, V., Besser, A., Myers, E. M., Southard, A. C. and Malkin, M. L. The Status-signaling Property of Self-esteem: The role of Self-reported self-esteemand Perceived Self-esteem in Personality Judgments [J]. Journal of Personality, 2013, 81 (2): 209-220.

[296] Zhang, H., Lahr, M. L., Bi, J. Challenges of Green Consumption in China: A Household Energy Use Perspective [J]. Economic Systems Research, 2016, 28 (2): 183-201.

[297] Zhang, H., and M. L. Lahr. Can the Carbonizing Dragon be Domesticated? Insights from a Decomposition of Energy Consumption and Intensity in China, 1987-2007 [J]. Economic Systems Research, 2014, 26: 119-140.

[298] Zheng, S., R. Wang, E. Glaeser and M. Kahn. The Greenness of China: Household Carbon Dioxide Emissions and Urban Development [J]. Journal of Economic Geography, 2010, 11: 761-792.

[299] Zhou, K., and Yang, S. Understanding Household Energy Consumption Behavior: The Contribution of Energy Big Data Analytics [J]. Renewable and Sustainable Energy Reviews, 2016, 1056 (4): 810-819.

[300] Zhou, X., Sedikides, C., Wildschut, T. and Gao, D. G. Counteracting Loneliness: On the Restorative Function of Nostalgia [J]. Psychological Science, 2008, 19 (10): 1023-1029.

[301] Ahuvia, A., 阳翼. "生活方式"研究综述:一个消费者行为学的视角 [J]. 商业经济与管理, 2005, (8): 32-38.

[302] 保罗·贝尔, 托马斯·格林, 杰弗瑞·费希尔, 等. 环境心理学 [M]. 北京: 中国人民大学出版社, 2009.

[303] 陈凯, 邓婷. 环境态度、引导用语与绿色出行意向研究 [J]. 干旱区资源与环境, 2017, 31 (03): 191-196.

[304] 陈凯, 彭茜. 参照群体对绿色消费态度—行为差距的影响分析 [J]. 中国人口·资源与环境, 2014, 24 (5): 458-461.

[305] 陈凯, 赵占波. 绿色消费态度—行为差距的二阶段分析及研究展望 [J]. 经济与管理, 2015, 29 (1): 19-24.

[306] 陈启杰, 田圣炳. 论从消费者主权到可持续消费的转型 [J]. 上海财经大学学报, 2008, 10 (5): 81-88.

[307] 陈晓红, 徐戈, 冯项楠, 等. 公众对于"两型社会"建设的态度—意愿—行为分析 [J]. 管理世界, 2016 (12): 90-101.

[308] 崔维军, 杜宁, 李宗锴, 等. 气候变化认知、社会责任感与公众减排行为——基于CGSS2010数据的实证分析 [J]. 软科学, 2015 (10): 39-43.

[309] 戴彦德, 吕斌, 冯超. "十三五"中国能源消费总量控制与节能 [J]. 北京理工大学学报 (社会科学版), 2015, 17 (1): 1-7.

[310] 杜伟强, 曹花蕊. 基于自身短期与社会长远利益两难选择的绿色消费机制 [J]. 心理科学进展, 2013, 21 (5): 775-784.

[311] 杜宇, 马蓓蕾. 安徽省城镇家庭低碳消费行为影响因素及路径研究 [J]. 安徽理工大学学报 (社会科学版), 2017, 19 (3): 51-56.

[312] 樊纲, 苏铭, 曹静. 最终消费与碳减排责任的经济学分析 [J]. 经济研究, 2010 (1): 4-14.

[313] 符国群. 消费者行为学 [M]. 北京: 高等教育出版社, 2007.

[314] 高海霞, 张敏. 消费者矛盾态度研究综述与展望 [J]. 外国经济与管理, 2016, 38 (2): 62-74.

[315] 龚长宇. 柔性管理: 社会管理的重要机制 [J]. 学习与探索, 2011 (6): 53-55.

[316] 郭琪. 公众节能行为的经济分析及政策引导研究 [M]. 北京: 经济科

学出版社，2008.

［317］高然，张真. 生活领域能源消费的锁定效应研究——以上海市为例［J］. 资源科学，2015，37（4）：733-743.

［318］郭锐，李伟，严良. 漂绿后绿色品牌信任重建战略研究：基于CBBE模型和合理性视角［J］. 中国地质大学学报（社会科学版），2015（3）：28-38.

［319］何伟怡，何瑞. 新能源汽车公众市场扩散影响因素的实证分析——基于TAM-IDT理论［J］. 大连理工大学学报（社会科学版），2015，36（3）：28-33.

［320］和占琼，何民. 环境态度对交通行为影响研究综述［J］. 城市问题，2015（01）：97-101.

［321］何志毅，杨少琼. 对绿色消费者生活方式特征的研究［J］. 南开管理评论，2004，7（3）：4-10.

［322］洪大用，李阳. 推进绿色生活方式培育的科学化——基于某地农村洁净型生活用煤推广实践的社会学分析［J］. 广东社会科学，2017（01）：185-194.

［323］侯杨. 行政管理中的柔性管理思想浅析［J］. 经营管理者，2011（20）：86-86.

［324］姜彩芬. 面子文化产生根源及社会功能［J］. 广西社会科学，2009，(3)：116-120.

［325］亢楠楠，王尔大. 主观幸福感对居民环境行为的影响研究［J］. 统计研究，2017，34（5）：82-93.

［326］黎建新，刘洪深，宋明菁. 绿色产品与广告诉求匹配效应的理论分析与实证检验［J］. 财经理论与实践，2014，35（01）：127-131.

［327］黎建新，詹志方. 消费者绿色购买研究述评与展望［J］. 消费经济，2007，23（03）：93-97.

［328］劳可夫. 消费者创新性对绿色消费行为的影响机制研究［J］. 南开管理评论，2013，16（4）：106-113.

［329］劳可夫，王露露. 中国传统文化价值观对环保行为的影响——基于消费者绿色产品购买行为［J］. 上海财经大学学报，2015（2）：64-75.

［330］林伯强，李江龙. 环境治理约束下的中国能源结构转变——基于煤炭和二氧化碳峰值的分析［J］. 中国社会科学，2015（9）：84-107.

［331］林美吟. 利他、利己绿色广告诉求之广告效果研究——以绿色生活形态为干扰变数［D］. 台湾：淡江大学硕士学位论文，2009.

［332］林子锟. 不同广告诉求方式下产品享乐性和功能性属性对顾客购买意

向的影响研究［D］.成都：西南财经大学硕士学位论文，2009.

［333］刘遗志，汤定娜.消费者创新性对移动购物行为的影响机制研究——基于计划行为理论视角［J］.大连理工大学学报（社会科学版），2015，36（3）：40-46.

［334］陆娅楠.能源消费年均增8%，增量超过全球增量一半，我国能源战略应重视生态约束［N］.人民日报，2014-10-02.

［335］马向阳，徐富明，吴修良，等.说服效应的理论模型、影响因素与应对策略.心理科学进展，2012（5）：735-744.

［336］毛振福，余伟萍，李雨轩.绿色购买意愿形成机制的实证研究——绿色广告诉求与自我建构的交互作用［J］.当代财经，2017（5）：79-88.

［337］芈凌云.城市居民低碳化能源消费行为及政策引导研究［D］.徐州：中国矿业大学博士论文，2011.

［338］芈凌云，杨洁，俞学燕，杜乐乐.信息型策略对居民节能行为的干预效果研究——基于Meta分析［J］.软科学，2016，30（4）：89-92.

［339］聂伟.环境认知、环境责任感与城乡居民的低碳减排行为［J］.科技管理研究，2016，36（15）：252-256.

［340］欧阳斌，袁正，陈静思.我国城市居民环境意识、环保行为测量及影响因素分析［J］.经济地理，2015，35（11）：179-183.

［341］潘煜，高丽，张星，万岩.中国文化背景下的消费者价值观研究——量表开发与比较［J］.管理世界，2014（4）：90-106.

［342］盛光华，高键.生活方式绿色化的转化机理研究——以绿色消费为视角［J］.西安交通大学学报（社会科学版），2016，36（4）：8-16.

［343］盛光华，庞英，张志远.生态红线约束下环境关心对绿色消费意图的传导机制研究［J］.软科学，2016，30（04）：85-88.

［344］施卓敏，范丽洁，叶锦锋.中国人的脸面观及其对消费者解读奢侈品广告的影响研究［J］.南开管理评论，2012，15（1）：151-160.

［345］施卓敏，吴路芳，邝灶英.面子意识如何逆转自私行为？——社会价值取向对生态消费的影响［J］.营销科学学报，2014，10（2）：59-81.

［346］施卓敏，郑婉怡，邝灶英.中国人面子观在RM和FM模型中的测量差异及其对绿色产品偏好的影响研究［J］.管理学报，2017，14（8）：1208-1218.

［347］孙剑，李锦锦，杨晓茹.消费者为何言行不一：绿色消费行为阻碍因素探究［J］.华中农业大学学报（社会科学版），2015，5：72-81.

［348］孙蕾，蔡昆濠.漂绿广告的虚假环境诉求及其效果研究［J］.国际新闻

界, 2016 (12): 134-151.

[349] 孙悦, 郭松洋. 走向柔性社会管理 [J]. 兰州学刊, 2013 (7): 213-215.

[350] 孙岩, 刘富俊. 城市居民能源购买行为影响因素的实证研究 [J]. 生态经济, 2013, (10): 65-68.

[351] 王财玉, 雷雳, 吴波. 时间参照对绿色消费的影响: 价值偏好的中介作用 [J]. 中国临床心理学杂志, 2017, 25 (3): 422-425.

[352] 王凤. 公众参与环保行为影响因素的实证研究 [J]. 中国人口·资源与环境, 2008, 18 (6): 30-35.

[353] 王怀明. 理性广告和情感广告对消费者品牌态度的影响 [J]. 心理科学进展, 1999 (1): 56-59.

[354] 王建国, 杜伟强. 基于行为推理理论的绿色消费行为实证研究 [J]. 大连理工大学学报 (社会科学版), 2016, 37 (2): 13-18.

[355] 王建国, 王建明, 杜宇. 绿色消费态度行为缺口的研究进展 [J]. 财经论丛, 2017, 11: 95-103.

[356] 王建国, 王向前, 王建民. 消费文化变迁测量及其对冲动购买的影响研究 [J]. 商业经济与管理, 2012, 248 (6): 62-70.

[357] 王建明. 消费碳减排政策影响实验研究 [M]. 北京: 科学出版社, 2016.

[358] 王建明. 道家价值观、环境情感和消费碳减排行为研究 [J]. 江汉学术, 2016, 35 (6): 5-13.

[359] 王建明. 环境情感的维度结构及其对消费碳减排行为的影响 [J]. 管理世界, 2015, (12): 82-95.

[360] 王建明. 资源节约意识对资源节约行为的影响——中国文化背景下一个交互效应和调节效应模型 [J]. 管理世界, 2013 (8): 77-90.

[361] 王建明. 公众资源节约与循环回收行为的内在机理研究: 模型建构、实证检验和管制政策 [M]. 北京: 中国环境科学出版社, 2013.

[362] 王建明, 贺爱忠. 消费者低碳消费行为的心理归因和政策干预路径: 一个基于扎根理论的探索性研究 [J]. 南开管理评论, 2011, 14 (4): 80-99.

[363] 王建明, 王俊豪. 公众低碳消费模式的影响因素模型与政府管制政策——基于扎根理论的一个探索性研究 [J]. 管理世界, 2011 (4): 58-68.

[364] 王建明, 吴龙昌. 积极情感、消极情感对绿色购买行为的影响——以节能环保家电的购买为例 [J]. 消费经济, 2015 (2): 42-47.

[365] 王淑新, 何元庆, 王学定. 低碳经济时代中国消费模式的转型 [J]. 软

科学，2010，24（7）：54-57.

[366] 汪兴东，景奉杰. 城市居民低碳购买行为模型研究——基于五个城市的调研数据［J］. 中国人口·资源与环境，2012，22（2）：47-55.

[367] 王晓楠，瞿小敏. 生态对话视阈下的中国居民环境行为意愿影响因素研究——基于2013年CSS数据的实证分析［J］. 学术研究，2017（3）：62-70.

[368] 王玉君，韩冬临. 经济发展、环境污染与公众环保行为——基于中国CGSS2013数据的多层分析［J］. 中国人民大学学报，2016，30（02）：79-92.

[369] 吴波. 绿色消费研究评述［J］. 经济管理，2014，36（11）：178-189.

[370] 吴波，李东进，王财玉. 基于道德认同理论的绿色消费心理机制［J］. 心理科学进展，2016，24（12）：1829-1843.

[371] 吴波，李东进，王财玉. 绿色还是享乐？参与环保活动对消费行为的影响［J］. 心理学报，2016，48（12）：1574-1588.

[372] 吴淑玉. 利他、利己绿色广告诉求之广告效果研究——以环境知识为干扰变数［D］. 台湾：淡江大学硕士学位论文，2010.

[373] 夏天生. 绿色消费的内隐态度的ERP研究［Z］. 中国营销科学学术年会，2017.

[374] 夏天生. 面子意识对生态消费的外显态度与内隐态度的影响研究［Z］. 营销科学与应用国际论坛，2017.

[375] 熊小明，黄静，郭昱琅."利他"还是"利己"？绿色产品的诉求方式对消费者购买意愿的影响研究［J］. 生态经济，2015，（6）：103-107.

[376] 许勤华. 中国能源生产与消费取向：自发达国家行为观察［J］. 改革，2014，（8）：29-36.

[377] 徐盛国，楚春礼，鞠美庭，等. 绿色消费研究综述［J］. 生态经济，2014，30（7）：65-69.

[378] 徐颖，秋春童. 人口统计特征对城市居民生活垃圾按量缴费行为意向的影响研究［J］. 中央财经大学学报，2016（08）：93-102.

[379] 杨波. 消费品市场漂绿问题及治理［M］. 北京：社会科学文献出版社，2014.

[380] 杨冉冉，龙如银. 基于扎根理论的城市居民绿色出行行为影响因素理论模型探讨［J］. 武汉大学学报（哲学社会科学版），2014，67（5）：13-19.

[381] 闫秀敏，黄小晏. 现代企业柔性管理析论［J］. 科技管理研究，2008，28（12）：272-274.

[382] 杨智，董学兵. 价值观对绿色消费行为的影响研究［J］. 华东经济管

理，2010，24（10）：131-133.

［383］杨智，邢雪娜. 可持续消费行为影响因素质化研究［J］. 经济管理，2009，31（6）：100-105.

［384］杨智，赵倩颖，王婧婧. 广告诉求和环境态度对绿色产品广告心理效果的影响［J］. 经济与管理，2017，31（1）：65-71.

［385］于丹，董大海，刘瑞明，原永丹. 理性行为理论及其拓展研究的现状与展望［J］. 心理科学进展，2008，16（5）：796-802.

［386］于伟. 消费者绿色消费行为形成机理分析——基于群体压力和环境认知的视角［J］. 消费经济，2009，25（4）：75-96.

［387］余绪缨. 柔性思想的发展及其思想文化渊源［J］. 经济学家，1998，34（5）：88-89.

［388］余真真，田浩. 亲环境行为研究的新路径：情理合一［J］. 心理研究，2017，10（03）：41-47.

［389］张砚，李小勇. 消费者绿色购买意愿与购买行为差距研究［J］. 资源开发与市场，2017，33（03）：343-348.

［390］张露，帅传敏，刘洋. 消费者绿色消费行为的心理归因及干预策略分析［J］. 中国地质大学学报（社会科学版），2013，13（5）：49-55.

［391］张梦霞. 绿色购买行为的道家价值观因素分析——概念界定、度量、建模和营销策略建议［J］. 经济管理，2005（4）：34-41.

［392］张萍，丁倩倩. 我国城乡居民的环境行为及其影响因素探究——基于2010年中国综合社会调查数据的分析. 南京工业大学学报（社会科学版），2015，(3)：88-96.

［393］赵万里，朱婷钰. 绿色生活方式中的现代性隐喻——基于CGSS2010数据的实证研究［J］. 广东社会科学，2017（01）：195-203.

［394］郑晓莹，彭泗清. 补偿性消费行为：概念、类型与心理机制［J］. 心理科学进展，2014，22（9）：1513-1520.

［395］周男，费明胜. 基于计划行为理论的低碳消费行为形成路径分析［J］. 商场现代化，2012，676（3）：59-60.

［396］朱富强. "为己利他"行为机理与道德原则的确立：论社会道德的微观行为基础［J］. 上海财经大学学报，2015，17（3）：22-31.

［397］宗计川，吕源，唐方方. 环境态度、支付意愿与产品环境溢价——实验室研究证据［J］. 南开管理评论，2014，17（2）：153-160.

［398］郑其绪. 柔性管理（第三版）［M］. 青岛：石油大学出版社，2014.

[399] 曾陶然, 徐亚一, 蒋奖. 体验购买、实物购买与幸福感: 关系需要满足的中介作用 [J]. 心理科学, 2017, 40 (1): 168-173.

[400] 中华人民共和国国家统计局国家数据 [DB/OL]. http://data.stats.gov.cn.